LIVING LANGUAGE®
SPANISH VERBS
SKILL BUILDER

OTHER TITLES FROM LIVING LANGUAGE®

Complete Basic Courses: Whether you're just starting out or want a thorough review, the *Complete Basic Course* is the perfect choice. Developed by U.S. government experts, the building-block approach used here begins with simple words and phrases and progresses to more complex expressions. Just listen and repeat after the native speakers. English translations are provided in the coursebook. The lessons keep grammar to a minimum, but there's a full summary for easy reference. Includes three hours of recorded lessons in the target language, a coursebook, and a 15,000- to 20,000-word two-way dictionary. The dictionary includes thousands of phrases and idiomatic expressions to show how words are used in conversation.

Available in French, German, Italian, Japanese, Portuguese, Russian, Spanish, and English for Spanish speakers. Books available separately.

Advanced Courses: Learn to speak like a native with this advanced course. Four hours of recordings feature conversations in the target language; the coursebook provides lessons with translations, notes on grammar and culture, exercises, verb charts, and a grammar summary. Available in French and Spanish. Books available separately.

Ultimate Courses: Created for serious language learners, the *Ultimate* course is the equivalent of two years of college-level study. With refreshingly up-to-date conversations and vocabulary in each lesson, the *Ultimate* courses teach grammar, reading, writing, and culture along with conversational skills. The eight hours of recordings are separated into two sets. Listen to the first four recordings (Learn at Home) in the target language as you follow along in the manual. Then, with the second set of recordings (Learn on the Go), which are in both English and the target language, reinforce and build on the lessons in the first set of recordings. With these recordings, you're hearing conversations and speaking without the book—exactly as you would in real-life situations. Learn in the car, at the gym, or anywhere it's convenient.

Available in French, German, Italian, Japanese, Russian, Spanish, and English for Spanish speakers. Books available separately.

Adult/Child Activity Kits: Easy and fun, this activity kit for beginners introduces children ages 4–8 to a new language with 16 songs, games, and activities, centered around mealtime or car trips. Each *Adult/Child Activity Kit* includes a 60-minute bilingual cassette, a 48-page illustrated activity book that doubles as a scrapbook, and a full page of color stickers. Also included are tips on how to vary the activities for repeated use, making this a program parents and their children will turn to again and again.

Available in French, Italian, and Spanish.

Calendars: This amusing and informative day-by-day desk calendar introduces foreign phrases, cultural tidbits, and trivia. Each page includes the pronunciation and English translation of a French, Italian, Spanish, or Yiddish word or phrase. These calendars are ideal for beginners, as well as those who would like to brush up on the fun stuff! They make a perfect gift for students and teachers, co-workers, and family members with a love for foreign languages.

At bookstores everywhere, or call 1-800-733-3000. You can also reach us on the Web at www.livinglanguage.com or e-mail us at livinglanguage@randomhouse.com.

LIVING LANGUAGE®
SPANISH VERBS
SKILL BUILDER

Conversation Manual by
Marcel Danesi
University of Toronto

Verb Charts by
Stephen McGroarty

Originally published as *Spanish 2*

LIVING LANGUAGE, A RANDOM HOUSE COMPANY
NEW YORK

ACKNOWLEDGMENTS

This program has been developed by the editorial staff
at Living Language: Lisa Alpert, Ana Suffredini,
Christopher Warnasch, Christopher Medellín, Andrea
Rosen, Germaine Ma, Eric Sommer, and Helen Tang.

Special thanks to: Jim Walsh, Jessica Allan,
Lenny Henderson, Ruth Ascencio, Elli Hernandez,
Irwin Stern, and Ana Sofía Ramírez-Gelpí.

Published by Living Language, A Random House Company, 201 East 50th
Street, New York, New York 10022. Member of the Crown Publishing Group.

Random House, Inc. New York, Toronto, London, Sydney, Auckland

www.livinglanguage.com

Living Language is a registered trademark of Random House, Inc.

Printed in the United States of America

Library of Congress Cataloging-in-Publication Data is available upon request.

ISBN 0-609-80433-2

10 9 8 7 6 5 4 3 2 1

1999 Updated Edition

Living Language® publications are available at special discounts for bulk pur-
chases for sales promotions or premiums, as well as for fund-raising or edu-
cational use. Special editions can be created in large quantities for special
needs. For more information, contact the Special Sales Manager, Living Language, 201 East 50th Street, New York, NY 10022.

CONTENTS

Introduction

Welcome to *Living Language® Skill Builder: Spanish Verbs*. If you have already mastered the basics of Spanish grammar and usage in school, while traveling abroad, or with other Living Language courses, then *Spanish Verbs Skill Builder* is right for you. This intermediate-advanced program features an enjoyable conversational approach to learning one of the most troublesome aspects of any language—verbs and their conjugations. The complete program consists of this text and four hours of recordings. However, if you are already comfortable with your Spanish pronunciation, this manual may also be used on its own.

Living Language Skill Builder: Spanish Verbs focuses on more than 180 of the most useful Spanish verbs. The recordings introduce more than 75 essential verbs in a conversational context. With dialogues, explanations, and exercises that let you check your progress, you will master the verb forms quickly and easily and learn new vocabulary and idiomatic expressions along the way. This *Spanish Verbs Skill Builder* manual includes the complete 40 lessons featured on the recordings, plus several reference sections that provide verb charts with the conjugations of over 180 verbs, a tense formation guide, a comprehensive survey of Spanish grammar, a pronunciation guide, and a glossary of grammatical terms. After studying with *Living Language Skill Builder: Spanish Verbs* for only half an hour a day, you'll be speaking with confidence and ease in six weeks!

COURSE MATERIAL

THE MANUAL

The manual is divided into a Reference Section, Verb Charts, and a Conversation Manual and includes the following:

Pronunciation Guide: This chart serves as a quick reference guide to the pronunciation of Spanish consonants and vowels.

Glossary of Grammatical Terms: To make sure that you have no difficulty with the terminology used in the program, the glossary provides an easy explanation of the most important grammatical terms and their Spanish translations. If you come across an unfamiliar term, the definition can easily be found in this section.

Grammar Summary: The grammar summary provides information on aspects of Spanish grammar that are not related to verbs, such as articles, nouns, pronouns and adjectives.

Tense Formation Guide: This guide shows you the endings and formation rules in any tense or mood. It provides the key to conjugating thousands of regular verbs on your own.

Verb Charts: Over 180 of the most common verbs, including those introduced throughout the course, are fully conjugated in the verb charts. In addition, they feature words and expressions related to the verbs. These charts offer the opportunity to focus on a particular verb in detail.

Conversation Manual: The conversation manual provides a guided tour of Spanish verbs and their usage in everyday conversation. The 40 lessons give in-depth explanations while offering conversational practice and correspond to the lessons on the recordings that accompany this textbook.

Index of Verbs: Every verb used in the program is listed alphabetically and translated. The entries beginning with the letter *C* refer to the chart where the verb is fully conjugated; the entries beginning with the letter *M* refer to the lessons in the conversational manual in which the verb is featured. The verb index is particularly helpful when reviewing specific verbs.

THE RECORDINGS

This manual is accompanied by four 60-minute cassettes. Because the recordings are in English and Spanish, you can study anywhere, anytime—at home and on the go. A narrator leads you through the program in English, while native Spanish speakers demonstrate the relevant forms. This textbook contains the complete transcript of the recordings, allowing you to read along if you wish. All English text appears in regular type; Spanish phrases to be repeated appear in **boldface** type, and Spanish phrases for listening only appear in *italic* type. The ☞ symbol indicates the expected response to a question.

Each of the 40 lessons is divided into three sections. Section A begins with an English introduction to the verb or verb group and an explanation of the tense or mood the lesson focuses on. Native Spanish speakers conjugate a model verb that illustrates the key points of the explanation, and sample sentences show you the verb in several different contexts. To practice, simply repeat the phrases and sentences after the native speakers during the pauses provided.

Section B features the verbs "in action" in the form of a dialogue. You will first hear the entire dialogue in Spanish only, at normal conversational speed. All you have to do is listen in and you'll improve your comprehension. You will then hear the dialogue a second time, repeated phrase by phrase, with English translations and pauses for you to repeat after the native speakers.

The interactive exercises in section C will help you integrate what you've learned by asking you to generate Spanish sentences on your own. You will transform sentences (e.g., from the present to the past tense), answer questions, and occasionally translate from English into Spanish. You will hear the correct answer after you respond.

The interactive approach of the recordings and textbook will help you master the essentials of Spanish verbs and improve your fluency. With *Living Language Skill Builder: Spanish Verbs,* you will learn to understand, speak, and even think in Spanish.

Reference Section

PRONUNCIATION GUIDE

VOWELS

Spanish Sound	Approximate Sound in English	Example
a	f<u>a</u>ther	Esp<u>a</u>ña
e	<u>a</u>ce, but cut off sharply	s<u>e</u>ñor
i	f<u>ee</u>	d<u>í</u>a
o	n<u>o</u>te	h<u>o</u>tel
u	r<u>u</u>le	m<u>u</u>cho
y	f<u>ee</u>t	<u>y</u> (only a vowel when standing alone)

DIPHTHONGS

Spanish Sound	Approximate Sound in English	Example
ai/ay	<u>ai</u>sle	b<u>ai</u>lar
		h<u>ay</u>
au	n<u>ow</u>	<u>au</u>to
ei	m<u>ay</u>	p<u>ei</u>ne
ia	<u>ya</u>rn	grac<u>ia</u>s
ie	<u>ye</u>t	s<u>ie</u>mpre
io	<u>yo</u>del	ad<u>ió</u>s
iu	<u>you</u>	c<u>iu</u>dad
io/oy	b<u>oy</u>	<u>oi</u>go
		est<u>oy</u>
ua	<u>wa</u>nd	c<u>ua</u>ndo
ue	<u>we</u>t	b<u>ue</u>no
ui/uy	s<u>wee</u>t	c<u>ui</u>dado
		m<u>uy</u>

CONSONANTS

The letters *k* and *w* appear in Spanish in borrowed words like *kilowatt* and *kilometer*. In some countries, the *k* is spelled with the Spanish equivalent, *qu* : *quilómetro*. The *w* in Spanish sounds like an English *v*: *kilowatt*.

Spanish Sound	Approximate Sound in English	Example
b/d/l/m/n/p/s/t	similar to English	
*c** (before e/i)	s (<u>c</u>ertain)	<u>c</u>ena
c (before a/o/u)	k (<u>k</u>ite)	<u>c</u>omo
cc	cks (a<u>cc</u>ent)	le<u>cc</u>ión
ch	ch (<u>ch</u>urch)	mu<u>ch</u>o
g (before a/o/u)	hard g (<u>g</u>o)	<u>g</u>anar
g (before e/i)	hard h (<u>h</u>e)	<u>g</u>ente
h	always silent	<u>h</u>asta
j	hard h (<u>h</u>e)	<u>j</u>efe
ll	In Latin America: y (<u>y</u>et)	po<u>ll</u>o
	In Spain: lli (mi<u>lli</u>on)	
ñ	ny (ca<u>ny</u>on)	ca<u>ñ</u>a
qu	k (<u>k</u>ite)	<u>qu</u>e
r	[in middle of word, single trill]	pe<u>r</u>o
r	[at beginning of word, double trill]	<u>r</u>osa
rr	[double trill]	ca<u>rr</u>o
v	b (but softer)	<u>v</u>iernes
x	cks (ro<u>ck</u>s)	ta<u>x</u>i
	hard h (<u>h</u>e)	Mé<u>x</u>ico
*z**	s	<u>z</u>ona

* In parts of Spain, *z* (and also *c* before *e* or *i*) is pronounced like the English *th*. Examples: *zona, cera, cinco.*

GLOSSARY OF
GRAMMATICAL TERMS

active voice—*voz activa*: a verb form in which the actor (agent) is expressed as the grammatical subject. The girl ate the orange—*La chica comió la naranja*.

adjective—*adjetivo*: a word that describes a noun; e.g., pretty—*bonita*.

adverb—*adverbio*: a word that describes a verb, an adjective, or another adverb; e.g., quickly—*rápidamente*.

agreement—*concordancia*: the modification of words so that they match the words they describe or relate to.

auxiliary verb—*verbo auxiliar*: a helping verb used with another verb to express some facet of tense or mood.

compound—*compuesto*: verb forms composed of two parts, an auxiliary and a main verb.

conditional—*potencial simple*: the mood used for hypothetical (depending on a possible condition or circumstance) statements and questions. I would eat if . . . — *Comería si . . .*

conjugation—*conjugación*: the formation of verbs with their endings; i.e., the finite forms (vs. nonfinite forms such as the infinitive or participle).

conjunction—*conjunción*: a word that connects other words and phrases; e.g., and—*y*.

definite article—*artículo definido*: a word linked to a noun indicating it is specific; e.g., the—*el* (masculine singular).

11

demonstrative—*demostrativo*: a word that indicates or highlights something referred to; e.g., in this book—*este libro*, this—*este* is a demonstrative adjective.

diphthong—*diptongo*: a sequence of two vowels that glide together and act as a single sound.

direct object—*objeto directo*: the person or thing that receives the action of a verb (accusative).

ending—*desinencia*: the suffix added to the stem that indicates subject, tense, etc.

gender—*género*: grammatical categories for nouns, loosely related to physical gender and/or word ending; Spanish has two, masculine and feminine, e.g., *el chico* (m.), *la chica* (f.).

imperative—*imperativo*: the command form.

imperfect—*imperfecto*: the past tense used for ongoing or habitual actions or states; useful for description.

impersonal verb—*verbo impersonal*: a verb in which the person, place, or thing affected is expressed as the indirect object rather than the subject. To like (to be pleasing to)—*gustar*: I like chicken—*Me gusta el pollo* (the chicken is pleasing to me).

indefinite article—*artículo indefinido*: a word linked to a noun indicating that it is nonspecific; e.g., a/an—*un* (masculine singular).

indicative—*indicativo*: the mood used for factual or objective statements and questions.

indirect object—*objeto indirecto*: the person or thing that receives the action of the direct object and/or is the object of a preposition (dative).

infinitive—*infinitivo*: the basic form of a verb found in the dictionary which does not specify the subject (person or number), tense, or mood; e.g., to speak—*hablar*.

intransitive verb—*verbo intransitivo*: a verb that does not take a direct object; e.g., to live—*vivir*.

mood—*modo*: the attitude toward what is expressed by the verb.

noun—*sustantivo*: a word referring to a person, place, or thing; e.g., house—*casa*.

number—*número*: the distinction between singular and plural.

participle—*participio*: an unconjugated, unchanging verb form often used with auxiliary verbs to form compound verb forms; e.g., present and past participles: eating/eaten—*comiendo/comido*.

passive voice—*voz pasiva*: a verb form in which the recipient of the action is expressed as the grammatical subject. The orange was eaten by the girl—*La naranja fue comida por la chica*.

perfect—*perfecto*: verb forms used for actions or states that are already completed. I have eaten—*He comido* (present perfect).

person—*persona*: the grammatical category that distinguishes between the speaker (first person), the person spoken to (second person), and the people and things spoken about (third person); often applies to pronouns and verbs.

pluperfect—*pluscuamperfecto*: the past perfect in Spanish that uses the imperfect of *haber*—to have (in either the indicative or the subjunctive) plus the past participle; e.g., *Había comido*—I had eaten.

possessive—*posesivo*: indicates ownership; e.g., my—*mi* is a possessive pronoun (genitive).

predicate—*predicado*: the part of the sentence containing the verb and expressing the action or state of the subject.

13

preposition—*preposición*: a word (often as part of a phrase) that expresses spatial, temporal, or other relationships; e.g., on—*en*.

preterite—*pretérito*: the past tense used for completed actions or states; useful for narration of events.

progressive—*progresivo*: verb form used for actions that are ongoing; continuous. I am eat**ing**—*Estoy comiendo* (present progressive).

pronoun—*pronombre*: a word taking the place of a noun; e.g., personal or demonstrative.

reflexive verb—*verbo reflexivo*: a verb whose action reflects back to the subject; e.g., to wash oneself—*lavarse*.

simple—*simple*: one-word verb forms conjugated by adding endings to a stem.

stem or **root**—*raíz*: the part of the infinitive that does not change during the conjugation of regular verbs, formed by dropping -*ar*, -*er*, or -*ir;* e.g., *habl*- in *hablar*.

subject—*sujeto*: the person, place, or thing performing the action of the verb or being in the state described by it (nominative).

subjunctive—*subjuntivo*: the mood used for nonfactual or subjective statements or questions.

tense—*tiempo*: the time of an action or state, i.e., past, present, future.

transitive verb—*verbo transitivo*: a verb that takes a direct object; e.g., to send—*mandar*.

verb—*verbo*: a word expressing an action or state; e.g., (to) walk—*caminar*.

GRAMMAR SUMMARY

1. THE DEFINITE ARTICLE—*EL ARTICULO DEFINIDO*

	SINGULAR	PLURAL
MASCULINE	*el*	*los*
FEMININE	*la*	*las*

2. THE INDEFINITE ARTICLE—*EL ARTICULO INDEFINIDO*

	SINGULAR	PLURAL
MASCULINE	*un*	*unos*
FEMININE	*una*	*unas*

3. GENDER—*GÉNERO*

All Spanish nouns are either masculine or feminine. Some types of words can be grouped by gender, but there are exceptions, and it is best to learn the word with its appropriate article.

Masculine words: nouns that end in *-o, -r, -n,* and *-l;* names of items in nature (e.g., mountains); days of the week and months; words of Greek origin ending in *-ma, -pa,* or *-ta;* verbs, adjectives, etc. used as nouns.

Feminine words: nouns that end in *-a, -dad, -tad, -tud, -ción, -sión, -ez, -umbre,* and *-ie;* names of cities and towns.

4. PLURAL FORMATION—*FORMACION DEL PLURAL*

To form the plural for words ending in a vowel, add -*s*.

For words ending in a consonant or a stressed í or ú, add -*es*.

Nouns ending in *z* change to *c* in the plural; e.g., *niños felices*—happy children.

5. ADJECTIVES AND AGREEMENT—*ADJETIVOS Y CONCORDANCIA*

All adjectives must agree in number and gender with the nouns they modify, or describe.

For use with plural nouns, add -*s* to the adjective, or -*es* if it ends in a consonant.

When an adjective ends in -*o* (in its masculine form), its ending changes into -*a* when it modifies a feminine noun, e.g., *la mujer rica*—the rich woman. For most adjectives ending in a consonant (or a vowel other than -*o*) in the masculine form, simply use the same form for both genders. However, for adjectives ending in -*dor, -ón,* or *án,* and for adjectives of nationality that end in a consonant, add -*a* to make the feminine form. For example, *la mujer francesa*—the French woman.

6. PRONOUNS—*PRONOMBRES*

I	*yo*
you (familiar)	*tú*
he	*él*
she	*ella*
you (polite)	*usted (Ud.)* *
we	*nosotros, nosotras*
you (familiar)	*vosotros, vosotras*
you (polite)	*ustedes (Uds.)*
they	*ellos, ellas*

Note: Subject pronouns are often omitted in Spanish since the verbal endings show who or what the subject is.

Other pronouns, listed according to their corresponding subject pronoun, are:

	yo	*tú*	*él/ella/ Ud.*	*nosotros, -as*	*vosotros, -as*	*ellos/ellas/ Uds.*
DIRECT OBJECT:	*me*	*te*	*lo/la*	*nos*	*os*	*los/las*
INDIRECT OBJECT:	*me*	*te*	*le*	*nos*	*os*	*les*
REFLEXIVE:	*me*	*te*	*se*	*nos*	*os*	*se*
POSSESSIVE:	*mi*	*tu*	*su*	*nue- stro/a*	*vue- stro/a*	*su*

Use the subject pronouns as objects of prepositions, except instead of *yo* and *tú*, use *mí* and *ti*. In sentences with reflexive pronouns, an optional prepositional phrase (*a + mí/ ti/sí/nosotros,-as/vosotros,-as/sí + mismo/a(s)*) may be used

*Usted and *ustedes* are treated as if they were third person pronouns, though in meaning, they are second person (addressee) pronouns. In Latin America, *ustedes* is used as both familiar and polite and *vosotros,-as* is not used.

for emphasis (*mismo* = same). Note: *con* + *mí/ti/sí* becomes *conmigo/contigo/consigo*.

The possessive pronouns (adjectives) listed are used before the noun, as in *mi libro*—my book. The *nosotros/vosotros* forms agree in number and gender with the noun they pertain to, and the others only agree in number. Longer forms used after the noun for emphasis differ only in the *mi, tu,* and *su* forms: they are *mío, tuyo,* and *suyo*. They also show agreement in both gender and number, as in *Los libros míos están en la mesa*—My books are on the table. When these long forms are preceded by the appropriate definite article, they represent the noun and stand alone. For example, *Los libros míos están en la mesa, pero los tuyos están en tu cuarto*—My books are on the table, but yours are in your room.

7. DEMONSTRATIVE ADJECTIVES AND PRONOUNS—*ADJETIVOS Y PRONOMBRES DEMOSTRATIVOS*

DEMONSTRATIVE ADJECTIVES

---

este, esta, estos, estas—this, these
ese, esa, esos, esas—that, those
aquel, aquella, aquellos, aquellas—that, those (farther removed)

To form the pronouns, simply add an accent to the first *e* in the word, as in *No me gusta éste*—I don't like this one. There are also neuter pronouns used for general ideas or situations: *esto, eso, aquello*.

8. ADVERBS—*ADVERBIOS*

Form adverbs simply by adding *-mente* (which corresponds to -ly in English) to the feminine form of an adjective, as in *obviamente*—obviously.

9. NEGATION—*NEGACION*

Form negative sentences by adding *no* before the verb and any pronouns, as in *No lo tengo*—I don't have it.

Many other negative constructions require two negative words; e.g., *No tengo nada*—I don't have anything/I have nothing. (*Nada*—nothing; *algo*—something/anything.)

10. COMPARISON—*COMPARACION*

Form comparative expressions using *más*—more and *menos*—less with adjectives and adverbs; e.g., *Juan es más grande que Pepe*—Juan is bigger than Pepe/*Juan corre más rápidamente que Pepe*—Juan runs faster than Pepe/*Juan es menos famoso*—Juan is less famous. Use *de* instead of *que* to mean "than" before numbers.

To make equal comparisons, use the expressions *tan . . . como* (before adjectives and adverbs) and *tanto . . . como* (before nouns, with which *tanto* must agree). For example, *Juan es tan grande como Pepe*—Juan is as big as Pepe/*Juan tiene tanto dinero como Pepe*—Juan has as much money as Pepe.

Form superlatives by using an article (a definite article that shows agreement for adjectives, *lo* for adverbs) with the comparative expressions; e.g., *Juan es el más grande*—Juan is the biggest/*Ella es la menos grande del grupo*—She is the least big in the group/*Juan corre lo más rápidamente*—Juan runs the fastest.

The "absolute superlative" form is *-ísimo/a: hermosísimo*—very/most beautiful; *frecuentísimamente*—very/most frequently.

Irregular comparative words:

adjective	adverb	comparative
bueno—good	*bien*—well	*mejor*—better
malo—bad	*mal*—badly	*peor*—worse
mucho—much	*mucho*—much	*más*—more
poco—little	*poco*—little	*menos*—less
grande—great, big		*más grande*—bigger
pequeño—small		BUT *mayor*—older
		más pequeño—smaller
		BUT *menor*—younger

11. RELATIVE PRONOUNS—*PRONOMBRES RELATIVOS*

que	that, who, which
quien, quienes	who(m)
el/la cual, los/las cuales	who, which
el/la/los/las que	who, which, the one(s) that/who
lo que	what, which (refers to an entire idea)
cuyo, -a, -os, -as	whose (relative adjective)

12. CONTRACTIONS—*CONTRACCIONES*

de + el = del
a + el = al

TENSE FORMATION GUIDE

The endings will always be presented according to subject person and number in the following order: *yo, tú, él/ella/ usted, nosotros/-as, vosotros/-as, ellos/ellas/ustedes.*

A. THE SIMPLE VERB FORMS

1. To form the **present indicative**—*presente de indicativo* of regular verbs, add the following endings to the stem of the infinitive*:

FOR -*AR* VERBS: -*o, -as, -a, -amos, -áis, -an*
FOR -*ER* VERBS: -*o, -es, -e, -emos, -éis, -en*
FOR -*IR* VERBS: -*o, -es, -e, -imos, -ís, -en*

2. To form the **preterite**—*pretérito* of regular verbs, add the following endings to the stem of the infinitive:

FOR -*AR* VERBS: -*é, -aste, -ó, -amos, -asteis, -aron*
FOR -*ER* AND -*IR* VERBS: -*í, -iste, -ió, -imos, -isteis, -ieron*

Several verbs that are irregular in the preterite follow a pattern. Conjugate them in the following manner:

tener—to have: *tuve, tuviste, tuvo, tuvimos, tuvisteis, tuvieron*
estar—to be: *estuve . . .*
andar—to walk: *anduve . . .*
haber—to have: *hube . . .*
poder—to be able: *pude . . .*

---

* The stem is formed by dropping the infinitival endings -*ar*, -*er*, and -*ir*.

poner—to put: *puse* . . .
saber—to know: *supe* . . .
caber—to fit: *cupe* . . .
querer—to want: *quise* . . .
venir—to come: *vine* . . .
hacer—to do, make: *hice, hiciste, hizo* . . .
decir—to say, tell: *dije* . . . *dijeron*
traer—to bring: *traje* . . . *trajeron*
producir—to produce: *produje* . . . *produjeron*

3. To form the **imperfect**—*imperfecto* of regular verbs, add the following endings to the stem of the infinitive:

FOR *-AR* VERBS: *-aba, -abas, -aba, -ábamos, -abais, -aban*
FOR *-ER* AND *-IR* VERBS: *-ía, -ías, -ía, -íamos, -íais, -ían*

There are only three irregular verbs in the imperfect:

ser—to be: *era, eras, era, éramos, erais, eran*
ir—to go: *iba, ibas, iba, íbamos, ibais, iban*
ver—to see: *veía, veías, veía, veíamos, veíais, veían*

4. To form the **future**—*futuro* of regular verbs, add the following endings to the entire infinitive:

FOR *-AR, -ER*, AND *-IR* VERBS: *-é, -ás, -á, -emos, -éis, -án*

5. To form the **conditional**—*potencial simple* of regular verbs, add the following endings to the entire infinitive:

FOR *-AR, -ER*, AND *-IR* VERBS: *-ía, -ías, -ía, -íamos, -íais, -ían*

The same set of verbs are irregular in the future and conditional. Add the regular endings to the following stems:

tener—to have: **tendr-**
venir—to come: **vendr-**
poner—to put, place: **pondr-**
salir—to leave: **saldr-**
valer—to be worth: **valdr-**
poder—to be able: **podr-**
saber—to know: **sabr-**
haber—to have: **habr-**
caber—to fit: **cabr-**
hacer—to do, make: **har-**
decir—to say, tell: **dir-**
querer—to want: **querr-**

6. To form the **present subjunctive**—*presente de subjuntivo* of regular verbs and many irregular ones, add the following endings to the *yo* form of the present indicative after dropping the *-o*:

FOR *-AR* VERBS: *-e, -es, -e, -emos, -éis, -en*
FOR *-ER* AND *-IR* VERBS: *-a, -as, -a, -amos, -áis, -an*

7. To form the **past** (imperfect) **subjunctive**—*imperfecto de subjuntivo* of both regular and irregular verbs, add the following endings to the *ellos/ellas/ustedes* (third person plural) form of the preterite after dropping the *-ron*:

FOR *-AR*, *-ER*, AND *-IR* VERBS: *-ra, -ras, -ra, -ramos, -rais, -ran*
OR: *-se, -ses, -se, -semos, -seis, -sen*

The *nosotros/-as* (first person plural) form has an accent on the vowel directly before the ending, e.g., *habláramos*.

B. THE COMPOUND VERB FORMS

1. To form **progressive**—*progresivo* verb forms, conjugate the verb *estar*—to be in the appropriate tense (either

the present or the imperfect; see verb charts) and add the present participle. Form the present participle of most verbs by adding the following endings to the stem of the infinitive:

FOR -*AR* VERBS: -*ando*
FOR -*ER* AND -*IR* VERBS: -*iendo*

2. To form **perfect**—*perfecto* verb forms, conjugate the auxiliary verb *haber*—to have in the appropriate tense (the present indicative, the imperfect, the preterite, the future, the conditional, the present subjunctive, and the past subjunctive; see verb charts) and add the past participle. Form the past participle of most verbs by adding the following endings to the stem of the infinitive:

FOR -*AR* VERBS: -*ado*
FOR -*ER* AND -*IR* VERBS: -*ido*

The irregular past participles are:

abrir—to open: *abierto*
cubrir—to cover: *cubierto*
morir—to die: *muerto*
volver—to return: *vuelto*
poner—to put, place: *puesto*
ver—to see: *visto*
escribir—to write: *escrito*
romper—to break: *roto*
decir—to say, tell: *dicho*
hacer—to do, make: *hecho*

C. THE IMPERATIVE/COMMANDS

A sample conjugation using *hablar*—to speak:

fam. sing. affirm. *habla*	pol. sing. affirm. *hable*
fam. pl. affirm. *hablad*	pol. pl. affirm. *hablen*

| fam. sing. neg. *no hables* | pol. sing. neg. *no hable* |
| fam. pl. neg. *no habléis* | pol. pl. neg. *no hablen* |

1. To form familiar (informal) singular (*tú*) affirmative commands for most verbs, use the *él/ella/usted* (third person singular) form of the present indicative.

2. To form familiar plural (*vosotros/-as*) affirmative commands for all verbs, change the *-r* of the infinitive to *-d*.

3. To form polite (formal) singular (*usted*) and plural (*ustedes*) affirmative commands and all negative commands (singular and plural, familiar and polite), use the appropriate form of the present subjunctive. Form the negative in the usual way.

4. To form first person plural (we) commands (let's...), use the subjunctive in the affirmative and the negative. In the affirmative, another option is to use *Vamos + a* + infinitive.

5. Attach reflexive, indirect, and direct object pronouns directly to the affirmative commands. For example *¡Háblame!*—Speak to me! For *nosotros/-as* and *vosotros/-as* affirmative commands in reflexive verbs, the last letter is dropped when the reflexive pronouns is attached. For example, *¡Lavémonos!*—Let's wash ourselves! and *¡Lavaos!*—Wash yourselves!

In negative commands, place them before the verb in the usual manner. For example *¡No me hables!*—Don't speak to me!

6. There are several irregular familiar singular affirmative commands:

tener—to have: *ten*
hacer—to do, make: *haz*

venir—to come: *ven*
decir—to say, tell: *di*
poner—to put, place: *pon*
ser—to be: *sé*
salir—to leave: *sal*
ir—to go: *ve*

D. IMPERSONAL VERBS

To conjugate impersonal verbs, i.e., verbs like *gustar*—to be pleasing to, to like, and *doler*—to hurt, use the third person form of the appropriate tense, mood, etc. of the verb and the indirect object pronoun that corresponds to the person, place, or thing affected. Whether to use the singular or plural of the third person form of the verb depends on the number of the items doing the affecting. For example, *Me gusta el Señor González*—I like Mr. González (Mr. González is pleasing to me)/*Me gustan los González*—I like the Gonzálezes.

E. REFLEXIVE VERBS

To form reflexive constructions, conjugate the infinitive (without the -*se*) and use the reflexive pronoun that corresponds to the subject. For example:

lavarse—to wash oneself
me lavo—I wash myself

F. THE PASSIVE VOICE

There are four ways to form the passive voice—*la voz pasiva* in Spanish. Two use a form of the reflexive construction just discussed.

1. To form the reflexive passive, or passive *se,* use *se* + the third person singular or plural of the verb, depending

26

on the number of the items being discussed. For example, *Se habla español aquí*—Spanish is spoken here, but *Se comieron las naranjas*—The oranges were eaten. This form only occurs with transitive verbs.

2. Another version, impersonal *se,* involves the use of *se* + the third person singular only of the verb. Unlike passive *se,* this construction can be used with both intransitive and transitive verbs, but is used mainly with intransitive ones. Its usage also indicates that people (but not specific individuals) are involved in the action of the verb. For example, *Se duerme muy bien en el campo*—One sleeps very well in the country.

3. When the agent (the actor) is not expressed, another possibility is to use the "impersonal they" construction. To form it, simply use the third person plural of a verb, e.g., *Dicen que es un hombre peligroso*—They say (it is said) that he is a dangerous man.

4. The true passive is formed using the appropriate conjugation of *ser* + the past participle (also called the passive participle). It is used when the agent is expressed or strongly implied. The past participle agrees with the grammatical subject. In Spanish, only direct objects (not indirect objects) may serve as the grammatical subject in the passive voice.

> subject + *ser* + past participle + *por* + agent

For example, *La cuenta fue pagada por Señora Sánchez*—The bill was paid by Mrs. Sánchez.

G. STEM-CHANGING VERBS

There are three kinds of stem-changing verbs.

1. For verbs such as *querer*—to want and *encontrar*—to find, change *e* to *ie* and *o* to *ue* in the stems of all forms except *nosotros, -as* and *vosotros, -as* in the present indicative and present subjunctive. There are no *-ir* verbs in this category.

2. For verbs such as *sentir(se)*—to feel and *dormir*—to sleep, change *e* to *ie* and *o* to *ue* in the exact same places as in the first kind, and change *e* to *i* and *o* to *u* in the *nosotros, -as* and *vosotros, -as* forms of the present subjunctive, in the *él/ella/usted* and *ellos/ellas/ustedes* forms of the preterite, in all forms of the past subjunctive, and in the present participle. Only *-ir* verbs are in this category.

3. For verbs such as *pedir*—to request, change *e* to *i* in all places where any change occurs in the second kind. Only *-ir* verbs are in this category.

H. SPELLING CHANGES

To keep pronunciation consistent and to preserve customary spelling in Spanish, some verbs in certain tenses change their spelling. The rules are:

In verbs ending in *-car, c* changes to *qu* before *e* to keep the sound hard; e.g., *busqué*—I looked (from *buscar*).

In verbs ending in *-quir, qu* changes to *c* before *o* and *a*; e.g., *delinco*—I commit a transgression (from *delinquir*).

In verbs ending in *-zar, z* changes to *c* before *e*; *comencé*—I began (from *comenzar*).

In verbs ending in *-gar, g* changes to *gu* before *e* to keep the *g* hard; e.g., *pagué*—I paid (from *pagar*).

In verbs ending in a consonant + *-cer/-cir, c* changes to *z* before *o* and *a* to keep the sound soft; e.g., *venzo*—I conquer (from *vencer*).

In verbs ending in *-ger/-gir*, *g* changes to *j* before *o* and *a* to keep the sound soft; e.g., *cojo*—I catch (from *coger*).

In verbs ending in *-guir*, *gu* changes to *g* before *o* and *a* to preserve the sound; e.g., *distingo*—I distinguish (from *distinguir*).

In verbs ending in *-guar*, *gu* changes to *gü* before *e* to keep the "gw" sound; e.g., *averigüé*—I ascertained (from *averiguar*).

In verbs ending in *-eer*, the unstressed *i* between vowels becomes a *y*; e.g., *leyó*—he read (from *leer*).

In stem-changing verbs ending in *-eir*, two consecutive *i*'s become one; e.g., *rio*—he laughed (from *reír*).

In stem-changing verbs beginning with a vowel, an *h* must precede the word-initial diphthong or the initial *i* of the diphthong becomes a *y*; e.g., *huelo*—I smell (sense) (from *oler*); *yerro*—I err (from *errar*).

In verbs with stems ending in *ll* or *ñ*, the *i* of the diphthongs *ie* and *ió* disappears; e.g., *bulló*—it boiled (from *bullir*).

Verb Charts

1 aborrecer to hate

	yo	nosotros/-as
	tú	vosotros/-as
	él/ella/Ud.	ellos/ellas/Uds.

Indicative

Present Tense		Present Perfect	
aborrezco	aborrecemos	he aborrecido	hemos aborrecido
aborreces	aborrecéis	has aborrecido	habéis aborrecido
aborrece	aborrecen	ha aborrecido	han aborrecido

Imperfect		Pluperfect	
aborrecía	aborrecíamos	había aborrecido	habíamos aborrecido
aborrecías	aborrecíais	habías aborrecido	habíais aborrecido
aborrecía	aborrecían	había aborrecido	habían aborrecido

Preterite		Preterite Perfect	
aborrecí	aborrecimos	hube aborrecido	hubimos aborrecido
aborreciste	aborrecisteis	hubiste aborrecido	hubisteis aborrecido
aborreció	aborrecieron	hubo aborrecido	hubieron aborrecido

Future		Future Perfect	
aborreceré	aborreceremos	habré aborrecido	habremos aborrecido
aborrecerás	aborreceréis	habrás aborrecido	habréis aborrecido
aborrecerá	aborrecerán	habrá aborrecido	habrán aborrecido

Conditional

Present		Present Perfect	
aborrecería	aborreceríamos	habría aborrecido	habríamos aborrecido
aborrecerías	aborreceríais	habrías aborrecido	habríais aborrecido
aborrecería	aborrecerían	habría aborrecido	habrían aborrecido

Subjunctive

Present		Present Perfect	
aborrezca	aborrezcamos	haya aborrecido	hayamos aborrecido
aborrezcas	aborrezcáis	hayas aborrecido	hayáis aborrecido
aborrezca	aborrezcan	haya aborrecido	hayan aborrecido

Imperfect		Pluperfect	
aborreciera	aborreciéramos	hubiera aborrecido	hubiéramos aborrecido
aborrecieras	aborrecierais	hubieras aborrecido	hubierais aborrecido
aborreciera	aborrecieran	hubiera aborrecido	hubieran aborrecido
OR		OR	
aborreciese	aborreciésemos	hubiese aborrecido	hubiésemos aborrecido
aborrecieses	aborrecieseis	hubieses aborrecido	hubieseis aborrecido
aborreciese	abboreciesen	hubiese aborrecido	hubiesen aborrecido

Imperative

—	aborrezcamos
aborrece; no	aborreced; no
aborrezcas	aborrezcáis
aborrezca	aborrezcan

Participles

Present	Past
aborreciendo	aborrecido

Related Words

aborrecible   hateful, detestable

2 abrazar to hug, to embrace

	yo	nosotros/-as
	tú	vosotros/-as
	él/ella/Ud.	ellos/ellas/Uds.

Indicative

Present Tense
abrazo	abrazamos
abrazas	abrazáis
abraza	abrazan

Present Perfect
he abrazado	hemos abrazado
has abrazado	habéis abrazado
ha abrazado	han abrazado

Imperfect
abrazaba	abrazábamos
abrazabas	abrazabais
abrazaba	abrazaban

Pluperfect
había abrazado	habíamos abrazado
habías abrazado	habíais abrazado
había abrazado	habían abrazado

Preterite
abracé	abrazamos
abrazaste	abrazasteis
abrazó	abrazaron

Preterite Perfect
hube abrazado	hubimos abrazado
hubiste abrazado	hubisteis abrazado
hubo abrazado	hubieron abrazado

Future
abrazaré	abrazaremos
abrazarás	abrazaréis
abrazará	abrazarán

Future Perfect
habré abrazado	habremos abrazado
habrás abrazado	habréis abrazado
habrá abrazado	habrán abrazado

Conditional

Present
abrazaría	abrazaríamos
abrazarías	abrazaríais
abrazaría	abrazarían

Present Perfect
habría abrazado	habríamos abrazado
habrías abrazado	habríais abrazado
habría abrazado	habrían abrazado

Subjunctive

Present
abrace	abracemos
abraces	abracéis
abrace	abracen

Present Perfect
haya abrazado	hayamos abrazado
hayas abrazado	hayáis abrazado
haya abrazado	hayan abrazado

Imperfect
abrazara	abrazáramos
abrazaras	abrazarais
abrazara	abrazaran
OR	
abrazase	abrazásemos
abrazases	abrazaseis
abrazase	abrazasen

Pluperfect
hubiera abrazado	hubiéramos abrazado
hubieras abrazado	hubierais abrazado
hubiera abrazado	hubieran abrazado
OR	
hubiese abrazado	hubiésemos abrazado
hubieses abrazado	hubieseis abrazado
hubiese abrazado	hubiesen abrazado

Imperative
—	abracemos
abraza; no abraces	abrazad; no abracéis
abrace	abracen

Participles
Present	Past
abrazando	abrazado

Related Words

un abrazo	hug, embrace	Un abrazo/Un fuerte abrazo, María	Informal way to end a letter ("Love, Mary")

3 **abrir** to open

	yo	nosotros/-as
	tú	vosotros/-as
	él/ella/Ud.	ellos/ellas/Uds.

Indicative

Present Tense
		Present Perfect	
abro	abrimos	he abierto	hemos abierto
abres	abrís	has abierto	habéis abierto
abre	abren	ha abierto	han abierto

Imperfect
		Pluperfect	
abría	abríamos	había abierto	habíamos abierto
abrías	abríais	habías abierto	habíais abierto
abría	abrían	había abierto	habían abierto

Preterite
		Preterite Perfect	
abrí	abrimos	hube abierto	hubimos abierto
abriste	abristeis	hubiste abierto	hubisteis abierto
abrió	abrieron	hubo abierto	hubieron abierto

Future
		Future Perfect	
abriré	abriremos	habré abierto	habremos abierto
abrirás	abriréis	habrás abierto	habréis abierto
abrirá	abrirán	habrá abierto	habrán abierto

Conditional

Present
		Present Perfect	
abriría	abriríamos	habría abierto	habríamos abierto
abrirías	abriríais	habrías abierto	habríais abierto
abriría	abrirían	habría abierto	habrían abierto

Subjunctive

Present
		Present Perfect	
abra	abramos	haya abierto	hayamos abierto
abras	abráis	hayas abierto	hayáis abierto
abra	abran	haya abierto	hayan abierto

Imperfect
		Pluperfect	
abriera	abriéramos	hubiera abierto	hubiéramos abierto
abrieras	abrierais	hubieras abierto	hubierais abierto
abriera	abrieran	hubiera abierto	hubieran abierto
OR		OR	
abriese	abriésemos	hubiese abierto	hubiésemos abierto
abrieses	abrieseis	hubieses abierto	hubieseis abierto
abriese	abriesen	hubiese abierto	hubiesen abierto

Imperative

		Participles	
—	abramos	**Present**	**Past**
abre; no abras	abrid; no abráis	abriendo	abierto
abra	abran		

Related Words

un abridor	bottle opener	*abrir paso*	to make way

4 acabar to finish, to complete

yo	nosotros/-as
tú	vosotros/-as
él/ella/Ud.	ellos/ellas/Uds.

Indicative

Present Tense
acabo	acabamos
acabas	acabáis
acaba	acaban

Present Perfect
he acabado	hemos acabado
has acabado	habéis acabado
ha acabado	han acabado

Imperfect
acababa	acabábamos
acababas	acababais
acababa	acababan

Pluperfect
había acabado	habíamos acabado
habías acabado	habíais acabado
había acabado	habían acabado

Preterite
acabé	acabamos
acabaste	acabasteis
acabó	acabaron

Preterite Perfect
hube acabado	hubimos acabado
hubiste acabado	hubisteis acabado
hubo acabado	hubieron acabado

Future
acabaré	acabaremos
acabarás	acabaréis
acabará	acabarán

Future Perfect
habré acabado	habremos acabado
habrás acabado	habréis acabado
habrá acabado	habrán acabado

Conditional

Present
acabaría	acabaríamos
acabarías	acabaríais
acabaría	acabarían

Present Perfect
habría acabado	habríamos acabado
habrías acabado	habríais acabado
habría acabado	habrían acabado

Subjunctive

Present
acabe	acabemos
acabes	acabéis
acabe	acaben

Present Perfect
haya acabado	hayamos acabado
hayas acabado	hayáis acabado
haya acabado	hayan acabado

Imperfect
acabara	acabáramos
acabaras	acabarais
acabara	acabaran
OR	
acabase	acabásemos
acabases	acabaseis
acabase	acabasen

Pluperfect
hubiera acabado	hubiéramos acabado
hubieras acabado	hubierais acabado
hubiera acabado	hubieran acabado
OR	
hubiese acabado	hubiésemos acabado
hubieses acabado	hubieseis acabado
hubiese acabado	hubiesen acabado

Imperative
—	acabemos
acaba; no acabes	acabad; no acabéis
acabe	acaben

Participles

Present
acabando

Past
acabado

Related Words
acabar de hacer	to have just done	*¡Se acabó!*	It's all over!

5 acaecer to happen

	yo	nosotros/-as
	tú	vosotros/-as
	él/ella/Ud.	ellos/ellas/Uds.

Indicative

Present Tense
acaece · acaecen

Present Perfect
ha acaecido · han acaecido

Imperfect
acaecía · acaecían

Pluperfect
había acaecido · habían acaecido

Preterite
acaeció · acaecieron

Preterite Perfect
hubo acaecido · hubieron acaecido

Future
acaecerá · acaecerán

Future Perfect
habrá acaecido · habrán acaecido

Conditional

Present
acaecería · acaecerían

Present Perfect
habría acaecido · habrían acaecido

Subjunctive

Present
acaezca · acaezcan

Present Perfect
haya acaecido · hayan acaecido

Imperfect
acaeciera · acaecieran
OR
acaeciese · acaeciesen

Pluperfect
hubiera acaecido · hubieran acaecido
OR
hubiese acaecido · hubiesen acaecido

Imperative

¡Que acaezca! · ¡Que acaezcan!

Participles

Present
acaeciendo

Past
acaecido

Related Words

un acaecimiento · happening, occurrence

6 acoger to welcome

	yo	nosotros/-as
	tú	vosotros/-as
	él/ella/Ud.	ellos/ellas/Uds.

Indicative

Present Tense
acojo	acogemos
acoges	acogéis
acoge	acogen

Present Perfect
he acogido	hemos acogido
has acogido	habéis acogido
ha acogido	han acogido

Imperfect
acogía	acogíamos
acogías	acogíais
acogía	acogían

Pluperfect
había acogido	habíamos acogido
habías acogido	habíais acogido
había acogido	habían acogido

Preterite
acogí	acogimos
acogiste	acogisteis
acogió	acogieron

Preterite Perfect
hube acogido	hubimos acogido
hubiste acogido	hubisteis acogido
hubo acogido	hubieron acogido

Future
acogeré	acogeremos
acogerás	acogeréis
acogerá	acogerán

Future Perfect
habré acogido	habremos acogido
habrás acogido	habréis acogido
habrá acogido	habrán acogido

Conditional

Present
acogería	acogeríamos
acogerías	acogeríais
acogería	acogerían

Present Perfect
habría acogido	habríamos acogido
habrías acogido	habríais acogido
habría acogido	habrían acogido

Subjunctive

Present
acoja	acojamos
acojas	acojáis
acoja	acojan

Present Perfect
haya acogido	hayamos acogido
hayas acogido	hayáis acogido
haya acogido	hayan acogido

Imperfect
acogiera	acogiéramos
acogieras	acogierais
acogiera	acogieran
OR	
acogiese	acogiésemos
acogieses	acogieseis
acogiese	acogiesen

Pluperfect
hubiera acogido	hubiéramos acogido
hubieras acogido	hubierais acogido
hubiera acogido	hubieran acogido
OR	
hubiese acogido	hubiésemos acogido
hubieses acogido	hubieseis acogido
hubiese acogido	hubiesen acogido

Imperative
—	acojamos
acoge; no acojas	acoged; no acojáis
acoja	acojan

Participles

Present	Past
acogiendo	acogido

Related Words
acogedor/a	welcoming, cosy	*la acogida*	welcome, reception

7 **acostarse** to lie down, to go to bed

yo	nosotros/-as
tú	vosotros/-as
él/ella/Ud.	ellos/ellas/Uds.

Indicative

Present Tense
me acuesto	nos acostamos
te acuestas	os acostáis
se acuesta	se acuestan

Present Perfect
me he acostado	nos hemos acostado
te has acostado	os habéis acostado
se ha acostado	se han acostado

Imperfect
me acostaba	nos acostábamos
te acostabas	os acostabais
se acostaba	se acostaban

Pluperfect
me había acostado	nos habíamos acostado
te habías acostado	os habíais acostado
se había acostado	se habían acostado

Preterite
me acosté	nos acostamos
te acostaste	os acostasteis
se acostó	se acostaron

Preterite Perfect
me hube acostado	nos hubimos acostado
te hubiste acostado	os hubisteis acostado
se hubo acostado	se hubieron acostado

Future
me acostaré	nos acostaremos
te acostarás	os acostaréis
se acostará	se acostarán

Future Perfect
me habré acostado	nos habremos acostado
te habrás acostado	os habréis acostado
se habrá acostado	se habrán acostado

Conditional

Present
me acostaría	nos acostaríamos
te acostarías	os acostaríais
se acostaría	se acostarían

Present Perfect
me habría acostado	nos habríamos acostado
te habrías acostado	os habríais acostado
se habría acostado	se habrían acostado

Subjunctive

Present
me acueste	nos acostemos
te acuestes	os acostéis
se acueste	se acuesten

Present Perfect
me haya acostado	nos hayamos acostado
te hayas acostado	os hayáis acostado
se haya acostado	se hayan acostado

Imperfect
me acostara	nos acostáramos
te acostaras	os acostarais
se acostara	se acostaran
OR	
me acostase	nos acostásemos
te acostases	os acostaseis
se acostase	se acostasen

Pluperfect
me hubiera acostado	nos hubiéramos acostado
te hubieras acostado	os hubierais acostado
se hubiera acostado	se hubieran acostado
OR	
me hubiese acostado	nos hubiésemos acostado
te hubieses acostado	os hubieseis acostado
se hubiese acostado	se hubiesen acostado

Imperative
—	acostémonos
acuéstate; no te acuestes	acostaos; no os acostéis
acuéstese	acuéstense

Participles

Present
acostándose

Past
acostado

Related Words
acostar	to put to bed	acostarse con las	to go to bed very early
acostado/a	in bed, lying down	gallinas	

39

8 afeitarse to shave oneself

	yo	nosotros/-as
	tú	vosotros/-as
	él/ella/Ud.	ellos/ellas/Uds.

Indicative

Present Tense
me afeito	nos afeitamos
te afeitas	os afeitáis
se afeita	se afeitan

Present Perfect
me he afeitado	nos hemos afeitado
te has afeitado	os habéis afeitado
se ha afeitado	se han afeitado

Imperfect
me afeitaba	nos afeitábamos
te afeitabas	os afeitabais
se afeitaba	se afeitaban

Pluperfect
me había afeitado	nos habíamos afeitado
te habías afeitado	os habíais afeitado
se había afeitado	se habían afeitado

Preterite
me afeité	nos afeitamos
te afeitaste	os afeitasteis
se afeitó	se afeitaron

Preterite Perfect
me hube afeitado	nos hubimos afeitado
te hubiste afeitado	os hubisteis afeitado
se hubo afeitado	se hubieron afeitado

Future
me afeitaré	nos afeitaremos
te afeitarás	os afeitaréis
se afeitará	se afeitarán

Future Perfect
me habré afeitado	nos habremos afeitado
te habrás afeitado	os habréis afeitado
se habrá afeitado	se habrán afeitado

Conditional

Present
me afeitaría	nos afeitaríamos
te afeitarías	os afeitaríais
se afeitaría	se afeitarían

Present Perfect
me habría afeitado	nos habríamos afeitado
te habrías afeitado	os habríais afeitado
se habría afeitado	se habrían afeitado

Subjunctive

Present
me afeite	nos afeitemos
te afeites	os afeitéis
se afeite	se afeiten

Present Perfect
me haya afeitado	nos hayamos afeitado
te hayas afeitado	os hayáis afeitado
se haya afeitado	se hayan afeitado

Imperfect
me afeitara	nos afeitáramos
te afeitaras	os afeitarais
se afeitara	se afeitaran
OR	
me afeitase	nos afeitásemos
te afeitases	os afeitaseis
se afeitase	se afeitasen

Pluperfect
me hubiera afeitado	nos hubiéramos afeitado
te hubieras afeitado	os hubierais afeitado
se hubiera afeitado	se hubieran afeitado
OR	
me hubiese afeitado	nos hubiésemos afeitado
te hubieses afeitado	os hubieseis afeitado
se hubiese afeitado	se hubiesen afeitado

Imperative
—	afeitémonos
aféitate; no te	afeitaos; no os
afeites	afeitéis
aféitese	aféitense

Participles

Present
afeitándose

Past
afeitado

Related Words
| un afeitado | a shave | una hoja de afeitar | razor blade |

9 afligir to afflict

	yo	nosotros/-as
	tú	vosotros/-as
	él/ella/Ud.	ellos/ellas/Uds.

Indicative

Present Tense
aflijo	afligimos
afliges	afligís
aflige	afligen

Present Perfect
he afligido	hemos afligido
has afligido	habéis afligido
ha afligido	han afligido

Imperfect
afligía	afligíamos
afligías	afligíais
afligía	afligían

Pluperfect
había afligido	habíamos afligido
habías afligido	habíais afligido
había afligido	habían afligido

Preterite
afligí	afligimos
afligiste	afligisteis
afligió	afligieron

Preterite Perfect
hube afligido	hubimos afligido
hubiste afligido	hubisteis afligido
hubo afligido	hubieron afligido

Future
afligiré	afligiremos
afligirás	afligiréis
afligirá	afligirán

Future Perfect
habré afligido	habremos afligido
habrás afligido	habréis afligido
habrá afligido	habrán afligido

Conditional

Present
afligiría	afligiríamos
afligirías	afligiríais
afligiría	afligirían

Present Perfect
habría afligido	habríamos afligido
habrías afligido	habríais afligido
habría afligido	habrían afligido

Subjunctive

Present
aflija	aflijamos
aflijas	aflijáis
aflija	aflijan

Present Perfect
haya afligido	hayamos afligido
hayas afligido	hayáis afligido
haya afligido	hayan afligido

Imperfect
afligiera	afligiéramos
afligieras	afligierais
afligiera	afligieran
OR	
afligiese	afligiésemos
afligieses	afligieseis
afligiese	afligiesen

Pluperfect
hubiera afligido	hubiéramos afligido
hubieras afligido	hubierais afligido
hubiera afligido	hubieran afligido
OR	
hubiese afligido	hubiésemos afligido
hubieses afligido	hubieseis afligido
hubiese afligido	hubiesen afligido

Imperative
—	aflijamos
aflige; no aflijas	afligid; no aflijáis
aflija	aflijan

Participles
Present	Past
afligiendo	afligido

Related Words
una aflicción	affliction	estar afligido/a	to be sad, concerned
afligirse	to worry		

10 **agradecer** to be grateful, to thank

	yo	nosotros/-as
	tú	vosotros/-as
	él/ella/Ud.	ellos/ellas/Uds.

Indicative
Present Tense
		Present Perfect	
agradezco	agradecemos	he agradecido	hemos agradecido
agradeces	agradecéis	has agradecido	habéis agradecido
agradece	agradecen	ha agradecido	han agradecido

Imperfect
		Pluperfect	
agradecía	agradecíamos	había agradecido	habíamos agradecido
agradecías	agradecíais	habías agradecido	habíais agradecido
agradecía	agradecían	había agradecido	habían agradecido

Preterite
		Preterite Perfect	
agradecí	agradecimos	hube agradecido	hubimos agradecido
agradeciste	agradecisteis	hubiste agradecido	hubisteis agradecido
agradeció	agradecieron	hubo agradecido	hubieron agradecido

Future
		Future Perfect	
agradeceré	agradeceremos	habré agradecido	habremos agradecido
agradecerás	agradeceréis	habrás agradecido	habréis agradecido
agradecerá	agradecerán	habrá agradecido	habrán agradecido

Conditional
Present
		Present Perfect	
agradecería	agradeceríamos	habría agradecido	habríamos agradecido
agradecerías	agradeceríais	habrías agradecido	habríais agradecido
agradecería	agradecerían	habría agradecido	habrían agradecido

Subjunctive
Present
		Present Perfect	
agradezca	agradezcamos	haya agradecido	hayamos agradecido
agradezcas	agradezcáis	hayas agradecido	hayáis agradecido
agradezca	agradezcan	haya agradecido	hayan agradecido

Imperfect
		Pluperfect	
agradeciera	agradeciéramos	hubiera agradecido	hubiéramos agradecido
agradecieras	agradecierais	hubieras agradecido	hubierais agradecido
agradeciera	agradecieran	hubiera agradecido	hubieran agradecido
OR		OR	
agradeciese	agradeciésemos	hubiese agradecido	hubiésemos agradecido
agradecieses	agradecieseis	hubieses agradecido	hubieseis agradecido
agradeciese	agradeciesen	hubiese agradecido	hubiesen agradecido

Imperative
—	agradezcamos
agradece; no agradezcas	agradeced; no agradezcáis
agradezca	agradezcan

Participles
Present	**Past**
agradeciendo	agradecido

Related Words
el agradecimiento	gratitude, gratefulness	*desagradecer*	to be ungrateful

11 alcanzar to reach, to overtake

yo   nosotros/-as
tú   vosotros/-as
él/ella/Ud.   ellos/ellas/Uds.

Indicative

Present Tense

alcanzo	alcanzamos
alcanzas	alcanzáis
alcanza	alcanzan

Present Perfect

he alcanzado	hemos alcanzado
has alcanzado	habéis alcanzado
ha alcanzado	han alcanzado

Imperfect

alcanzaba	alcanzábamos
alcanzabas	alcanzabais
alcanzaba	alcanzaban

Pluperfect

había alcanzado	habíamos alcanzado
habías alcanzado	habíais alcanzado
había alcanzado	habían alcanzado

Preterite

alcancé	alcanzamos
alcanzaste	alcanzasteis
alcanzó	alcanzaron

Preterite Perfect

hube alcanzado	hubimos alcanzado
hubiste alcanzado	hubisteis alcanzado
hubo alcanzado	hubieron alcanzado

Future

alcanzaré	alcanzaremos
alcanzarás	alcanzaréis
alcanzará	alcanzarán

Future Perfect

habré alcanzado	habremos alcanzado
habrás alcanzado	habréis alcanzado
habrá alcanzado	habrán alcanzado

Conditional

Present

alcanzaría	alcanzaríamos
alcanzarías	alcanzaríais
alcanzaría	alcanzarían

Present Perfect

habría alcanzado	habríamos alcanzado
habrías alcanzado	habríais alcanzado
habría alcanzado	habrían alcanzado

Subjunctive

Present

alcance	alcancemos
alcances	alcancéis
alcance	alcancen

Present Perfect

haya alcanzado	hayamos alcanzado
hayas alcanzado	hayáis alcanzado
haya alcanzado	hayan alcanzado

Imperfect

alcanzara	alcanzáramos
alcanzaras	alcanzarais
alcanzara	alcanzaran
OR	
alcanzase	alcanzásemos
alcanzases	alcanzaseis
alcanzase	alcanzasen

Pluperfect

hubiera alcanzado	hubiéramos alcanzado
hubieras alcanzado	hubierais alcanzado
hubiera alcanzado	hubieran alcanzado
OR	
hubiese alcanzado	hubiésemos alcanzado
hubieses alcanzado	hubieseis alcanzado
hubiese alcanzado	hubiesen alcanzado

Imperative

—	alcancemos
alcanza; no alcances	alcanzad; no alcancéis
alcance	alcancen

Participles

Present	Past
alcanzando	alcanzado

Related Words

el alcance	reach, scope	al alcance de la mano	within reach of
dar alcance a	to overtake		

12 almorzar to have lunch

	yo	nosotros/-as
	tú	vosotros/-as
	él/ella/Ud.	ellos/ellas/Uds.

Indicative

Present Tense
almuerzo	almorzamos
almuerzas	almorzáis
almuerza	almuerzan

Present Perfect
he almorzado	hemos almorzado
has almorzado	habéis almorzado
ha almorzado	han almorzado

Imperfect
almorzaba	almorzábamos
almorzabas	almorzabais
almorzaba	almorzaban

Pluperfect
había almorzado	habíamos almorzado
habías almorzado	habíais almorzado
había almorzado	habían almorzado

Preterite
almorcé	almorzamos
almorzaste	almorzasteis
almorzó	almorzaron

Preterite Perfect
hube almorzado	hubimos almorzado
hubiste almorzado	hubisteis almorzado
hubo almorzado	hubieron almorzado

Future
almorzaré	almorzaremos
almorzarás	almorzaréis
almorzará	almorzarán

Future Perfect
habré almorzado	habremos almorzado
habrás almorzado	habréis almorzado
habrá almorzado	habrán almorzado

Conditional

Present
almorzaría	almorzaríamos
almorzarías	almorzaríais
almorzaría	almorzarían

Present Perfect
habría almorzado	habríamos almorzado
habrías almorzado	habríais almorzado
habría almorzado	habrían almorzado

Subjunctive

Present
almuerce	almorcemos
almuerces	almorcéis
almuerce	almuercen

Present Perfect
haya almorzado	hayamos almorzado
hayas almorzado	hayáis almorzado
haya almorzado	hayan almorzado

Imperfect
almorzara	almorzáramos
almorzaras	almorzarais
almorzara	almorzaran
OR	
almorzase	almorzásemos
almorzases	almorzaseis
almorzase	almorzasen

Pluperfect
hubiera almorzado	hubiéramos almorzado
hubieras almorzado	hubierais almorzado
hubiera almorzado	hubieran almorzado
OR	
hubiese almorzado	hubiésemos almorzado
hubieses almorzado	hubieseis almorzado
hubiese almorzado	hubiesen almorzado

Imperative
—	almorcemos
almuerza; no almuerces	almorzad; no almorcéis
almuerce	almuercen

Participles

Present	Past
almorzando	almorzado

Related Words

el almuerzo	lunch

13 amanecer to dawn

yo   nosotros/-as
tú   vosotros/-as
él/ella/Ud.   ellos/ellas/Uds.

Indicative

Present Tense

		Present Perfect	
amanezco	amanecemos	he amanecido	hemos amanecido
amaneces	amanecéis	has amanecido	habéis amanecido
amanece	amanecen	ha amanecido	han amanecido

Imperfect

		Pluperfect	
amanecía	amanecíamos	había amanecido	habíamos amanecido
amanecías	amanecíais	habías amanecido	habíais amanecido
amanecía	amanecían	había amanecido	habían amanecido

Preterite

		Preterite Perfect	
amanecí	amanecimos	hube amanecido	hubimos amanecido
amaneciste	amanecisteis	hubiste amanecido	hubisteis amanecido
amaneció	amanecieron	hubo amanecido	hubieron amanecido

Future

		Future Perfect	
amaneceré	amaneceremos	habré amanecido	habremos amanecido
amanecerás	amaneceréis	habrás amanecido	habréis amanecido
amanecerá	amanecerán	habrá amanecido	habrán amanecido

Conditional

Present

		Present Perfect	
amanecería	amaneceríamos	habría amanecido	habríamos amanecido
amanecerías	amaneceríais	habrías amanecido	habríais amanecido
amanecería	amanecerían	habría amanecido	habrían amanecido

Subjunctive

Present

		Present Perfect	
amanezca	amanezcamos	haya amanecido	hayamos amanecido
amanezcas	amanezcáis	hayas amanecido	hayáis amanecido
amanezca	amanezcan	haya amanecido	hayan amanecido

Imperfect

		Pluperfect	
amaneciera	amaneciéramos	hubiera amanecido	hubiéramos amanecido
amanecieras	amanecierais	hubieras amanecido	hubierais amanecido
amaneciera	amanecieran	hubiera amanecido	hubieran amanecido
OR		OR	
amaneciese	amaneciésemos	hubiese amanecido	hubiésemos amanecido
amanecieses	amanecieseis	hubieses amanecido	hubieseis amanecido
amaneciese	amaneciesen	hubiese amanecido	hubiesen amanecido

Imperative

—	amanezcamos
amanece; no amanezcas	amaneced; no amanezcáis
amanezca	amanezcan

Participles

Present	**Past**
amaneciendo	amanecido

Related Words

el amanecer	sunrise	*amanecerse*	to be up all night

14 anochecer to grow dark

	yo	nosotros/-as
	tú	vosotros/-as
	él/ella/Ud.	ellos/ellas/Uds.

Indicative

Present Tense
anochezco	anochecemos
anocheces	anochecéis
anochece	anochecen

Present Perfect
he anochecido	hemos anochecido
has anochecido	habéis anochecido
ha anochecido	han anochecido

Imperfect
anochecía	anochecíamos
anochecías	anochecíais
anochecía	anochecían

Pluperfect
había anochecido	habíamos anochecido
habías anochecido	habíais anochecido
había anochecido	habían anochecido

Preterite
anochecí	anochecimos
anocheciste	anochecisteis
anocheció	anochecieron

Preterite Perfect
hube anochecido	hubimos anochecido
hubiste anochecido	hubisteis anochecido
hubo anochecido	hubieron anochecido

Future
anocheceré	anocheceremos
anochecerás	anocheceréis
anochecerá	anochecerán

Future Perfect
habré anochecido	habremos anochecido
habrás anochecido	habréis anochecido
habrá anochecido	habrán anochecido

Conditional

Present
anochecería	anocheceríamos
anochecerías	anocheceríais
anochecería	anochecerían

Present Perfect
habría anochecido	habríamos anochecido
habrías anochecido	habríais anochecido
habría anochecido	habrían anochecido

Subjunctive

Present
anochezca	anochezcamos
anochezcas	anochezcáis
anochezca	anochezcan

Present Perfect
haya anochecido	hayamos anochecido
hayas anochecido	hayáis anochecido
haya anochecido	hayan anochecido

Imperfect
anocheciera	anocheciéramos
anochecieras	anochecierais
anocheciera	anochecieran
OR	
anocheciese	anocheciésemos
anochecieses	anochecieseis
anocheciese	anocheciesen

Pluperfect
hubiera anochecido	hubiéramos anochecido
hubieras anochecido	hubierais anochecido
hubiera anochecido	hubieran anochecido
OR	
hubiese anochecido	hubiésemos anochecido
hubieses anochecido	hubieseis anochecido
hubiese anochecido	hubiesen anochecido

Imperative
—	anochezcamos
anochece; no anochezcas	anocheced; no anochezcáis
anochezca	anochezcan

Participles

Present	Past
anocheciendo	anochecido

Related Words

la noche	night	el ambiente nocturno (la vida)	nightlife

15 aparecer to appear, to show up

yo   nosotros/-as
tú   vosotros/-as
él/ella/Ud.   ellos/ellas/Uds.

Indicative

Present Tense

aparezco	aparecemos		
apareces	aparecéis		
aparece	aparecen		

Present Perfect

he aparecido	hemos aparecido		
has aparecido	habéis aparecido		
ha aparecido	han aparecido		

Imperfect

aparecía	aparecíamos
aparecías	aparecíais
aparecía	aparecían

Pluperfect

había aparecido	habíamos aparecido
habías aparecido	habíais aparecido
había aparecido	habían aparecido

Preterite

aparecí	aparecimos
apareciste	aparecisteis
apareció	aparecieron

Preterite Perfect

hube aparecido	hubimos aparecido
hubiste aparecido	hubisteis aparecido
hubo aparecido	hubieron aparecido

Future

apareceré	apareceremos
aparecerás	apareceréis
aparecerá	aparecerán

Future Perfect

habré aparecido	habremos aparecido
habrás aparecido	habréis aparecido
habrá aparecido	habrán aparecido

Conditional

Present

aparecería	apareceríamos
aparecerías	apareceríais
aparecería	aparecerían

Present Perfect

habría aparecido	habríamos aparecido
habrías aparecido	habríais aparecido
habría aparecido	habrían aparecido

Subjunctive

Present

aparezca	aparezcamos
aparezcas	aparezcáis
aparezca	aparezcan

Present Perfect

haya aparecido	hayamos aparecido
hayas aparecido	hayáis aparecido
haya aparecido	hayan aparecido

Imperfect

apareciera	apareciéramos
aparecieras	aparecierais
apareciera	aparecieran
OR	
apareciese	apareciésemos
aparecieses	aparecieseis
apareciese	apareciesen

Pluperfect

hubiera aparecido	hubiéramos aparecido
hubieras aparecido	hubierais aparecido
hubiera aparecido	hubieran aparecido
OR	
hubiese aparecido	hubiésemos aparecido
hubieses aparecido	hubieseis aparecido
hubiese aparecido	hubiesen aparecido

Imperative

—	aparezcamos
aparece; no	apareced; no
aparezcas	aparezcáis
aparezca	aparezcan

Participles

Present	Past
apareciendo	aparecido

Related Words

una aparición	apparition, appearance	*aparentar*	to look, to seem to be (age)
aparentemente	apparently		

47

16 aprender to learn

	yo	nosotros/-as
	tú	vosotros/-as
	él/ella/Ud.	ellos/ellas/Uds.

Indicative

Present Tense
aprendo	aprendemos
aprendes	aprendéis
aprende	aprenden

Present Perfect
he aprendido	hemos aprendido
has aprendido	habéis aprendido
ha aprendido	han aprendido

Imperfect
aprendía	aprendíamos
aprendías	aprendíais
aprendía	aprendían

Pluperfect
había aprendido	habíamos aprendido
habías aprendido	habíais aprendido
había aprendido	habían aprendido

Preterite
aprendí	aprendimos
aprendiste	aprendisteis
aprendió	aprendieron

Preterite Perfect
hube aprendido	hubimos aprendido
hubiste aprendido	hubisteis aprendido
hubo aprendido	hubieron aprendido

Future
aprenderé	aprenderemos
aprenderás	aprenderéis
aprenderá	aprenderán

Future Perfect
habré aprendido	habremos aprendido
habrás aprendido	habréis aprendido
habrá aprendido	habrán aprendido

Conditional

Present
aprendería	aprenderíamos
aprenderías	aprenderíais
aprendería	aprenderían

Present Perfect
habría aprendido	habríamos aprendido
habrías aprendido	habríais aprendido
habría aprendido	habrían aprendido

Subjunctive

Present
aprenda	aprendamos
aprendas	aprendáis
aprenda	aprendan

Present Perfect
haya aprendido	hayamos aprendido
hayas aprendido	hayáis aprendido
haya aprendido	hayan aprendido

Imperfect
aprendiera	aprendiéramos
aprendieras	aprendierais
aprendiera	aprendieran
OR	
aprendiese	aprendiésemos
aprendieses	aprendieseis
aprendiese	aprendiesen

Pluperfect
hubiera aprendido	hubiéramos aprendido
hubieras aprendido	hubierais aprendido
hubiera aprendido	hubieran aprendido
OR	
hubiese aprendido	hubiésemos aprendido
hubieses aprendido	hubieseis aprendido
hubiese aprendido	hubiesen aprendido

Imperative
—	aprendamos
aprende; no aprendas	aprended; no aprendáis
aprenda	aprendan

Participles
Present	Past
aprendiendo	aprendido

Related Words
el aprendizaje	apprenticeship	*un/a aprendiz/a*	apprentice
aprender a + inf.	to learn + inf.		

17 aprovecharse to take advantage of

	yo	nosotros/-as
	tú	vosotros/-as
	él/ella/Ud.	ellos/ellas/Uds.

Indicative

Present Tense
me aprovecho	nos aprovechamos
te aprovechas	os aprovecháis
se aprovecha	se aprovechan

Present Perfect
me he aprovechado	nos hemos aprovechado
te has aprovechado	os habéis aprovechado
se ha aprovechado	se han aprovechado

Imperfect
me aprovechaba	nos aprovechábamos
te aprovechabas	os aprovechabais
se aprovechaba	se aprovechaban

Pluperfect
me había aprovechado	nos habíamos aprovechado
te habías aprovechado	os habíais aprovechado
se había aprovechado	se habían aprovechado

Preterite
me aproveché	nos aprovechamos
te aprovechaste	os aprovechasteis
se aprovechó	se aprovecharon

Preterite Perfect
me hube aprovechado	nos hubimos aprovechado
te hubiste aprovechado	os hubisteis aprovechado
se hubo aprovechado	se hubieron aprovechado

Future
me aprovecharé	nos aprovecharemos
te aprovecharás	os aprovecharéis
se aprovechará	se aprovecharán

Future Perfect
me habré aprovechado	nos habremos aprovechado
te habrás aprovechado	os habréis aprovechado
se habrá aprovechado	se habrán aprovechado

Conditional

Present
me aprovecharía	nos aprovecharíamos
te aprovecharías	os aprovecharíais
se aprovecharía	se aprovecharían

Present Perfect
me habría aprovechado	nos habríamos aprovechado
te habrías aprovechado	os habríais aprovechado
se habría aprovechado	se habrían aprovechado

Subjunctive

Present
me aproveche	nos aprovechemos
te aproveches	os aprovechéis
se aproveche	se aprovechen

Present Perfect
me haya aprovechado	nos hayamos aprovechado
te hayas aprovechado	os hayáis aprovechado
se haya aprovechado	se hayan aprovechado

Imperfect
me aprovechara	nos aprovecháramos
te aprovecharas	os aprovecharais
se aprovechara	se aprovecharan
OR	
me aprovechase	nos aprovechásemos
te aprovechases	os aprovechaseis
se aprovechase	se aprovechasen

Pluperfect
me hubiera aprovechado	nos hubiéramos aprovechado
te hubieras aprovechado	os hubierais aprovechado
se hubiera aprovechado	se hubieran aprovechado
OR	
me hubiese aprovechado	nos hubiésemos aprovechado
te hubieses aprovechado	os hubieseis aprovechado
se hubiese aprovechado	se hubiesen aprovechado

Imperative
—	aprovechémonos
aprovéchate; no te aproveches	aprovechaos; no os aprovechéis
aprovéchese	aprovéchense

Participles
Present	Past
aprovechándose	aprovechado

Related Words
¡Buen provecho!	Bon appétit!	aprovechar	to make the most of

18 asistir to attend, to assist

	yo	nosotros/-as
	tú	vosotros/-as
	él/ella/Ud.	ellos/ellas/Uds.

Indicative

Present Tense
asisto	asistimos
asistes	asistís
asiste	asisten

Present Perfect
he asistido	hemos asistido
has asistido	habéis asistido
ha asistido	han asistido

Imperfect
asistía	asistíamos
asistías	asistíais
asistía	asistían

Pluperfect
había asistido	habíamos asistido
habías asistido	habíais asistido
había asistido	habían asistido

Preterite
asistí	asistimos
asististe	asististeis
asistió	asistieron

Preterite Perfect
hube asistido	hubimos asistido
hubiste asistido	hubisteis asistido
hubo asistido	hubieron asistido

Future
asistiré	asistiremos
asistirás	asistiréis
asistirá	asistirán

Future Perfect
habré asistido	habremos asistido
habrás asistido	habréis asistido
habrá asistido	habrán asistido

Conditional

Present
asistiría	asistiríamos
asistirías	asistiríais
asistiría	asistirían

Present Perfect
habría asistido	habríamos asistido
habrías asistido	habríais asistido
habría asistido	habrían asistido

Subjunctive

Present
asista	asistamos
asistas	asistáis
asista	asistan

Present Perfect
haya asistido	hayamos asistido
hayas asistido	hayáis asistido
haya asistido	hayan asistido

Imperfect
asistiera	asistiéramos
asistieras	asistierais
asistiera	asistieran
OR	
asistiese	asistiésemos
asistieses	asistieseis
asistiese	asistiesen

Pluperfect
hubiera asistido	hubiéramos asistido
hubieras asistido	hubierais asistido
hubiera asistido	hubieran asistido
OR	
hubiese asistido	hubiésemos asistido
hubieses asistido	hubieseis asistido
hubiese asistido	hubiesen asistido

Imperative
—	asistamos
asiste; no asistas	asistid; no asistáis
asista	asistan

Participles

Present	Past
asistiendo	asistido

Related Words

asistir a	to attend, to be present at	*la asistencia*	attendance (student)
		un/a asistente	assistant

19 **atribuir** to attribute

yo	nosotros/-as
tú	vosotros/-as
él/ella/Ud.	ellos/ellas/Uds.

Indicative

Present Tense
atribuyo	atribuimos		
atribuyes	atribuís		
atribuye	atribuyen		

Present Perfect
he atribuido	hemos atribuido
has atribuido	habéis atribuido
ha atribuido	han atribuido

Imperfect
atribuía	atribuíamos
atribuías	atribuíais
atribuía	atribuían

Pluperfect
había atribuido	habíamos atribuido
habías atribuido	habíais atribuido
había atribuido	habían atribuido

Preterite
atribuí	atribuimos
atribuiste	atribuisteis
atribuyó	atribuyeron

Preterite Perfect
hube atribuido	hubimos atribuido
hubiste atribuido	hubisteis atribuido
hubo atribuido	hubieron atribuido

Future
atribuiré	atribuiremos
atribuirás	atribuiréis
atribuirá	atribuirán

Future Perfect
habré atribuido	habremos atribuido
habrás atribuido	habréis atribuido
habrá atribuido	habrán atribuido

Conditional

Present
atribuiría	atribuiríamos
atribuirías	atribuiríais
atribuiría	atribuirían

Present Perfect
habría atribuido	habríamos atribuido
habrías atribuido	habríais atribuido
habría atribuido	habrían atribuido

Subjunctive

Present
atribuya	atribuyamos
atribuyas	atribuyáis
atribuya	atribuyan

Present Perfect
haya atribuido	hayamos atribuido
hayas atribuido	hayáis atribuido
haya atribuido	hayan atribuido

Imperfect
atribuyera	atribuyéramos
atribuyeras	atribuyerais
atribuyera	atribuyeran
OR	
atribuyese	atribuyésemos
atribuyeses	atribuyeseis
atribuyese	atribuyesen

Pluperfect
hubiera atribuido	hubiéramos atribuido
hubieras atribuido	hubierais atribuido
hubiera atribuido	hubieran atribuido
OR	
hubiese atribuido	hubiésemos atribuido
hubieses atribuido	hubieseis atribuido
hubiese atribuido	hubiesen atribuido

Imperative
—	atribuyamos
atribuye; no atribuyas	atribuid; no atribuyáis
atribuya	atribuyan

Participles
Present	Past
atribuyendo	atribuido

Related Words
un atributo	attribute, quality	*atribuirse*	to claim something for oneself

20 **ayudar** to help

	yo	nosotros/-as
	tú	vosotros/-as
	él/ella/Ud.	ellos/ellas/Uds.

Indicative

Present Tense

ayudo	ayudamos
ayudas	ayadáis
ayuda	ayudan

Present Perfect

he ayudado	hemos ayudado
has ayudado	habéis ayudado
ha ayudado	han ayudado

Imperfect

ayudaba	ayudábamos
ayudabas	ayudabais
ayudaba	ayudaban

Pluperfect

había ayudado	habíamos ayudado
habías ayudado	habíais ayudado
había ayudado	habían ayudado

Preterite

ayudé	ayudamos
ayudaste	ayudasteis
ayudó	ayudaron

Preterite Perfect

hube ayudado	hubimos ayudado
hubiste ayudado	hubisteis ayudado
hubo ayudado	hubieron ayudado

Future

ayudaré	ayudaremos
ayudarás	ayudaréis
ayudará	ayudarán

Future Perfect

habré ayudado	habremos ayudado
habrás ayudado	habréis ayudado
habrá ayudado	habrán ayudado

Conditional

Present

ayudaría	ayudaríamos
ayudarías	ayudaríais
ayudaría	ayudarían

Present Perfect

habría ayudado	habríamos ayudado
habrías ayudado	habríais ayudado
habría ayudado	habrían ayudado

Subjunctive

Present

ayude	ayudemos
ayudes	ayudéis
ayude	ayuden

Present Perfect

haya ayudado	hayamos ayudado
hayas ayudado	hayáis ayudado
haya ayudado	hayan ayudado

Imperfect

ayudara	ayudáramos
ayudaras	ayudarais
ayudara	ayudaran
OR	
ayudase	ayudásemos
ayudases	ayudaseis
ayudase	ayudasen

Pluperfect

hubiera ayudado	hubiéramos ayudado
hubieras ayudado	hubierais ayudado
hubiera ayudado	hubieran ayudado
OR	
hubiese ayudado	hubiésemos ayudado
hubieses ayudado	hubieseis ayudado
hubiese ayudado	hubiesen ayudado

Imperative

—	ayudemos
ayuda; no ayudes	ayudad; no ayudéis
ayude	ayuden

Participles

Present	**Past**
ayudando	ayudado

Related Words

la ayuda	aid, assistance, help	*A quien madruga, Dios le ayuda.*	The early bird gets the worm.
un/a ayudante	assistant		

21 bailar to dance

yo   nosotros/-as
tú   vosotros/-as
él/ella/Ud.   ellos/ellas/Uds.

Indicative

Present Tense		Present Perfect	
bailo	bailamos	he bailado	hemos bailado
bailas	bailáis	has bailado	habéis bailado
baila	bailan	ha bailado	han bailado

Imperfect		Pluperfect	
bailaba	bailábamos	había bailado	habíamos bailado
bailabas	bailabais	habías bailado	habíais bailado
bailaba	bailaban	había bailado	habían bailado

Preterite		Preterite Perfect	
bailé	bailamos	hube bailado	hubimos bailado
bailaste	bailasteis	hubiste bailado	hubisteis bailado
bailó	bailaron	hubo bailado	hubieron bailado

Future		Future Perfect	
bailaré	bailaremos	habré bailado	habremos bailado
bailarás	bailaréis	habrás bailado	habréis bailado
bailará	bailarán	habrá bailado	habrán bailado

Conditional

Present		Present Perfect	
bailaría	bailaríamos	habría bailado	habríamos bailado
bailarías	bailaríais	habrías bailado	habríais bailado
bailaría	bailarían	habría bailado	habrían bailado

Subjunctive

Present		Present Perfect	
baile	bailemos	haya bailado	hayamos bailado
bailes	bailéis	hayas bailado	hayáis bailado
baile	bailen	haya bailado	hayan bailado

Imperfect		Pluperfect	
bailara	bailáramos	hubiera bailado	hubiéramos bailado
bailaras	bailarais	hubieras bailado	hubierais bailado
bailara	bailaran	hubiera bailado	hubieran bailado
OR		OR	
bailase	bailásemos	hubiese bailado	hubiésemos bailado
bailases	bailaseis	hubieses bailado	hubieseis bailado
bailase	bailasen	hubiese bailado	hubiesen bailado

Imperative

—	bailemos
baila; no bailes	bailad; no bailéis
baile	bailen

Participles

Present	Past
bailando	bailado

Related Words

un baile	dance	*un/a bailarín/a*	dancer

22 **beber** to drink

	yo	nosotros/-as
	tú	vosotros/-as
	él/ella/Ud.	ellos/ellas/Uds.

Indicative

Present Tense
bebo	bebemos
bebes	bebéis
bebe	beben

Present Perfect
he bebido	hemos bebido
has bebido	habéis bebido
ha bebido	han bebido

Imperfect
bebía	bebíamos
bebías	bebíais
bebía	bebían

Pluperfect
había bebido	habíamos bebido
habías bebido	habíais bebido
había bebido	habían bebido

Preterite
bebí	bebimos
bebiste	bebisteis
bebió	bebieron

Preterite Perfect
hube bebido	hubimos bebido
hubiste bebido	hubisteis bebido
hubo bebido	hubieron bebido

Future
beberé	beberemos
beberás	beberéis
beberá	beberán

Future Perfect
habré bebido	habremos bebido
habrás bebido	habréis bebido
habrá bebido	habrán bebido

Conditional

Present
bebería	beberíamos
beberías	beberíais
bebería	beberían

Present Perfect
habría bebido	habríamos bebido
habrías bebido	habríais bebido
habría bebido	habrían bebido

Subjunctive

Present
beba	bebamos
bebas	bebáis
beba	beban

Present Perfect
haya bebido	hayamos bebido
hayas bebido	hayáis bebido
haya bebido	hayan bebido

Imperfect
bebiera	bebiéramos
bebieras	bebierais
bebiera	bebieran
OR	
bebiese	bebiésemos
bebieses	bebieseis
bebiese	bebiesen

Pluperfect
hubiera bebido	hubiéramos bebido
hubieras bebido	hubierais bebido
hubiera bebido	hubieran bebido
OR	
hubiese bebido	hubiésemos bebido
hubieses bebido	hubieseis bebido
hubiese bebido	hubiesen bebido

Imperative
—	bebamos
bebe; no bebas	bebed; no bebáis
beba	beban

Participles
Present	Past
bebiendo	bebido

Related Words
una bebida	drink, beverage	*un/a bebedor/a*	drinker

23 **buscar** to look for

	yo	nosotros/-as
	tú	vosotros/-as
	él/ella/Ud.	ellos/ellas/Uds.

Indicative

Present Tense
busco	buscamos
buscas	buscáis
busca	buscan

Present Perfect
he buscado	hemos buscado
has buscado	habéis buscado
ha buscado	han buscado

Imperfect
buscaba	buscábamos
buscabas	buscabais
buscaba	buscaban

Pluperfect
había buscado	habíamos buscado
habías buscado	habíais buscado
había buscado	habían buscado

Preterite
busqué	buscamos
buscaste	buscasteis
buscó	buscaron

Preterite Perfect
hube buscado	hubimos buscado
hubiste buscado	hubisteis buscado
hubo buscado	hubieron buscado

Future
buscaré	buscaremos
buscarás	buscaréis
buscará	buscarán

Future Perfect
habré buscado	habremos buscado
habrás buscado	habréis buscado
habrá buscado	habrán buscado

Conditional

Present
buscaría	buscaríamos
buscarías	buscaríais
buscaría	buscarían

Present Perfect
habría buscado	habríamos buscado
habrías buscado	habríais buscado
habría buscado	habrían buscado

Subjunctive

Present
busque	busquemos
busques	busquéis
busque	busquen

Present Perfect
haya buscado	hayamos buscado
hayas buscado	hayáis buscado
haya buscado	hayan buscado

Imperfect
buscara	buscáramos
buscaras	buscarais
buscara	buscaran
OR	
buscase	buscásemos
buscases	buscaseis
buscase	buscasen

Pluperfect
hubiera buscado	hubiéramos buscado
hubieras buscado	hubierais buscado
hubiera buscado	hubieran buscado
OR	
hubiese buscado	hubiésemos buscado
hubieses buscado	hubieseis buscado
hubiese buscado	hubiesen buscado

Imperative
—	busquemos
busca; no busques	buscad; no busquéis
busque	busquen

Participles
Present	Past
buscando	buscado

Related Words
la búsqueda	search	*un/a buscador/a*	searcher, seeker

24 caer to fall

yo   nosotros/-as
tú   vosotros/-as
él/ella/Ud.   ellos/ellas/Uds.

Indicative

Present Tense
caigo	caemos
caes	caéis
cae	caen

Present Perfect
he caído	hemos caído
has caído	habéis caído
ha caído	han caído

Imperfect
caía	caíamos
caías	caíais
caía	caían

Pluperfect
había caído	habíamos caído
habías caído	habíais caído
había caído	habían caído

Preterite
caí	caímos
caíste	caísteis
cayó	cayeron

Preterite Perfect
hube caído	hubimos caído
hubiste caído	hubisteis caído
hubo caído	hubieron caído

Future
caeré	caeremos
caerás	caeréis
caerá	caerán

Future Perfect
habré caído	habremos caído
habrás caído	habréis caído
habrá caído	habrán caído

Conditional

Present
caería	caeríamos
caerías	caeríais
caería	caerían

Present Perfect
habría caído	habríamos caído
habrías caído	habríais caído
habría caído	habrían caído

Subjunctive

Present
caiga	caigamos
caigas	caigáis
caiga	caigan

Present Perfect
haya caído	hayamos caído
hayas caído	hayáis caído
haya caído	hayan caído

Imperfect
cayera	cayéramos
cayeras	cayerais
cayera	cayeran
OR	
cayese	cayésemos
cayeses	cayeseis
cayese	cayesen

Pluperfect
hubiera caído	hubiéramos caído
hubieras caído	hubierais caído
hubiera caído	hubieran caído
OR	
hubiese caído	hubiésemos caído
hubieses caído	hubieseis caído
hubiese caído	hubiesen caído

Imperative
—	caigamos
cae; no caigas	caed; no caigáis
caiga	caigan

Participles
Present	Past
cayendo	caído

Related Words
la caída	fall	*dejar caer*	to drop
estar decaído/a	to be depressed/sad	*No caigo.*	I don't get it.

56

25 caerse to fall, to fall down

	yo	nosotros/-as
	tú	vosotros/-as
	él/ella/Ud.	ellos/ellas/Uds.

Indicative

Present Tense

me caigo	nos caemos
te caes	os caéis
se cae	se caen

Present Perfect

me he caído	nos hemos caído
te has caído	os habéis caído
se ha caído	se han caído

Imperfect

me caía	nos caíamos
te caías	os caíais
se caía	se caían

Pluperfect

me había caído	nos habíamos caído
te habías caído	os habíais caído
se había caído	se habían caído

Preterite

me caí	nos caímos
te caíste	os caísteis
se cayó	se cayeron

Preterite Perfect

me hube caído	nos hubimos caído
te hubiste caído	os hubisteis caído
se hubo caído	se hubieron caído

Future

me caeré	nos caeremos
te caerás	os caeréis
se caerá	se caerán

Future Perfect

me habré caído	nos habremos caído
te habrás caído	os habréis caído
se habrá caído	se habrán caído

Conditional

Present

me caería	nos caeríamos
te caerías	os caeríais
se caería	se caerían

Present Perfect

me habría caído	nos habríamos caído
te habrías caído	os habríais caído
se habría caído	se habrían caído

Subjunctive

Present

me caiga	nos caigamos
te caigas	os caigáis
se caiga	se caigan

Present Perfect

me haya caído	nos hayamos caído
te hayas caído	os hayáis caído
se haya caído	se hayan caído

Imperfect

me cayera	nos cayéramos
te cayeras	os cayerais
se cayera	se cayeran
OR	
me cayese	nos cayésemos
te cayeses	os cayeseis
se cayese	se cayesen

Pluperfect

me hubiera caído	nos hubiéramos caído
te hubieras caído	os hubierais caído
se hubiera caído	se hubieran caído
OR	
me hubiese caído	nos hubiésemos caído
te hubieses caído	os hubieseis caído
se hubiese caído	se hubiesen caído

Imperative

—	caigámonos
cáete; no te	caeos; no os
caigas	caigáis
cáigase	cáiganse

Participles

Present	Past
cayéndose	caído

Related Words

Se me cayó el guante.	I dropped my glove.	*Ése tipo (tío-España) me cae mal.*	I don't like that guy.

57

26 cambiar to change

	yo	nosotros/-as
	tú	vosotros/-as
	él/ella/Ud.	ellos/ellas/Uds.

Indicative

Present Tense
		Present Perfect	
cambio	cambiamos	he cambiado	hemos cambiado
cambias	cambiáis	has cambiado	habéis cambiado
cambia	cambian	ha cambiado	han cambiado

Imperfect
		Pluperfect	
cambiaba	cambiábamos	había cambiado	habíamos cambiado
cambiabas	cambiabais	habías cambiado	habíais cambiado
cambiaba	cambiaban	había cambiado	habían cambiado

Preterite
		Preterite Perfect	
cambié	cambiamos	hube cambiado	hubimos cambiado
cambiaste	cambiasteis	hubiste cambiado	hubisteis cambiado
cambió	cambiaron	hubo cambiado	hubieron cambiado

Future
		Future Perfect	
cambiaré	cambiaremos	habré cambiado	habremos cambiado
cambiarás	cambiaréis	habrás cambiado	habréis cambiado
cambiará	cambiarán	habrá cambiado	habrán cambiado

Conditional

Present
		Present Perfect	
cambiaría	cambiaríamos	habría cambiado	habríamos cambiado
cambiarías	cambiaríais	habrías cambiado	habríais cambiado
cambiaría	cambiarían	habría cambiado	habrían cambiado

Subjunctive

Present
		Present Perfect	
cambie	cambiemos	haya cambiado	hayamos cambiado
cambies	cambiéis	hayas cambiado	hayáis cambiado
cambie	cambien	haya cambiado	hayan cambiado

Imperfect
		Pluperfect	
cambiara	cambiáramos	hubiera cambiado	hubiéramos cambiado
cambiaras	cambiarais	hubieras cambiado	hubierais cambiado
cambiara	cambiaran	hubiera cambiado	hubieran cambiado
OR		OR	
cambiase	cambiásemos	hubiese cambiado	hubiésemos cambiado
cambiases	cambiaseis	hubieses cambiado	hubieseis cambiado
cambiase	cambiasen	hubiese cambiado	hubiesen cambiado

Imperative

—	cambiemos
cambia; no cambies	cambiad; no cambiéis
cambie	cambien

Participles

Present	Past
cambiando	cambiado

Related Words

| el cambio | change | ¿Tienes cambio? | Do you have change? (money |

58

27 **cantar** to sing

yo	nosotros/-as
tú	vosotros/-as
él/ella/Ud.	ellos/ellas/Uds.

Indicative
Present Tense
		Present Perfect	
canto	cantamos	he cantado	hemos cantado
cantas	cantáis	has cantado	habéis cantado
canta	cantan	ha cantado	han cantado

Imperfect
		Pluperfect	
cantaba	cantábamos	había cantado	habíamos cantado
cantabas	cantabais	habías cantado	habíais cantado
cantaba	cantaban	había cantado	habían cantado

Preterite
		Preterite Perfect	
canté	cantamos	hube cantado	hubimos cantado
cantaste	cantasteis	hubiste cantado	hubisteis cantado
cantó	cantaron	hubo cantado	hubieron cantado

Future
		Future Perfect	
cantaré	cantaremos	habré cantado	habremos cantado
cantarás	cantaréis	habrás cantado	habréis cantado
cantará	cantarán	habrá cantado	habrán cantado

Conditional
Present
		Present Perfect	
cantaría	cantaríamos	habría cantado	habríamos cantado
cantarías	cantaríais	habrías cantado	habríais cantado
cantaría	cantarían	habría cantado	habrían cantado

Subjunctive
Present
		Present Perfect	
cante	cantemos	haya cantado	hayamos cantado
cantes	cantéis	hayas cantado	hayáis cantado
cante	canten	haya cantado	hayan cantado

Imperfect
		Pluperfect	
cantara	cantáramos	hubiera cantado	hubiéramos cantado
cantaras	cantarais	hubieras cantado	hubierais cantado
cantara	cantaran	hubiera cantado	hubieran cantado
OR		OR	
cantase	cantásemos	hubiese cantado	hubiésemos cantado
cantases	cantaseis	hubieses cantado	hubieseis cantado
cantase	cantasen	hubiese cantado	hubiesen cantado

Imperative
—	cantemos
canta; no cantes	cantad; no cantéis
cante	canten

Participles
Present	**Past**
cantando	cantado

Related Words
una canción	song	*encantar*	to enchant
un/a cantante	singer	*¡Encantado/a!*	Nice to meet you!

59

28 carecer to lack

yo   nosotros/-as
tú   vosotros/-as
él/ella/Ud.   ellos/ellas/Uds.

Indicative

Present Tense

		Present Perfect	
carezco	carecemos	he carecido	hemos carecido
careces	carecéis	has carecido	habéis carecido
carece	carecen	ha carecido	han carecido

Imperfect

		Pluperfect	
carecía	carecíamos	había carecido	habíamos carecido
carecías	carecíais	habías carecido	habíais carecido
carecía	carecían	había carecido	habían carecido

Preterite

		Preterite Perfect	
carecí	carecimos	hube carecido	hubimos carecido
careciste	carecisteis	hubiste carecido	hubisteis carecido
careció	carecieron	hubo carecido	hubieron carecido

Future

		Future Perfect	
careceré	careceremos	habré carecido	habremos carecido
carecerás	careceréis	habrás carecido	habréis carecido
carecerá	carecerán	habrá carecido	habrán carecido

Conditional

Present

		Present Perfect	
carecería	careceríamos	habría carecido	habríamos carecido
carecerías	careceríais	habrías carecido	habríais carecido
carecería	carecerían	habría carecido	habrían carecido

Subjunctive

Present

		Present Perfect	
carezca	carezcamos	haya carecido	hayamos carecido
carezcas	carezcáis	hayas carecido	hayáis carecido
carezca	carezcan	haya carecido	hayan carecido

Imperfect

		Pluperfect	
careciera	careciéramos	hubiera carecido	hubiéramos carecido
carecieras	carecierais	hubieras carecido	hubierais carecido
careciera	carecieran	hubiera carecido	hubieran carecido
OR		OR	
careciese	careciésemos	hubiese carecido	hubiésemos carecido
carecieses	carecieseis	hubieses carecido	hubieseis carecido
careciese	careciesen	hubiese carecido	hubiesen carecido

Imperative

—	carezcamos
carece; no	careced; no
carezcas	carezcáis
carezca	carezcan

Participles

Present	Past
careciendo	carecido

Related Words

la carencia   lack

29 casarse to get married, to marry

	yo	nosotros/-as
	tú	vosotros/-as
	él/ella/Ud.	ellos/ellas/Uds.

Indicative

Present Tense
me caso	nos casamos
te casas	os casáis
se casa	se casan

Present Perfect
me he casado	nos hemos casado
te has casado	os habéis casado
se ha casado	se han casado

Imperfect
me casaba	nos casábamos
te casabas	os casabais
se casaba	se casaban

Pluperfect
me había casado	nos habíamos casado
te habías casado	os habíais casado
se había casado	se habían casado

Preterite
me casé	nos casamos
te casaste	os casasteis
se casó	se casaron

Preterite Perfect
me hube casado	nos hubimos casado
te hubiste casado	os hubisteis casado
se hubo casado	se hubieron casado

Future
me casaré	nos casaremos
te casarás	os casaréis
se casará	se casarán

Future Perfect
me habré casado	nos habremos casado
te habrás casado	os habréis casado
se habrá casado	se habrán casado

Conditional

Present
me casaría	nos casaríamos
te casarías	os casaríais
se casaría	se casarían

Present Perfect
me habría casado	nos habríamos casado
te habrías casado	os habríais casado
se habría casado	se habrían casado

Subjunctive

Present
me case	nos casemos
te cases	os caséis
se case	se casen

Present Perfect
me haya casado	nos hayamos casado
te hayas casado	os hayáis casado
se haya casado	se hayan casado

Imperfect
me casara	nos casáramos
te casaras	os casarais
se casara	se casaran
OR	
me casase	nos casásemos
te casases	os casaseis
se casase	se casasen

Pluperfect
me hubiera casado	nos hubiéramos casado
te hubieras casado	os hubierais casado
se hubiera casado	se hubieran casado
OR	
me hubiese casado	nos hubiésemos casado
te hubieses casado	os hubieseis casado
se hubiese casado	se hubiesen casado

Imperative
—	casémonos
cásate; no te cases	casaos; no os caséis
cásese	cásense

Participles

| Present | Past |
| casándose | casado |

Related Words
| casarse con alguien | to marry someone |

61

30 castigar to punish

	yo	nosotros/-as
	tú	vosotros/-as
	él/ella/Ud.	ellos/ellas/Uds.

Indicative

Present Tense
castigo	castigamos
castigas	castigáis
castiga	castigan

Present Perfect
he castigado	hemos castigado
has castigado	habéis castigado
ha castigado	han castigado

Imperfect
castigaba	castigábamos
castigabas	castigabais
castigaba	castigaban

Pluperfect
había castigado	habíamos castigado
habías castigado	habíais castigado
había castigado	habían castigado

Preterite
castigué	castigamos
castigaste	castigasteis
castigó	castigaron

Preterite Perfect
hube castigado	hubimos castigado
hubiste castigado	hubisteis castigado
hubo castigado	hubieron castigado

Future
castigaré	castigaremos
castigarás	castigaréis
castigará	castigarán

Future Perfect
habré castigado	habremos castigado
habrás castigado	habréis castigado
habrá castigado	habrán castigado

Conditional

Present
castigaría	castigaríamos
castigarías	castigaríais
castigaría	castigarían

Present Perfect
habría castigado	habríamos castigado
habrías castigado	habríais castigado
habría castigado	habrían castigado

Subjunctive

Present
castigue	castiguemos
castigues	castiguéis
castigue	castiguen

Present Perfect
haya castigado	hayamos castigado
hayas castigado	hayáis castigado
haya castigado	hayan castigado

Imperfect
castigara	castigáramos
castigaras	castigarais
castigara	castigaran
OR	
castigase	castigásemos
castigases	castigaseis
castigase	castigasen

Pluperfect
hubiera castigado	hubiéramos castigado
hubieras castigado	hubierais castigado
hubiera castigado	hubieran castigado
OR	
hubiese castigado	hubiésemos castigado
hubieses castigado	hubieseis castigado
hubiese castigado	hubiesen castigado

Imperative
—	castiguemos
castiga; no castigues	castigad; no castiguéis
castigue	castiguen

Participles
Present	Past
castigando	castigado

Related Words
el castigo   punishment

31 cenar to have dinner

yo   nosotros/-as
tú   vosotros/-as
él/ella/Ud.   ellos/ellas/Uds.

Indicative

Present Tense

ceno	cenamos		
cenas	cenáis		
cena	cenan		

Present Perfect

he cenado	hemos cenado
has cenado	habéis cenado
ha cenado	han cenado

Imperfect

cenaba	cenábamos
cenabas	cenabais
cenaba	cenaban

Pluperfect

había cenado	habíamos cenado
habías cenado	habíais cenado
había cenado	habían cenado

Preterite

cené	cenamos
cenaste	cenasteis
cenó	cenaron

Preterite Perfect

hube cenado	hubimos cenado
hubiste cenado	hubisteis cenado
hubo cenado	hubieron cenado

Future

cenaré	cenaremos
cenarás	cenaréis
cenará	cenarán

Future Perfect

habré cenado	habremos cenado
habrás cenado	habréis cenado
habrá cenado	habrán cenado

Conditional

Present

cenaría	cenaríamos
cenarías	cenaríais
cenaría	cenarían

Present Perfect

habría cenado	habríamos cenado
habrías cenado	habríais cenado
habría cenado	habrían cenado

Subjunctive

Present

cene	cenemos
cenes	cenéis
cene	cenen

Present Perfect

haya cenado	hayamos cenado
hayas cenado	hayáis cenado
haya cenado	hayan cenado

Imperfect

cenara	cenáramos
cenaras	cenarais
cenara	cenaran
OR	
cenase	cenásemos
cenases	cenaseis
cenase	cenasen

Pluperfect

hubiera cenado	hubiéramos cenado
hubieras cenado	hubierais cenado
hubiera cenado	hubieran cenado
OR	
hubiese cenado	hubiésemos cenado
hubieses cenado	hubieseis cenado
hubiese cenado	hubiesen cenado

Imperative

—	cenemos
cena; no cenes	cenad; no cenéis
cene	cenen

Participles

Present	Past
cenando	cenado

Related Words

la cena   dinner, supper

32 cerrar to close

		yo	nosotros/-as
		tú	vosotros/-as
		él/ella/Ud.	ellos/ellas/Uds.

Indicative

Present Tense
cierro	cerramos
cierras	cerráis
cierra	cierran

Present Perfect
he cerrado	hemos cerrado
has cerrado	habéis cerrado
ha cerrado	han cerrado

Imperfect
cerraba	cerrábamos
cerrabas	cerrabais
cerraba	cerraban

Pluperfect
había cerrado	habíamos cerrado
habías cerrado	habíais cerrado
había cerrado	habían cerrado

Preterite
cerré	cerramos
cerraste	cerrasteis
cerró	cerraron

Preterite Perfect
hube cerrado	hubimos cerrado
hubiste cerrado	hubisteis cerrado
hubo cerrado	hubieron cerrado

Future
cerraré	cerraremos
cerrarás	cerraréis
cerrará	cerrarán

Future Perfect
habré cerrado	habremos cerrado
habrás cerrado	habréis cerrado
habrá cerrado	habrán cerrado

Conditional

Present
cerraría	cerraríamos
cerrarías	cerraríais
cerraría	cerrarían

Present Perfect
habría cerrado	habríamos cerrado
habrías cerrado	habríais cerrado
habría cerrado	habrían cerrado

Subjunctive

Present
cierre	cerremos
cierres	cerréis
cierre	cierren

Present Perfect
haya cerrado	hayamos cerrado
hayas cerrado	hayáis cerrado
haya cerrado	hayan cerrado

Imperfect
cerrara	cerráramos
cerraras	cerrarais
cerrara	cerraran
OR	
cerrase	cerrásemos
cerrases	cerraseis
cerrase	cerrasen

Pluperfect
hubiera cerrado	hubiéramos cerrado
hubieras cerrado	hubierais cerrado
hubiera cerrado	hubieran cerrado
OR	
hubiese cerrado	hubiésemos cerrado
hubieses cerrado	hubieseis cerrado
hubiese cerrado	hubiesen cerrado

Imperative
—	cerremos
cierra; no cierres	cerrad; no cerréis
cierre	cierren

Participles

| Present | Past |
| cerrando | cerrado |

Related Words

| la cerradura | lock | encerrar | to lock up |
| cerrado/a de mente | stubborn | | |

33 **cocinar** to cook

	yo	nosotros/-as
	tú	vosotros/-as
	él/ella/Ud.	ellos/ellas/Uds.

Indicative

Present Tense
cocino	cocinamos
cocinas	cocináis
cocina	cocinan

Present Perfect
he cocinado	hemos cocinado
has cocinado	habéis cocinado
ha cocinado	han cocinado

Imperfect
cocinaba	cocinábamos
cocinabas	cocinabais
cocinaba	cocinaban

Pluperfect
había cocinado	habíamos cocinado
habías cocinado	habíais cocinado
había cocinado	habían cocinado

Preterite
cociné	cocinamos
cocinaste	cocinasteis
cocinó	cocinaron

Preterite Perfect
hube cocinado	hubimos cocinado
hubiste cocinado	hubisteis cocinado
hubo cocinado	hubieron cocinado

Future
cocinaré	cocinaremos
cocinarás	cocinaréis
cocinará	cocinarán

Future Perfect
habré cocinado	habremos cocinado
habrás cocinado	habréis cocinado
habrá cocinado	habrán cocinado

Conditional

Present
cocinaría	cocinaríamos
cocinarías	cocinaríais
cocinaría	cocinarían

Present Perfect
habría cocinado	habríamos cocinado
habrías cocinado	habríais cocinado
habría cocinado	habrían cocinado

Subjunctive

Present
cocine	cocinemos
cocines	cocinéis
cocine	cocinen

Present Perfect
haya cocinado	hayamos cocinado
hayas cocinado	hayáis cocinado
haya cocinado	hayan cocinado

Imperfect
cocinara	cocináramos
cocinaras	cocinarais
cocinara	cocinaran
OR	
cocinase	cocinásemos
cocinases	cocinaseis
cocinase	cocinasen

Pluperfect
hubiera cocinado	hubiéramos cocinado
hubieras cocinado	hubierais cocinado
hubiera cocinado	hubieran cocinado
OR	
hubiese cocinado	hubiésemos cocinado
hubieses cocinado	hubieseis cocinado
hubiese cocinado	hubiesen cocinado

Imperative
—	cocinemos
cocina; no cocines	cocinad; no cocinéis
cocine	cocinen

Participles
Present	Past
cocinando	cocinado

Related Words
la cocina	kitchen, cuisine
un libro de cocina	cookbook
un/a cocinero/a	cook

34 coger to catch, to grab, to take

	yo	nosotros/-as
	tú	vosotros/-as
	él/ella/Ud.	ellos/ellas/Uds.

Indicative

Present Tense
cojo	cogemos
coges	cogéis
coge	cogen

Present Perfect
he cogido	hemos cogido
has cogido	habéis cogido
ha cogido	han cogido

Imperfect
cogía	cogíamos
cogías	cogíais
cogía	cogían

Pluperfect
había cogido	habíamos cogido
habías cogido	habíais cogido
había cogido	habían cogido

Preterite
cogí	cogimos
cogiste	cogisteis
cogió	cogieron

Preterite Perfect
hube cogido	hubimos cogido
hubiste cogido	hubisteis cogido
hubo cogido	hubieron cogido

Future
cogeré	cogeremos
cogerás	cogeréis
cogerá	cogerán

Future Perfect
habré cogido	habremos cogido
habrás cogido	habréis cogido
habrá cogido	habrán cogido

Conditional

Present
cogería	cogeríamos
cogerías	cogeríais
cogería	cogerían

Present Perfect
habría cogido	habríamos cogido
habrías cogido	habríais cogido
habría cogido	habrían cogido

Subjunctive

Present
coja	cojamos
cojas	cojáis
coja	cojan

Present Perfect
haya cogido	hayamos cogido
hayas cogido	hayáis cogido
haya cogido	hayan cogido

Imperfect
cogiera	cogiéramos
cogieras	cogierais
cogiera	cogieran
OR	
cogiese	cogiésemos
cogieses	cogieseis
cogiese	cogiesen

Pluperfect
hubiera cogido	hubiéramos cogido
hubieras cogido	hubierais cogido
hubiera cogido	hubieran cogido
OR	
hubiese cogido	hubiésemos cogido
hubieses cogido	hubieseis cogido
hubiese cogido	hubiesen cogido

Imperative
—	cojamos
coge; no cojas	coged; no cojáis
coja	cojan

Participles

Present	Past
cogiendo	cogido

Related Words
recoger	to pick up	*el recogedor*	dust pan, collector

35 comenzar to start, to begin

		yo	nosotros/-as
		tú	vosotros/-as
		él/ella/Ud.	ellos/ellas/Uds.

Indicative

Present Tense
comienzo	comenzamos
comienzas	comenzáis
comienza	comienzan

Present Perfect
he comenzado	hemos comenzado
has comenzado	habéis comenzado
ha comenzado	han comenzado

Imperfect
comenzaba	comenzábamos
comenzabas	comenzabais
comenzaba	comenzaban

Pluperfect
había comenzado	habíamos comenzado
habías comenzado	habíais comenzado
había comenzado	habían comenzado

Preterite
comencé	comenzamos
comenzaste	comenzasteis
comenzó	comenzaron

Preterite Perfect
hube comenzado	hubimos comenzado
hubiste comenzado	hubisteis comenzado
hubo comenzado	hubieron comenzado

Future
comenzaré	comenzaremos
comenzarás	comenzaréis
comenzará	comenzarán

Future Perfect
habré comenzado	habremos comenzado
habrás comenzado	habréis comenzado
habrá comenzado	habrán comenzado

Conditional

Present
comenzaría	comenzaríamos
comenzarías	comenzaríais
comenzaría	comenzarían

Present Perfect
habría comenzado	habríamos comenzado
habrías comenzado	habríais comenzado
habría comenzado	habrían comenzado

Subjunctive

Present
comience	comencemos
comiences	comencéis
comience	comiencen

Present Perfect
haya comenzado	hayamos comenzado
hayas comenzado	hayáis comenzado
haya comenzado	hayan comenzado

Imperfect
comenzara	comenzáramos
comenzaras	comenzarais
comenzara	comenzaran
OR	
comenzase	comenzásemos
comenzases	comenzaseis
comenzase	comenzasen

Pluperfect
hubiera comenzado	hubiéramos comenzado
hubieras comenzado	hubierais comenzado
hubiera comenzado	hubieran comenzado
OR	
hubiese comenzado	hubiésemos comenzado
hubieses comenzado	hubieseis comenzado
hubiese comenzado	hubiesen comenzado

Imperative
—	comencemos
comienza; no comiences	comenzad; no comencéis
comience	comiencen

Participles
Present	Past
comenzando	comenzado

Related Words
el comienzo   beginning

36 comer to eat

	yo	nosotros/-as
	tú	vosotros/-as
	él/ella/Ud.	ellos/ellas/Uds.

Indicative

Present Tense
como	comemos
comes	coméis
come	comen

Present Perfect
he comido	hemos comido
has comido	habéis comido
ha comido	han comido

Imperfect
comía	comíamos
comías	comíais
comía	comían

Pluperfect
había comido	habíamos comido
habías comido	habíais comido
había comido	habían comido

Preterite
comí	comimos
comiste	comisteis
comió	comieron

Preterite Perfect
hube comido	hubimos comido
hubiste comido	hubisteis comido
hubo comido	hubieron comido

Future
comeré	comeremos
comerás	comeréis
comerá	comerán

Future Perfect
habré comido	habremos comido
habrás comido	habréis comido
habrá comido	habrán comido

Conditional

Present
comería	comeríamos
comerías	comeríais
comería	comerían

Present Perfect
habría comido	habríamos comido
habrías comido	habríais comido
habría comido	habrían comido

Subjunctive

Present
coma	comamos
comas	comáis
coma	coman

Present Perfect
haya comido	hayamos comido
hayas comido	hayáis comido
haya comido	hayan comido

Imperfect
comiera	comiéramos
comieras	comierais
comiera	comieran
OR	
comiese	comiésemos
comieses	comieseis
comiese	comiesen

Pluperfect
hubiera comido	hubiéramos comido
hubieras comido	hubierais comido
hubiera comido	hubieran comido
OR	
hubiese comido	hubiésemos comido
hubieses comido	hubieseis comido
hubiese comido	hubiesen comido

Imperative
—	comamos
come; no comas	comed; no comáis
coma	coman

Participles

Present	Past
comiendo	comido

Related Words
la comida	meal	*comer de todo*	to eat everything
un/a comilón/a	glutton		

37 comprar to buy

yo	nosotros/-as
tú	vosotros/-as
él/ella/Ud.	ellos/ellas/Uds.

Indicative

Present Tense
compro	compramos
compras	compráis
compra	compran

Present Perfect
he comprado	hemos comprado
has comprado	habéis comprado
ha comprado	han comprado

Imperfect
compraba	comprábamos
comprabas	comprabais
compraba	compraban

Pluperfect
había comprado	habíamos comprado
habías comprado	habíais comprado
había comprado	habían comprado

Preterite
compré	compramos
compraste	comprasteis
compró	compraron

Preterite Perfect
hube comprado	hubimos comprado
hubiste comprado	hubisteis comprado
hubo comprado	hubieron comprado

Future
compraré	compraremos
comprarás	compraréis
comprará	comprarán

Future Perfect
habré comprado	habremos comprado
habrás comprado	habréis comprado
habrá comprado	habrán comprado

Conditional

Present
compraría	compraríamos
comprarías	compraríais
compraría	comprarían

Present Perfect
habría comprado	habríamos comprado
habrías comprado	habríais comprado
habría comprado	habrían comprado

Subjunctive

Present
compre	compremos
compres	compréis
compre	compren

Present Perfect
haya comprado	hayamos comprado
hayas comprado	hayáis comprado
haya comprado	hayan comprado

Imperfect
comprara	compráramos
compraras	comprarais
comprara	compraran
OR	
comprase	comprásemos
comprases	compraseis
comprase	comprasen

Pluperfect
hubiera comprado	hubiéramos comprado
hubieras comprado	hubierais comprado
hubiera comprado	hubieran comprado
OR	
hubiese comprado	hubiésemos comprado
hubieses comprado	hubieseis comprado
hubiese comprado	hubiesen comprado

Imperative
—	compremos
compra; no compres	comprad; no compréis
compre	compren

Participles
Present	Past
comprando	comprado

Related Words
ir de compras   to go shopping

38 comprender to understand

yo	nosotros/-as
tú	vosotros/-as
él/ella/Ud.	ellos/ellas/Uds.

Indicative

Present Tense
		Present Perfect	
comprendo	comprendemos	he comprendido	hemos comprendido
comprendes	comprendéis	has comprendido	habéis comprendido
comprende	comprenden	ha comprendido	han comprendido

Imperfect
		Pluperfect	
comprendía	comprendíamos	había comprendido	habíamos comprendido
comprendías	comprendíais	habías comprendido	habíais comprendido
comprendía	comprendían	había comprendido	habían comprendido

Preterite
		Preterite Perfect	
comprendí	comprendimos	hube comprendido	hubimos comprendido
comprendiste	comprendisteis	hubiste comprendido	hubisteis comprendido
comprendió	comprendieron	hubo comprendido	hubieron comprendido

Future
		Future Perfect	
comprenderé	comprenderemos	habré comprendido	habremos comprendido
comprenderás	comprenderéis	habrás comprendido	habréis comprendido
comprenderá	comprenderán	habrá comprendido	habrán comprendido

Conditional

Present
		Present Perfect	
comprendería	comprenderíamos	habría comprendido	habríamos comprendido
comprenderías	comprenderíais	habrías comprendido	habríais comprendido
comprendería	comprenderían	habría comprendido	habrían comprendido

Subjunctive

Present
		Present Perfect	
comprenda	comprendamos	haya comprendido	hayamos comprendido
comprendas	comprendáis	hayas comprendido	hayáis comprendido
comprenda	comprendan	haya comprendido	hayan comprendido

Imperfect
		Pluperfect	
comprendiera	comprendiéramos	hubiera comprendido	hubiéramos comprendido
comprendieras	comprendierais	hubieras comprendido	hubierais comprendido
comprendiera	comprendieran	hubiera comprendido	hubieran comprendido
OR		OR	
comprendiese	comprendiésemos	hubiese comprendido	hubiésemos comprendido
comprendieses	comprendieseis	hubieses comprendido	hubieseis comprendido
comprendiese	comprendiesen	hubiese comprendido	hubiesen comprendido

Imperative

—	comprendamos
comprende; no comprendas	comprended; no comprendáis
comprenda	comprendan

Participles

Present	**Past**
comprendiendo	comprendido

Related Words

comprensible	understandable, comprehensible	*comprensivo/a*	comprehensive

70

39 conducir to drive

	yo	nosotros/-as
	tú	vosotros/-as
	él/ella/Ud.	ellos/ellas/Uds.

Indicative

Present Tense
conduzco	conducimos
conduces	conducís
conduce	conducen

Present Perfect
he conducido	hemos conducido
has conducido	habéis conducido
ha conducido	han conducido

Imperfect
conducía	conducíamos
conducías	conducíais
conducía	conducían

Pluperfect
había conducido	habíamos conducido
habías conducido	habíais conducido
había conducido	habían conducido

Preterite
conduje	condujimos
condujiste	condujisteis
condujo	condujeron

Preterite Perfect
hube conducido	hubimos conducido
hubiste conducido	hubisteis conducido
hubo conducido	hubieron conducido

Future
conduciré	conduciremos
conducirás	conduciréis
conducirá	conducirán

Future Perfect
habré conducido	habremos conducido
habrás conducido	habréis conducido
habrá conducido	habrán conducido

Conditional

Present
conduciría	conduciríamos
conducirías	conduciríais
conduciría	conducirían

Present Perfect
habría conducido	habríamos conducido
habrías conducido	habríais conducido
habría conducido	habrían conducido

Subjunctive

Present
conduzca	conduzcamos
conduzcas	conduzcáis
conduzca	conduzcan

Present Perfect
haya conducido	hayamos conducido
hayas conducido	hayáis conducido
haya conducido	hayan conducido

Imperfect
condujera	condujéramos
condujeras	condujerais
condujera	condujeran
OR	
condujese	condujésemos
condujeses	condujeseis
condujese	condujesen

Pluperfect
hubiera conducido	hubiéramos conducido
hubieras conducido	hubierais conducido
hubiera conducido	hubieran conducido
OR	
hubiese conducido	hubiésemos conducido
hubieses conducido	hubieseis conducido
hubiese conducido	hubiesen conducido

Imperative
—	conduzcamos
conduce; no conduzcas	conducid; no conduzcáis
conduzca	conduzcan

Participles

Present
conduciendo

Past
conducido

Related Words
un/a conductor/a	driver	*el conducto*	conduit, duct

71

40 confesar to confess

yo	nosotros/-as
tú	vosotros/-as
él/ella/Ud.	ellos/ellas/Uds.

Indicative

Present Tense
confieso	confesamos
confiesas	confesáis
confiesa	confiesan

Present Perfect
he confesado	hemos confesado
has confesado	habéis confesado
ha confesado	han confesado

Imperfect
confesaba	confesábamos
confesabas	confesabais
confesaba	confesaban

Pluperfect
había confesado	habíamos confesado
habías confesado	habíais confesado
había confesado	habían confesado

Preterite
confesé	confesamos
confesaste	confesasteis
confesó	confesaron

Preterite Perfect
hube confesado	hubimos confesado
hubiste confesado	hubisteis confesado
hubo confesado	hubieron confesado

Future
confesaré	confesaremos
confesarás	confesaréis
confesará	confesarán

Future Perfect
habré confesado	habremos confesado
habrás confesado	habréis confesado
habrá confesado	habrán confesado

Conditional

Present
confesaría	confesaríamos
confesarías	confesaríais
confesaría	confesarían

Present Perfect
habría confesado	habríamos confesado
habrías confesado	habríais confesado
habría confesado	habrían confesado

Subjunctive

Present
confiese	confesemos
confieses	confeséis
confiese	confiesen

Present Perfect
haya confesado	hayamos confesado
hayas confesado	hayáis confesado
haya confesado	hayan confesado

Imperfect
confesara	confesáramos
confesaras	confesarais
confesara	confesaran
OR	
confesase	confesásemos
confesases	confesaseis
confesase	confesasen

Pluperfect
hubiera confesado	hubiéramos confesado
hubieras confesado	hubierais confesado
hubiera confesado	hubieran confesado
OR	
hubiese confesado	hubiésemos confesado
hubieses confesado	hubieseis confesado
hubiese confesado	hubiesen confesado

Imperative
—	confesemos
confiesa; no confieses	confesad; no confeséis
confiese	confiesen

Participles

Present	Past
confesando	confesado

Related Words
la confesión	confession	el confesionario	confessional (box)
el confesor	confessor		

41 conocer to know, to be acquainted with

yo   nosotros/-as
tú   vosotros/-as
él/ella/Ud.   ellos/ellas/Uds.

Indicative

Present Tense

conozco	conocemos
conoces	conocéis
conoce	conocen

Present Perfect

he conocido	hemos conocido
has conocido	habéis conocido
ha conocido	han conocido

Imperfect

conocía	conocíamos
conocías	conocíais
conocía	conocían

Pluperfect

había conocido	habíamos conocido
habías conocido	habíais conocido
había conocido	habían conocido

Preterite

conocí	conocimos
conociste	conocisteis
conoció	conocieron

Preterite Perfect

hube conocido	hubimos conocido
hubiste conocido	hubisteis conocido
hubo conocido	hubieron conocido

Future

conoceré	conoceremos
conocerás	conoceréis
conocerá	conocerán

Future Perfect

habré conocido	habremos conocido
habrás conocido	habréis conocido
habrá conocido	habrán conocido

Conditional

Present

conocería	conoceríamos
conocerías	conoceríais
conocería	conocerían

Present Perfect

habría conocido	habríamos conocido
habrías conocido	habríais conocido
habría conocido	habrían conocido

Subjunctive

Present

conozca	conozcamos
conozcas	conozcáis
conozca	conozcan

Present Perfect

haya conocido	hayamos conocido
hayas conocido	hayáis conocido
haya conocido	hayan conocido

Imperfect

conociera	conociéramos
conocieras	conocierais
conociera	conocieran
OR	
conociese	conociésemos
conocieses	conocieseis
conociese	conociesen

Pluperfect

hubiera conocido	hubiéramos conocido
hubieras conocido	hubierais conocido
hubiera conocido	hubieran conocido
OR	
hubiese conocido	hubiésemos conocido
hubieses conocido	hubieseis conocido
hubiese conocido	hubiesen conocido

Imperative

—	conozcamos
conoce; no	conoced; no
conozcas	conozcáis
conozca	conozcan

Participles

Present	Past
conociendo	conocido

Related Words

un/a conocido/a	acquaintance	*el conocimiento*	knowledge
reconocer	to recognize	*desconocer*	to be ignorant of

42 conseguir to get, to obtain

	yo	nosotros/-as
	tú	vosotros/-as
	él/ella/Ud.	ellos/ellas/Uds.

Indicative

Present Tense
consigo	conseguimos
consigues	conseguís
consigue	consiguen

Present Perfect
he conseguido	hemos conseguido
has conseguido	habéis conseguido
ha conseguido	han conseguido

Imperfect
conseguía	conseguíamos
conseguías	conseguíais
conseguía	conseguían

Pluperfect
había conseguido	habíamos conseguido
habías conseguido	habíais conseguido
había conseguido	habían conseguido

Preterite
conseguí	conseguimos
conseguiste	conseguisteis
consiguió	consiguieron

Preterite Perfect
hube conseguido	hubimos conseguido
hubiste conseguido	hubisteis conseguido
hubo conseguido	hubieron conseguido

Future
conseguiré	conseguiremos
conseguirás	conseguiréis
conseguirá	conseguirán

Future Perfect
habré conseguido	habremos conseguido
habrás conseguido	habréis conseguido
habrá conseguido	habrán conseguido

Conditional

Present
conseguiría	conseguiríamos
conseguirías	conseguiríais
conseguiría	conseguirían

Present Perfect
habría conseguido	habríamos conseguido
habrías conseguido	habríais conseguido
habría conseguido	habrían conseguido

Subjunctive

Present
consiga	consigamos
consigas	consigáis
consiga	consigan

Present Perfect
haya conseguido	hayamos conseguido
hayas conseguido	hayáis conseguido
haya conseguido	hayan conseguido

Imperfect
consiguiera	consiguiéramos
consiguieras	consiguierais
consiguiera	consiguieran
OR	
consiguiese	consiguiésemos
consiguieses	consiguieseis
consiguiese	consiguiesen

Pluperfect
hubiera conseguido	hubiéramos conseguido
hubieras conseguido	hubierais conseguido
hubiera conseguido	hubieran conseguido
OR	
hubiese conseguido	hubiésemos conseguido
hubieses conseguido	hubieseis conseguido
hubiese conseguido	hubiesen conseguido

Imperative
—	consigamos
consigue; no consigas	conseguid; no consigáis
consiga	consigan

Participles
Present	Past
consiguiendo	conseguido

Related Words
por consiguiente	consequently

43 **constituir** to constitute

yo   nosotros/-as
tú   vosotros/-as
él/ella/Ud.   ellos/ellas/Uds.

Indicative

Present Tense
constituyo	constituimos	
constituyes	constituís	
constituye	constituyen	

Present Perfect
he constituido	hemos constituido
has constituido	habéis constituido
ha constituido	han constituido

Imperfect
constituía	constituíamos
constituías	constituíais
constituía	constituían

Pluperfect
había constituido	habíamos constituido
habías constituido	habíais constituido
había constituido	habían constituido

Preterite
constituí	constituimos
constituiste	constituisteis
constituyó	constituyeron

Preterite Perfect
hube constituido	hubimos constituido
hubiste constituido	hubisteis constituido
hubo constituido	hubieron constituido

Future
constituiré	constituiremos
constituirás	constituiréis
constituirá	constituirán

Future Perfect
habré constituido	habremos constituido
habrás constituido	habréis constituido
habrá constituido	habrán constituido

Conditional

Present
constituiría	constituiríamos
constituirías	constituiríais
constituiría	constituirían

Present Perfect
habría constituido	habríamos constituido
habrías constituido	habríais constituido
habría constituido	habrían constituido

Subjunctive

Present
constituya	constituyamos
constituyas	constituyáis
constituya	constituyan

Present Perfect
haya constituido	hayamos constituido
hayas constituido	hayáis constituido
haya constituido	hayan constituido

Imperfect
constituyera	constituyéramos
constituyeras	constituyerais
constituyera	constituyeran
OR	
constituyese	constituyésemos
constituyeses	constituyeseis
constituyese	constituyesen

Pluperfect
hubiera constituido	hubiéramos constituido
hubieras constituido	hubierais constituido
hubiera constituido	hubieran constituido
OR	
hubiese constituido	hubiésemos constituido
hubieses constituido	hubieseis constituido
hubiese constituido	hubiesen constituido

Imperative
—	constituyamos
constituye; no constituyas	constituid; no constituyáis
constituya	constituyan

Participles

Present	Past
constituyendo	constituido

Related Words
la constitución	constitution	*constituyente*	constituent

44 construir to build

yo nosotros/-as
tú vosotros/-as
él/ella/Ud. ellos/ellas/Uds.

Indicative

Present Tense

construyo	construimos
construyes	construís
construye	construyen

Present Perfect

he construido	hemos construido
has construido	habéis construido
ha construido	han construido

Imperfect

construía	construíamos
construías	construíais
construía	construían

Pluperfect

había construido	habíamos construido
habías construido	habíais construido
había construido	habían construido

Preterite

construí	construimos
construiste	construisteis
construyó	construyeron

Preterite Perfect

hube construido	hubimos construido
hubiste construido	hubisteis construido
hubo construido	hubieron construido

Future

construiré	construiremos
construirás	construiréis
construirá	construirán

Future Perfect

habré construido	habremos construido
habrás construido	habréis construido
habrá construido	habrán construido

Conditional

Present

construiría	construiríamos
construirías	construiríais
construiría	construirían

Present Perfect

habría construido	habríamos construido
habrías construido	habríais construido
habría construido	habrían construido

Subjunctive

Present

construya	construyamos
construyas	construyáis
construya	construyan

Present Perfect

haya construido	hayamos construido
hayas construido	hayáis construido
haya construido	hayan construido

Imperfect

construyera	construyéramos
construyeras	construyerais
construyera	construyeran
OR	
construyese	construyésemos
construyeses	construyeseis
construyese	construyesen

Pluperfect

hubiera construido	hubiéramos construido
hubieras construido	hubierais construido
hubiera construido	hubieran construido
OR	
hubiese construido	hubiésemos construido
hubieses construido	hubieseis construido
hubiese construido	hubiesen construido

Imperative

—	construyamos
construye; no	construid; no
construyas	construyáis
construya	construyan

Participles

Present	Past
construyendo	construido

Related Words

la construcción	construction	*reconstruir*	to reconstruct

45 contar to count, to tell

yo	nosotros/-as
tú	vosotros/-as
él/ella/Ud.	ellos/ellas/Uds.

Indicative

Present Tense
cuento	contamos
cuentas	contáis
cuenta	cuentan

Present Perfect
he contado	hemos contado
has contado	habéis contado
ha contado	han contado

Imperfect
contaba	contábamos
contabas	contabais
contaba	contaban

Pluperfect
había contado	habíamos contado
habías contado	habíais contado
había contado	habían contado

Preterite
conté	contamos
contaste	contasteis
contó	contaron

Preterite Perfect
hube contado	hubimos contado
hubiste contado	hubisteis contado
hubo contado	hubieron contado

Future
contaré	contaremos
contarás	contaréis
contará	contarán

Future Perfect
habré contado	habremos contado
habrás contado	habréis contado
habrá contado	habrán contado

Conditional

Present
contaría	contaríamos
contarías	contaríais
contaría	contarían

Present Perfect
habría contado	habríamos contado
habrías contado	habríais contado
habría contado	habrían contado

Subjunctive

Present
cuente	contemos
cuentes	contéis
cuente	cuenten

Present Perfect
haya contado	hayamos contado
hayas contado	hayáis contado
haya contado	hayan contado

Imperfect
contara	contáramos
contaras	contarais
contara	contaran
OR	
contase	contásemos
contases	contaseis
contase	contasen

Pluperfect
hubiera contado	hubiéramos contado
hubieras contado	hubierais contado
hubiera contado	hubieran contado
OR	
hubiese contado	hubiésemos contado
hubieses contado	hubieseis contado
hubiese contado	hubiesen contado

Imperative
—	contemos
cuenta; no	contad; no
cuentes	contéis
cuente	cuenten

Participles

Present	Past
contando	contado

Related Words

un cuento	story, tale	*un contable*	accountant
tener los días contados	to have one's days numbered	*¡La cuenta, por favor!*	The check, please!

46 contestar to answer, to reply

		yo	nosotros/-as
		tú	vosotros/-as
		él/ella/Ud.	ellos/ellas/Uds.

Indicative

Present Tense
contesto	contestamos
contestas	contestáis
contesta	contestan

Present Perfect
he contestado	hemos contestado
has contestado	habéis contestado
ha contestado	han contestado

Imperfect
contestaba	contestábamos
contestabas	contestabais
contestaba	contestaban

Pluperfect
había contestado	habíamos contestado
habías contestado	habíais contestado
había contestado	habían contestado

Preterite
contesté	contestamos
contestaste	contestasteis
contestó	contestaron

Preterite Perfect
hube contestado	hubimos contestado
hubiste contestado	hubisteis contestado
hubo contestado	hubieron contestado

Future
contestaré	contestaremos
contestarás	contestaréis
contestará	contestarán

Future Perfect
habré contestado	habremos contestado
habrás contestado	habréis contestado
habrá contestado	habrán contestado

Conditional

Present
contestaría	contestaríamos
contestarías	contestaríais
contestaría	contestarían

Present Perfect
habría contestado	habríamos contestado
habrías contestado	habríais contestado
habría contestado	habrían contestado

Subjunctive

Present
conteste	contestemos
contestes	contestéis
conteste	contesten

Present Perfect
haya contestado	hayamos contestado
hayas contestado	hayáis contestado
haya contestado	hayan contestado

Imperfect
contestara	contestáramos
contestaras	contestarais
contestara	contestaran
OR	
contestase	contestásemos
contestases	contestaseis
contestase	contestasen

Pluperfect
hubiera contestado	hubiéramos contestado
hubieras contestado	hubierais contestado
hubiera contestado	hubieran contestado
OR	
hubiese contestado	hubiésemos contestado
hubieses contestado	hubieseis contestado
hubiese contestado	hubiesen contestado

Imperative
—	contestemos
contesta; no contestes	contestad; no contestéis
conteste	contesten

Participles
Present	Past
contestando	contestado

Related Words
contestar el teléfono	to answer the phone	*un contestador automático*	answering machine

47 contribuir to contribute

yo	nosotros/-as
tú	vosotros/-as
él/ella/Ud.	ellos/ellas/Uds.

Indicative

Present Tense
contribuyo	contribuimos
contribuyes	contribuís
contribuye	contribuyen

Present Perfect
he contribuido	hemos contribuido
has contribuido	habéis contribuido
ha contribuido	han contribuido

Imperfect
contribuía	contribuíamos
contribuías	contribuíais
contribuía	contribuían

Pluperfect
había contribuido	habíamos contribuido
habías contribuido	habíais contribuido
había contribuido	habían contribuido

Preterite
contribuí	contribuimos
contribuiste	contribuisteis
contribuyó	contribuyeron

Preterite Perfect
hube contribuido	hubimos contribuido
hubiste contribuido	hubisteis contribuido
hubo contribuido	hubieron contribuido

Future
contribuiré	contribuiremos
contribuirás	contribuiréis
contribuirá	contribuirán

Future Perfect
habré contribuido	habremos contribuido
habrás contribuido	habréis contribuido
habrá contribuido	habrán contribuido

Conditional

Present
contribuiría	contribuiríamos
contribuirías	contribuiríais
contribuiría	contribuirían

Present Perfect
habría contribuido	habríamos contribuido
habrías contribuido	habríais contribuido
habría contribuido	habrían contribuido

Subjunctive

Present
contribuya	contribuyamos
contribuyas	contribuyáis
contribuya	contribuyan

Present Perfect
haya contribuido	hayamos contribuido
hayas contribuido	hayáis contribuido
haya contribuido	hayan contribuido

Imperfect
contribuyera	contribuyéramos
contribuyeras	contribuyerais
contribuyera	contribuyeran
OR	
contribuyese	contribuyésemos
contribuyeses	contribuyeseis
contribuyese	contribuyesen

Pluperfect
hubiera contribuido	hubiéramos contribuido
hubieras contribuido	hubierais contribuido
hubiera contribuido	hubieran contribuido
OR	
hubiese contribuido	hubiésemos contribuido
hubieses contribuido	hubieseis contribuido
hubiese contribuido	hubiesen contribuido

Imperative
—	contribuyamos
contribuye; no contribuyas	contribuid; no contribuyáis
contribuya	contribuyan

Participles
Present	Past
contribuyendo	contribuido

Related Words
contribuidor/a *un/a contribu-yente*	contributor taxpayer	*la contribución*	contribution, taxes

48 costar to cost

yo	nosotros/-as
tú	vosotros/-as
él/ella/Ud.	ellos/ellas/Uds.

Indicative

Present Tense

cuesta   cuestan

Present Perfect

ha costado   han costado

Imperfect

costaba   costaban

Pluperfect

había costado   habían costado

Preterite

costó   costaron

Preterite Perfect

hubo costado   hubieron costado

Future

costará   costarán

Future Perfect

habrá costado   habrán costado

Conditional

Present

costaría   costarían

Present Perfect

habría costado   habrían costado

Subjunctive

Present

que cueste   que cuesten

Present Perfect

que haya costado   que hayan costado

Imperfect

que costara   que costaran
OR
que costase   que costasen

Pluperfect

que hubiera costado   que hubieran costado
OR
que hubiese costado   que hubiesen costado

Imperative

¡Que cueste!   ¡Que cuesten!

Participles

Present

costando

Past

costado

Related Words

¿Cuánto cuesta?	How much does it cost?	Me cuesta hablar inglés.	I find it difficult to speak English.

49 **crecer** to grow (up)

	yo	nosotros/-as
	tú	vosotros/-as
	él/ella/Ud.	ellos/ellas/Uds.

Indicative

Present Tense		**Present Perfect**	
crezco	crecemos	he crecido	hemos crecido
creces	crecéis	has crecido	habéis crecido
crece	crecen	ha crecido	han crecido

Imperfect		**Pluperfect**	
crecía	crecíamos	había crecido	habíamos crecido
crecías	crecíais	habías crecido	habíais crecido
crecía	crecían	había crecido	habían crecido

Preterite		**Preterite Perfect**	
crecí	crecimos	hube crecido	hubimos crecido
creciste	crecisteis	hubiste crecido	hubisteis crecido
creció	crecieron	hubo crecido	hubieron crecido

Future		**Future Perfect**	
creceré	creceremos	habré crecido	habremos crecido
crecerás	creceréis	habrás crecido	habréis crecido
crecerá	crecerán	habrá crecido	habrán crecido

Conditional

Present		**Present Perfect**	
crecería	creceríamos	habría crecido	habríamos crecido
crecerías	creceríais	habrías crecido	habríais crecido
crecería	crecerían	habría crecido	habrían crecido

Subjunctive

Present		**Present Perfect**	
crezca	crezcamos	haya crecido	hayamos crecido
crezcas	crezcáis	hayas crecido	hayáis crecido
crezca	crezcan	haya crecido	hayan crecido

Imperfect		**Pluperfect**	
creciera	creciéramos	hubiera crecido	hubiéramos crecido
crecieras	crecierais	hubieras crecido	hubierais crecido
creciera	crecieran	hubiera crecido	hubieran crecido
OR		OR	
creciese	creciésemos	hubiese crecido	hubiésemos crecido
crecieses	crecieseis	hubieses crecido	hubieseis crecido
creciese	creciesen	hubiese crecido	hubiesen crecido

Imperative

—	crezcamos
crece; no crezcas	creced; no crezcáis
crezca	crezcan

Participles

Present	**Past**
creciendo	crecido

Related Words

el crescendo	crescendo (music)	el crecimiento	growth, increase, rise

50 **creer** to believe

	yo	nosotros/-as
	tú	vosotros/-as
	él/ella/Ud.	ellos/ellas/Uds.

Indicative

Present Tense		**Present Perfect**	
creo	creemos	he creído	hemos creído
crees	creéis	has creído	habéis creído
cree	creen	ha creído	han creído

Imperfect		**Pluperfect**	
creía	creíamos	había creído	habíamos creído
creías	creíais	habías creído	habíais creído
creía	creían	había creído	habían creído

Preterite		**Preterite Perfect**	
creí	creímos	hube creído	hubimos creído
creíste	creísteis	hubiste creído	hubisteis creído
creyó	creyeron	hubo creído	hubieron creído

Future		**Future Perfect**	
creeré	creeremos	habré creído	habremos creído
creerás	creeréis	habrás creído	habréis creído
creerá	creerán	habrá creído	habrán creído

Conditional

Present		**Present Perfect**	
creería	creeríamos	habría creído	habríamos creído
creerías	creeríais	habrías creído	habríais creído
creería	creerían	habría creído	habrían creído

Subjunctive

Present		**Present Perfect**	
crea	creamos	haya creído	hayamos creído
creas	creáis	hayas creído	hayáis creído
crea	crean	haya creído	hayan creído

Imperfect		**Pluperfect**	
creyera	creyéramos	hubiera creído	hubiéramos creído
creyeras	creyerais	hubieras creído	hubierais creído
creyera	creyeran	hubiera creído	hubieran creído
OR		OR	
creyese	creyésemos	hubiese creído	hubiésemos creído
creyeses	creyeseis	hubieses creído	hubieseis creído
creyese	creyesen	hubiese creído	hubiesen creído

Imperative

—	creamos
cree; no creas	creed; no creáis
crea	crean

Participles

Present	**Past**
creyendo	creído

Related Words

la creencia	belief

51 **cruzar** to cross

yo	nosotros/-as
tú	vosotros/-as
él/ella/Ud.	ellos/ellas/Uds.

Indicative

Present Tense
cruzo	cruzamos
cruzas	cruzáis
cruza	cruzan

Present Perfect
he cruzado	hemos cruzado
has cruzado	habéis cruzado
ha cruzado	han cruzado

Imperfect
cruzaba	cruzábamos
cruzabas	cruzabais
cruzaba	cruzaban

Pluperfect
había cruzado	habíamos cruzado
habías cruzado	habíais cruzado
había cruzado	habían cruzado

Preterite
crucé	cruzamos
cruzaste	cruzasteis
cruzó	cruzaron

Preterite Perfect
hube cruzado	hubimos cruzado
hubiste cruzado	hubisteis cruzado
hubo cruzado	hubieron cruzado

Future
cruzaré	cruzaremos
cruzarás	cruzaréis
cruzará	cruzarán

Future Perfect
habré cruzado	habremos cruzado
habrás cruzado	habréis cruzado
habrá cruzado	habrán cruzado

Conditional

Present
cruzaría	cruzaríamos
cruzarías	cruzaríais
cruzaría	cruzarían

Present Perfect
habría cruzado	habríamos cruzado
habrías cruzado	habríais cruzado
habría cruzado	habrían cruzado

Subjunctive

Present
cruce	crucemos
cruces	crucéis
cruce	crucen

Present Perfect
haya cruzado	hayamos cruzado
hayas cruzado	hayáis cruzado
haya cruzado	hayan cruzado

Imperfect
cruzara	cruzáramos
cruzaras	cruzarais
cruzara	cruzaran
OR	
cruzase	cruzásemos
cruzases	cruzaseis
cruzase	cruzasen

Pluperfect
hubiera cruzado	hubiéramos cruzado
hubieras cruzado	hubierais cruzado
hubiera cruzado	hubieran cruzado
OR	
hubiese cruzado	hubiésemos cruzado
hubieses cruzado	hubieseis cruzado
hubiese cruzado	hubiesen cruzado

Imperative
—	crucemos
cruza; no cruces	cruzad; no crucéis
cruce	crucen

Participles
Present	Past
cruzando	cruzado

Related Words
la cruz	cross	la cruzada	crusade
cara o cruz	heads or tails		

52 **dar** to give

yo   nosotros/-as
tú   vosotros/-as
él/ella/Ud.   ellos/ellas/Uds.

Indicative

Present Tense		**Present Perfect**	
doy	damos	he dado	hemos dado
das	dais	has dado	habéis dado
da	dan	ha dado	han dado

Imperfect		**Pluperfect**	
daba	dábamos	había dado	habíamos dado
dabas	dabais	habías dado	habíais dado
daba	daban	había dado	habían dado

Preterite		**Preterite Perfect**	
di	dimos	hube dado	hubimos dado
diste	disteis	hubiste dado	hubisteis dado
dio	dieron	hubo dado	hubieron dado

Future		**Future Perfect**	
daré	daremos	habré dado	habremos dado
darás	daréis	habrás dado	habréis dado
dará	darán	habrá dado	habrán dado

Conditional

Present		**Present Perfect**	
daría	daríamos	habría dado	habríamos dado
darías	daríais	habrías dado	habríais dado
daría	darían	habría dado	habrían dado

Subjunctive

Present		**Present Perfect**	
dé	demos	haya dado	hayamos dado
des	deis	hayas dado	hayáis dado
dé	den	haya dado	hayan dado

Imperfect		**Pluperfect**	
diera	diéramos	hubiera dado	hubiéramos dado
dieras	dierais	hubieras dado	hubierais dado
diera	dieran	hubiera dado	hubieran dado
OR		OR	
diese	diésemos	hubiese dado	hubiésemos dado
dieses	dieseis	hubieses dado	hubieseis dado
diese	diesen	hubiese dado	hubiesen dado

Imperative

—	demos
da; no des	dad; no deis
dé	den

Participles

Present	**Past**
dando	dado

Related Words

dar la mano (a alguien)	to shake hands (with someone)	*dar vida*	to give life

53 deber to owe, must

	yo	nosotros/-as
	tú	vosotros/-as
	él/ella/Ud.	ellos/ellas/Uds.

Indicative

Present Tense
debo	debemos
debes	debéis
debe	deben

Present Perfect
he debido	hemos debido
has debido	habéis debido
ha debido	han debido

Imperfect
debía	debíamos
debías	debíais
debía	debían

Pluperfect
había debido	habíamos debido
habías debido	habíais debido
había debido	habían debido

Preterite
debí	debimos
debiste	debisteis
debió	debieron

Preterite Perfect
hube debido	hubimos debido
hubiste debido	hubisteis debido
hubo debido	hubieron debido

Future
deberé	deberemos
deberás	deberéis
deberá	deberán

Future Perfect
habré debido	habremos debido
habrás debido	habréis debido
habrá debido	habrán debido

Conditional

Present
debería	deberíamos
deberías	deberíais
debería	deberían

Present Perfect
habría debido	habríamos debido
habrías debido	habríais debido
habría debido	habrían debido

Subjunctive

Present
deba	debamos
debas	debáis
deba	deban

Present Perfect
haya debido	hayamos debido
hayas debido	hayáis debido
haya debido	hayan debido

Imperfect
debiera	debiéramos
debieras	debierais
debiera	debieran
OR	
debiese	debiésemos
debieses	debieseis
debiese	debiesen

Pluperfect
hubiera debido	hubiéramos debido
hubieras debido	hubierais debido
hubiera debido	hubieran debido
OR	
hubiese debido	hubiésemos debido
hubieses debido	hubieseis debido
hubiese debido	hubiesen debido

Imperative
—	debamos
debe; no debas	debed; no debáis
deba	deban

Participles

Present	Past
debiendo	debido

Related Words

el deber	duty	*la deuda*	debt
un/a deudor/a	debtor		

85

54 decir to say, to tell

	yo	nosotros/-as
	tú	vosotros/-as
	él/ella/Ud.	ellos/ellas/Uds.

Indicative

Present Tense
digo	decimos
dices	decís
dice	dicen

Present Perfect
he dicho	hemos dicho
has dicho	habéis dicho
ha dicho	han dicho

Imperfect
decía	decíamos
decías	decíais
decía	decían

Pluperfect
había dicho	habíamos dicho
habías dicho	habíais dicho
había dicho	habían dicho

Preterite
dije	dijimos
dijiste	dijisteis
dijo	dijeron

Preterite Perfect
hube dicho	hubimos dicho
hubiste dicho	hubisteis dicho
hubo dicho	hubieron dicho

Future
diré	diremos
dirás	diréis
dirá	dirán

Future Perfect
habré dicho	habremos dicho
habrás dicho	habréis dicho
habrá dicho	habrán dicho

Conditional

Present
diría	diríamos
dirías	diríais
diría	dirían

Present Perfect
habría dicho	habríamos dicho
habrías dicho	habríais dicho
habría dicho	habrían dicho

Subjunctive

Present
diga	digamos
digas	digáis
diga	digan

Present Perfect
haya dicho	hayamos dicho
hayas dicho	hayáis dicho
haya dicho	hayan dicho

Imperfect
dijera	dijéramos
dijeras	dijerais
dijera	dijeran
OR	
dijese	dijésemos
dijeses	dijeseis
dijese	dijesen

Pluperfect
hubiera dicho	hubiéramos dicho
hubieras dicho	hubierais dicho
hubiera dicho	hubieran dicho
OR	
hubiese dicho	hubiésemos dicho
hubieses dicho	hubieseis dicho
hubiese dicho	hubiesen dicho

Imperative
—	digamos
di; no digas	decid; no digáis
diga	digan

Participles

Present
diciendo

Past
dicho

Related Words
| *un dicho* | a saying | *querer decir* | to mean |

55 dejar to let, to allow, to leave

	yo	nosotros/-as
	tú	vosotros/-as
	él/ella/Ud.	ellos/ellas/Uds.

Indicative

Present Tense
dejo	dejamos
dejas	dejáis
deja	dejan

Present Perfect
he dejado	hemos dejado
has dejado	habéis dejado
ha dejado	han dejado

Imperfect
dejaba	dejábamos
dejabas	dejabais
dejaba	dejaban

Pluperfect
había dejado	habíamos dejado
habías dejado	habíais dejado
había dejado	habían dejado

Preterite
dejé	dejamos
dejaste	dejasteis
dejó	dejaron

Preterite Perfect
hube dejado	hubimos dejado
hubiste dejado	hubisteis dejado
hubo dejado	hubieron dejado

Future
dejaré	dejaremos
dejarás	dejaréis
dejará	dejarán

Future Perfect
habré dejado	habremos dejado
habrás dejado	habréis dejado
habrá dejado	habrán dejado

Conditional

Present
dejaría	dejaríamos
dejarías	dejaríais
dejaría	dejarían

Present Perfect
habría dejado	habríamos dejado
habrías dejado	habríais dejado
habría dejado	habrían dejado

Subjunctive

Present
deje	dejemos
dejes	dejéis
deje	dejen

Present Perfect
haya dejado	hayamos dejado
hayas dejado	hayáis dejado
haya dejado	hayan dejado

Imperfect
dejara	dejáramos
dejaras	dejarais
dejara	dejaran
OR	
dejase	dejásemos
dejases	dejaseis
dejase	dejasen

Pluperfect
hubiera dejado	hubiéramos dejado
hubieras dejado	hubierais dejado
hubiera dejado	hubieran dejado
OR	
hubiese dejado	hubiésemos dejado
hubieses dejado	hubieseis dejado
hubiese dejado	hubiesen dejado

Imperative
—	dejemos
deja; no dejes	dejad; no dejéis
deje	dejen

Participles

Present	Past
dejando	dejado

Related Words

¡Déjalo!	Stop it! Leave it!	¡Déjame (en paz)!	Leave me alone!
Te dejo en tu casa.	I'll drop you off at your house.		

56 desaparecer to disappear, to cause to disappear

	yo	nosotros/-as
	tú	vosotros/-as
	él/ella/Ud.	ellos/ellas/Uds.

Indicative

Present Tense
desaparezco	desaparecemos
desapareces	desaparecéis
desaparece	desaparecen

Present Perfect
he desaparecido	hemos desaparecido
has desaparecido	habéis desaparecido
ha desaparecido	han desaparecido

Imperfect
desaparecía	desaparecíamos
desaparecías	desaparecíais
desaparecía	desaparecían

Pluperfect
había desaparecido	habíamos desaparecido
habías desaparecido	habíais desaparecido
había desaparecido	habían desaparecido

Preterite
desaparecí	desaparecimos
desapareciste	desaparecisteis
desapareció	desaparecieron

Preterite Perfect
hube desaparecido	hubimos desaparecido
hubiste desaparecido	hubisteis desaparecido
hubo desaparecido	hubieron desaparecido

Future
desapareceré	desapareceremos
desaparecerás	desapareceréis
desaparecerá	desaparecerán

Future Perfect
habré desaparecido	habremos desaparecido
habrás desaparecido	habréis desaparecido
habrá desaparecido	habrán desaparecido

Conditional

Present
desaparecería	desapareceríamos
desaparecerías	desapareceríais
desaparecería	desaparecerían

Present Perfect
habría desaparecido	habríamos desaparecido
habrías desaparecido	habríais desaparecido
habría desaparecido	habrían desaparecido

Subjunctive

Present
desaparezca	desaparezcamos
desaparezcas	desaparezcáis
desaparezca	desaparezcan

Present Perfect
haya desaparecido	hayamos desaparecido
hayas desaparecido	hayáis desaparecido
haya desaparecido	hayan desaparecido

Imperfect
desapareciera	desapareciéramos
desaparecieras	desaparecierais
desapareciera	desaparecieran
OR	
desapareciese	desapareciésemos
desaparecieses	desaparecieseis
desapareciese	desapareciesen

Pluperfect
hubiera desaparecido	hubiéramos desaparecido
hubieras desaparecido	hubierais desaparecido
hubiera desaparecido	hubieran desaparecido
OR	
hubiese desaparecido	hubiésemos desaparecido
hubieses desaparecido	hubieseis desaparecido
hubiese desaparecido	hubiesen desaparecido

Imperative

—	desaparezcamos
desaparece; no desaparezcas	desapareced; no desaparezcáis
desaparezca	desaparezcan

Participles

Present	Past
desapareciendo	desaparecido

Related Words

la desaparición	disappearance
aparecer	to appear

57 desayunar to have breakfast

	yo	nosotros/-as
	tú	vosotros/-as
	él/ella/Ud.	ellos/ellas/Uds.

Indicative

Present Tense
desayuno	desayunamos
desayunas	desayunáis
desayuna	desayunan

Present Perfect
he desayunado	hemos desayunado
has desayunado	habéis desayunado
ha desayunado	han desayunado

Imperfect
desayunaba	desayunábamos
desayunabas	desayunabais
desayunaba	desayunaban

Pluperfect
había desayunado	habíamos desayunado
habías desayunado	habíais desayunado
había desayunado	habían desayunado

Preterite
desayuné	desayunamos
desayunaste	desayunasteis
desayunó	desayunaron

Preterite Perfect
hube desayunado	hubimos desayunado
hubiste desayunado	hubisteis desayunado
hubo desayunado	hubieron desayunado

Future
desayunaré	desayunaremos
desayunarás	desayunaréis
desayunará	desayunarán

Future Perfect
habré desayunado	habremos desayunado
habrás desayunado	habréis desayunado
habrá desayunado	habrán desayunado

Conditional

Present
desayunaría	desayunaríamos
desayunarías	desayunaríais
desayunaría	desayunarían

Present Perfect
habría desayunado	habríamos desayunado
habrías desayunado	habríais desayunado
habría desayunado	habrían desayunado

Subjunctive

Present
desayune	desayunemos
desayunes	desayunéis
desayune	desayunen

Present Perfect
haya desayunado	hayamos desayunado
hayas desayunado	hayáis desayunado
haya desayunado	hayan desayunado

Imperfect
desayunara	desayunáramos
desayunaras	desayunarais
desayunara	desayunaran
OR	
desayunase	desayunásemos
desayunases	desayunaseis
desayunase	desayunasen

Pluperfect
hubiera desayunado	hubiéramos desayunado
hubieras desayunado	hubierais desayunado
hubiera desayunado	hubieran desayunado
OR	
hubiese desayunado	hubiésemos desayunado
hubieses desayunado	hubieseis desayunado
hubiese desayunado	hubiesen desayunado

Imperative
—	desayunemos
desayuna; no desayunes	desayunad; no desayunéis
desayune	desayunen

Participles
Present	Past
desayunando	desayunado

Related Words
el desayuno	breakfast	ayunar	to fast

58 describir to describe

	yo	nosotros/-as
	tú	vosotros/-as
	él/ella/Ud.	ellos/ellas/Uds.

Indicative

Present Tense		Present Perfect	
describo	describimos	he descrito	hemos descrito
describes	describís	has descrito	habéis descrito
describe	describen	ha descrito	han descrito

Imperfect		Pluperfect	
describía	describíamos	había descrito	habíamos descrito
describías	describíais	habías descrito	habíais descrito
describía	describían	había descrito	habían descrito

Preterite		Preterite Perfect	
describí	describimos	hube descrito	hubimos descrito
describiste	describisteis	hubiste descrito	hubisteis descrito
describió	describieron	hubo descrito	hubieron descrito

Future		Future Perfect	
describiré	describiremos	habré descrito	habremos descrito
describirás	describiréis	habrás descrito	habréis descrito
describirá	describirán	habrá descrito	habrán descrito

Conditional

Present		Present Perfect	
describiría	describiríamos	habría descrito	habríamos descrito
describirías	describiríais	habrías descrito	habríais descrito
describiría	describirían	habría descrito	habrían descrito

Subjunctive

Present		Present Perfect	
describa	describamos	haya descrito	hayamos descrito
describas	describáis	hayas descrito	hayáis descrito
describa	describan	haya descrito	hayan descrito

Imperfect		Pluperfect	
describiera	describiéramos	hubiera descrito	hubiéramos descrito
describieras	describierais	hubieras descrito	hubierais descrito
describiera	describieran	hubiera descrito	hubieran descrito
OR		OR	
describiese	describiésemos	hubiese descrito	hubiésemos descrito
describieses	describieseis	hubieses descrito	hubieseis descrito
describiese	describiesen	hubiese descrito	hubiesen descrito

Imperative

—	describamos
describe; no describas	describid; no describáis
describa	describan

Participles

Present	Past
describiendo	descrito

Related Words

la descripción	description	escribir	to write
descriptivo/a	descriptive		

59 destituir to deprive, to dismiss

	yo	nosotros/-as
	tú	vosotros/-as
	él/ella/Ud.	ellos/ellas/Uds.

Indicative

Present Tense
destituyo	destituimos
destituyes	destituís
destituye	destituyen

Present Perfect
he destituido	hemos destituido
has destituido	habéis destituido
ha destituido	han destituido

Imperfect
destituía	destituíamos
destituías	destituíais
destituía	destituían

Pluperfect
había destituido	habíamos destituido
habías destituido	habíais destituido
había destituido	habían destituido

Preterite
destituí	destituimos
destituiste	destituisteis
destituyó	destituyeron

Preterite Perfect
hube destituido	hubimos destituido
hubiste destituido	hubisteis destituido
hubo destituido	hubieron destituido

Future
destituiré	destituiremos
destituirás	destituiréis
destituirá	destituirán

Future Perfect
habré destituido	habremos destituido
habrás destituido	habréis destituido
habrá destituido	habrán destituido

Conditional

Present
destituiría	destituiríamos
destituirías	destituiríais
destituiría	destituirían

Present Perfect
habría destituido	habríamos destituido
habrías destituido	habríais destituido
habría destituido	habrían destituido

Subjunctive

Present
destituya	destituyamos
destituyas	destituyáis
destituya	destituyan

Present Perfect
haya destituido	hayamos destituido
hayas destituido	hayáis destituido
haya destituido	hayan destituido

Imperfect
destituyera	destituyéramos
destituyeras	destituyerais
destituyera	destituyeran
OR	
destituyese	destituyésemos
destituyeses	destituyeseis
destituyese	destituyesen

Pluperfect
hubiera destituido	hubiéramos destituido
hubieras destituido	hubierais destituido
hubiera destituido	hubieran destituido
OR	
hubiese destituido	hubiésemos destituido
hubieses destituido	hubieseis destituido
hubiese destituido	hubiesen destituido

Imperative
—	destituyamos
destituye; no destituyas	destituid; no destituyáis
destituya	destituyan

Participles
Present	Past
destituyendo	destituido

Related Words
la destitución   dismissal

91

60 discutir to discuss

	yo	nosotros/-as
	tú	vosotros/-as
	él/ella/Ud.	ellos/ellas/Uds.

Indicative

Present Tense
discuto	discutimos
discutes	discutís
discute	discuten

Present Perfect
he discutido	hemos discutido
has discutido	habéis discutido
ha discutido	han discutido

Imperfect
discutía	discutíamos
discutías	discutíais
discutía	discutían

Pluperfect
había discutido	habíamos discutido
habías discutido	habíais discutido
había discutido	habían discutido

Preterite
discutí	discutimos
discutiste	discutisteis
discutió	discutieron

Preterite Perfect
hube discutido	hubimos discutido
hubiste discutido	hubisteis discutido
hubo discutido	hubieron discutido

Future
discutiré	discutiremos
discutirás	discutiréis
discutirá	discutirán

Future Perfect
habré discutido	habremos discutido
habrás discutido	habréis discutido
habrá discutido	habrán discutido

Conditional

Present
discutiría	discutiríamos
discutirías	discutiríais
discutiría	discutirían

Present Perfect
habría discutido	habríamos discutido
habrías discutido	habríais discutido
habría discutido	habrían discutido

Subjunctive

Present
discuta	discutamos
discutas	discutáis
discuta	discutan

Present Perfect
haya discutido	hayamos discutido
hayas discutido	hayáis discutido
haya discutido	hayan discutido

Imperfect
discutiera	discutiéramos
discutieras	discutierais
discutiera	discutieran
OR	
discutiese	discutiésemos
discutieses	discutieseis
discutiese	discutiesen

Pluperfect
hubiera discutido	hubiéramos discutido
hubieras discutido	hubierais discutido
hubiera discutido	hubieran discutido
OR	
hubiese discutido	hubiésemos discutido
hubieses discutido	hubieseis discutido
hubiese discutido	hubiesen discutido

Imperative
—	discutamos
discute; no discutas	discutid; no discutáis
discuta	discutan

Participles
Present	Past
discutiendo	discutido

Related Words
la discusión   argument, discussion

61 distinguir to distinguish

	yo	nosotros/-as
	tú	vosotros/-as
	él/ella/Ud.	ellos/ellas/Uds.

Indicative

Present Tense
distingo	distinguimos
distingues	distinguís
distingue	distinguen

Present Perfect
he distinguido	hemos distinguido
has distinguido	habéis distinguido
ha distinguido	han distinguido

Imperfect
distinguía	distinguíamos
distinguías	distinguíais
distinguía	distinguían

Pluperfect
había distinguido	habíamos distinguido
habías distinguido	habíais distinguido
había distinguido	habían distinguido

Preterite
distinguí	distinguimos
distinguiste	distinguisteis
distinguió	distinguieron

Preterite Perfect
hube distinguido	hubimos distinguido
hubiste distinguido	hubisteis distinguido
hubo distinguido	hubieron distinguido

Future
distinguiré	distinguiremos
distinguirás	distinguiréis
distinguirá	distinguirán

Future Perfect
habré distinguido	habremos distinguido
habrás distinguido	habréis distinguido
habrá distinguido	habrán distinguido

Conditional

Present
distinguiría	distinguiríamos
distinguirías	distinguiríais
distinguiría	distinguirían

Present Perfect
habría distinguido	habríamos distinguido
habrías distinguido	habríais distinguido
habría distinguido	habrían distinguido

Subjunctive

Present
distinga	distingamos
distingas	distingáis
distinga	distingan

Present Perfect
haya distinguido	hayamos distinguido
hayas distinguido	hayáis distinguido
haya distinguido	hayan distinguido

Imperfect
distinguiera	distinguiéramos
distinguieras	distinguierais
distinguiera	distinguieran
OR	
distinguiese	distinguiésemos
distinguieses	distinguieseis
distinguiese	distinguiesen

Pluperfect
hubiera distinguido	hubiéramos distinguido
hubieras distinguido	hubierais distinguido
hubiera distinguido	hubieran distinguido
OR	
hubiese distinguido	hubiésemos distinguido
hubieses distinguido	hubieseis distinguido
hubiese distinguido	hubiesen distinguido

Imperative
—	distingamos
distingue; no distingas	distinguid; no distingáis
distinga	distingan

Participles
Present	Past
distinguiendo	distinguido

Related Words
la distinción	distinction	*distintivo/a*	distinctive

62 distribuir to distribute

yo   nosotros/-as
tú   vosotros/-as
él/ella/Ud.   ellos/ellas/Uds.

Indicative

Present Tense

distribuyo	distribuimos		
distribuyes	distribuís		
distribuye	distribuyen		

Present Perfect

he distribuido	hemos distribuido
has distribuido	habéis distribuido
ha distribuido	han distribuido

Imperfect

distribuía	distribuíamos
distribuías	distribuíais
distribuía	distribuían

Pluperfect

había distribuido	habíamos distribuido
habías distribuido	habíais distribuido
había distribuido	habían distribuido

Preterite

distribuí	distribuimos
distribuiste	distribuisteis
distribuyó	distribuyeron

Preterite Perfect

hube distribuido	hubimos distribuido
hubiste distribuido	hubisteis distribuido
hubo distribuido	hubieron distribuido

Future

distribuiré	distribuiremos
distribuirás	distribuiréis
distribuirá	distribuirán

Future Perfect

habré distribuido	habremos distribuido
habrás distribuido	habréis distribuido
habrá distribuido	habrán distribuido

Conditional

Present

distribuiría	distribuiríamos
distribuirías	distribuiríais
distribuiría	distribuirían

Present Perfect

habría distribuido	habríamos distribuido
habrías distribuido	habríais distribuido
habría distribuido	habrían distribuido

Subjunctive

Present

distribuya	distribuyamos
distribuyas	distribuyáis
distribuya	distribuyan

Present Perfect

haya distribuido	hayamos distribuido
hayas distribuido	hayáis distribuido
haya distribuido	hayan distribuido

Imperfect

distribuyera	distribuyéramos
distribuyeras	distribuyerais
distribuyera	distribuyeran
OR	
distribuyese	distribuyésemos
distribuyeses	distribuyeseis
distribuyese	distribuyesen

Pluperfect

hubiera distribuido	hubiéramos distribuido
hubieras distribuido	hubierais distribuido
hubiera distribuido	hubieran distribuido
OR	
hubiese distribuido	hubiésemos distribuido
hubieses distribuido	hubieseis distribuido
hubiese distribuido	hubiesen distribuido

Imperative

—	distribuyamos
distribuye; no distribuyas	distribuid; no distribuyáis
distribuya	distribuyan

Participles

Present	Past
distribuyendo	distribuido

Related Words

la distribución	distribution	*un/a distribuidor/a*	distributor

63 divertirse to have fun, to have a good time

	yo	nosotros/-as
	tú	vosotros/-as
	él/ella/Ud.	ellos/ellas/Uds.

Indicative

Present Tense
me divierto	nos divertimos
te diviertes	os divertís
se divierte	se divierten

Present Perfect
me he divertido	nos hemos divertido
te has divertido	os habéis divertido
se ha divertido	se han divertido

Imperfect
me divertía	nos divertíamos
te divertías	os divertíais
se divertía	se divertían

Pluperfect
me había divertido	nos habíamos divertido
te habías divertido	os habíais divertido
se había divertido	se habían divertido

Preterite
me divertí	nos divertimos
te divertiste	os divertisteis
se divirtió	se divirtieron

Preterite Perfect
me hube divertido	nos hubimos divertido
te hubiste divertido	os hubisteis divertido
se hubo divertido	se hubieron divertido

Future
me divertiré	nos divertiremos
te divertirás	os divertiréis
se divertirá	se divertirán

Future Perfect
me habré divertido	nos habremos divertido
te habrás divertido	os habréis divertido
se habrá divertido	se habrán divertido

Conditional

Present
me divertiría	nos divertiríamos
te divertirías	os divertiríais
se divertiría	se divertirían

Present Perfect
me habría divertido	nos habríamos divertido
te habrías divertido	os habríais divertido
se habría divertido	se habrían divertido

Subjunctive

Present
me divierta	nos divirtamos
te diviertas	os divirtáis
se divierta	se diviertan

Present Perfect
me haya divertido	nos hayamos divertido
te hayas divertido	os hayáis divertido
se haya divertido	se hayan divertido

Imperfect
me divirtiera	nos divirtiéramos
te divirtieras	os divirtierais
se divirtiera	se divirtieran
OR	
me divirtiese	nos divirtiésemos
te divirtieses	os divirtieseis
se divirtiese	se divirtiesen

Pluperfect
me hubiera divertido	nos hubiéramos divertido
te hubieras divertido	os hubierais divertido
se hubiera divertido	se hubieran divertido
OR	
me hubiese divertido	nos hubiésemos divertido
te hubieses divertido	os hubieseis divertido
se hubiese divertido	se hubiesen divertido

Imperative
—	divirtámonos
diviértete; no te diviertas	divertíos; no os divirtáis
diviértase	diviértanse

Participles
Present	Past
divirtiéndose	divertido

Related Words
divertido/a	fun, amusing	¡Que se diviertan!	Have a good time!

64 doler to hurt, to feel pain

	yo	nosotros/-as
	tú	vosotros/-as
	él/ella/Ud.	ellos/ellas/Uds.

Indicative

Present Tense		**Present Perfect**	
duelo	dolemos	he dolido	hemos dolido
dueles	doléis	has dolido	habéis dolido
duele	duelen	ha dolido	han dolido

Imperfect		**Pluperfect**	
dolía	dolíamos	había dolido	habíamos dolido
dolías	dolíais	habías dolido	habíais dolido
dolía	dolían	había dolido	habían dolido

Preterite		**Preterite Perfect**	
dolí	dolimos	hube dolido	hubimos dolido
doliste	dolisteis	hubiste dolido	hubisteis dolido
dolió	dolieron	hubo dolido	hubieron dolido

Future		**Future Perfect**	
doleré	doleremos	habré dolido	habremos dolido
dolerás	doleréis	habrás dolido	habréis dolido
dolerá	dolerán	habrá dolido	habrán dolido

Conditional

Present		**Present Perfect**	
dolería	doleríamos	habría dolido	habríamos dolido
dolerías	doleríais	habrías dolido	habríais dolido
dolería	dolerían	habría dolido	habrían dolido

Subjunctive

Present		**Present Perfect**	
duela	dolamos	haya dolido	hayamos dolido
duelas	doláis	hayas dolido	hayáis dolido
duela	duelan	haya dolido	hayan dolido

Imperfect		**Pluperfect**	
doliera	doliéramos	hubiera dolido	hubiéramos dolido
dolieras	dolierais	hubieras dolido	hubierais dolido
doliera	dolieran	hubiera dolido	hubieran dolido
OR		OR	
doliese	doliésemos	hubiese dolido	hubiésemos dolido
dolieses	dolieseis	hubieses dolido	hubieseis dolido
doliese	doliesen	hubiese dolido	hubiesen dolido

Imperative

—	dolamos
duele; no duelas	doled; no doláis
duela	duelan

Participles

Present	**Past**
doliendo	dolido

Related Words

un dolor	pain, hurt	*tener dolor de cabeza*	to have a headache

65 dormir to sleep

yo	nosotros/-as
tú	vosotros/-as
él/ella/Ud.	ellos/ellas/Uds.

Indicative

Present Tense
duermo	dormimos
duermes	dormís
duerme	duermen

Present Perfect
he dormido	hemos dormido
has dormido	habéis dormido
ha dormido	han dormido

Imperfect
dormía	dormíamos
dormías	dormíais
dormía	dormían

Pluperfect
había dormido	habíamos dormido
habías dormido	habíais dormido
había dormido	habían dormido

Preterite
dormí	dormimos
dormiste	dormisteis
durmió	durmieron

Preterite Perfect
hube dormido	hubimos dormido
hubiste dormido	hubisteis dormido
hubo dormido	hubieron dormido

Future
dormiré	dormiremos
dormirás	dormiréis
dormirá	dormirán

Future Perfect
habré dormido	habremos dormido
habrás dormido	habréis dormido
habrá dormido	habrán dormido

Conditional

Present
dormiría	dormiríamos
dormirías	dormiríais
dormiría	dormirían

Present Perfect
habría dormido	habríamos dormido
habrías dormido	habríais dormido
habría dormido	habrían dormido

Subjunctive

Present
duerma	durmamos
duermas	durmáis
duerma	duerman

Present Perfect
haya dormido	hayamos dormido
hayas dormido	hayáis dormido
haya dormido	hayan dormido

Imperfect
durmiera	durmiéramos
durmieras	durmierais
durmiera	durmieran
OR	
durmiese	durmiésemos
durmieses	durmieseis
durmiese	durmiesen

Pluperfect
hubiera dormido	hubiéramos dormido
hubieras dormido	hubierais dormido
hubiera dormido	hubieran dormido
OR	
hubiese dormido	hubiésemos dormido
hubieses dormido	hubieseis dormido
hubiese dormido	hubiesen dormido

Imperative
—	durmamos
duerme; no duermas	dormid; no durmáis
duerma	duerman

Participles
Present	Past
durmiendo	dormido

Related Words
un dormitorio	bedroom	*un/a dormilón/a*	sleepyhead

66 dormirse to go to sleep, to fall asleep

yo   nosotros/-as
tú   vosotros/-as
él/ella/Ud.   ellos/ellas/Uds.

Indicative

Present Tense
me duermo	nos dormimos
te duermes	os dormís
se duerme	se duermen

Present Perfect
me he dormido	nos hemos dormido
te has dormido	os habéis dormido
se ha dormido	se han dormido

Imperfect
me dormía	nos dormíamos
te dormías	os dormíais
se dormía	se dormían

Pluperfect
me había dormido	nos habíamos dormido
te habías dormido	os habíais dormido
se había dormido	se habían dormido

Preterite
me dormí	nos dormimos
te dormiste	os dormisteis
se durmió	se durmieron

Preterite Perfect
me hube dormido	nos hubimos dormido
te hubiste dormido	os hubisteis dormido
se hubo dormido	se hubieron dormido

Future
me dormiré	nos dormiremos
te dormirás	os dormiréis
se dormirá	se dormirán

Future Perfect
me habré dormido	nos habremos dormido
te habrás dormido	os habréis dormido
se habrá dormido	se habrán dormido

Conditional

Present
me dormiría	nos dormiríamos
te dormirías	os dormiríais
se dormiría	se dormirían

Present Perfect
me habría dormido	nos habríamos dormido
te habrías dormido	os habríais dormido
se habría dormido	se habrían dormido

Subjunctive

Present
me duerma	nos durmamos
te duermas	os durmáis
se duerma	se duerman

Present Perfect
me haya dormido	nos hayamos dormido
te hayas dormido	os hayáis dormido
se haya dormido	se hayan dormido

Imperfect
me durmiera	nos durmiéramos
te durmieras	os durmierais
se durmiera	se durmieran
OR	
me durmiese	nos durmiésemos
te durmieses	os durmieseis
se durmiese	se durmiesen

Pluperfect
me hubiera dormido	nos hubiéramos dormido
te hubieras dormido	os hubierais dormido
se hubiera dormido	se hubieran dormido
OR	
me hubiese dormido	nos hubiésemos dormido
te hubieses dormido	os hubieseis dormido
se hubiese dormido	se hubiesen dormido

Imperative
—	durmámonos
duérmete; no te duermas	dormíos; no os durmáis
duérmase	duérmanse

Participles

Present
durmiéndose

Past
dormido

Related Words
Se me durmió la pierna.	My leg fell asleep.

67 dudar to doubt

yo	nosotros/-as
tú	vosotros/-as
él/ella/Ud.	ellos/ellas/Uds.

Indicative

Present Tense
dudo	dudamos
dudas	dudáis
duda	dudan

Present Perfect
he dudado	hemos dudado
has dudado	habéis dudado
ha dudado	han dudado

Imperfect
dudaba	dudábamos
dudabas	dudabais
dudaba	dudaban

Pluperfect
había dudado	habíamos dudado
habías dudado	habíais dudado
había dudado	habían dudado

Preterite
dudé	dudamos
dudaste	dudasteis
dudó	dudaron

Preterite Perfect
hube dudado	hubimos dudado
hubiste dudado	hubisteis dudado
hubo dudado	hubieron dudado

Future
dudaré	dudaremos
dudarás	dudaréis
dudará	dudarán

Future Perfect
habré dudado	habremos dudado
habrás dudado	habréis dudado
habrá dudado	habrán dudado

Conditional

Present
dudaría	dudaríamos
dudarías	dudaríais
dudaría	dudarían

Present Perfect
habría dudado	habríamos dudado
habrías dudado	habríais dudado
habría dudado	habrían dudado

Subjunctive

Present
dude	dudemos
dudes	dudéis
dude	duden

Present Perfect
haya dudado	hayamos dudado
hayas dudado	hayáis dudado
haya dudado	hayan dudado

Imperfect
dudara	dudáramos
dudaras	dudarais
dudara	dudaran
OR	
dudase	dudásemos
dudases	dudaseis
dudase	dudasen

Pluperfect
hubiera dudado	hubiéramos dudado
hubieras dudado	hubierais dudado
hubiera dudado	hubieran dudado
OR	
hubiese dudado	hubiésemos dudado
hubieses dudado	hubieseis dudado
hubiese dudado	hubiesen dudado

Imperative
—	dudemos
duda; no dudes	dudad; no dudéis
dude	duden

Participles
Present	Past
dudando	dudado

Related Words
la duda	doubt	*¡Sin duda!*	Of course!
dudoso/a	doubtful		(without doubt)

68 encontrar to meet, to find

yo   nosotros/-as
tú   vosotros/-as
él/ella/Ud.   ellos/ellas/Uds.

Indicative

Present Tense

encuentro	encontramos
encuentras	encontráis
encuentra	encuentran

Present Perfect

he encontrado	hemos encontrado
has encontrado	habéis encontrado
ha encontrado	han encontrado

Imperfect

encontraba	encontrábamos
encontrabas	encontrabais
encontraba	encontraban

Pluperfect

había encontrado	habíamos encontrado
habías encontrado	habíais encontrado
había encontrado	habían encontrado

Preterite

encontré	encontramos
encontraste	encontrasteis
encontró	encontraron

Preterite Perfect

hube encontrado	hubimos encontrado
hubiste encontrado	hubisteis encontrado
hubo encontrado	hubieron encontrado

Future

encontraré	encontraremos
encontrarás	encontraréis
encontrará	encontrarán

Future Perfect

habré encontrado	habremos encontrado
habrás encontrado	habréis encontrado
habrá encontrado	habrán encontrado

Conditional

Present

encontraría	encontraríamos
encontrarías	encontraríais
encontraría	encontrarían

Present Perfect

habría encontrado	habríamos encontrado
habrías encontrado	habríais encontrado
habría encontrado	habrían encontrado

Subjunctive

Present

encuentre	encontremos
encuentres	encontréis
encuentre	encuentren

Present Perfect

haya encontrado	hayamos encontrado
hayas encontrado	hayáis encontrado
haya encontrado	hayan encontrado

Imperfect

encontrara	encontráramos
encontraras	encontrarais
encontrara	encontraran
OR	
encontrase	encontrásemos
encontrases	encontraseis
encontrase	encontrasen

Pluperfect

hubiera encontrado	hubiéramos encontrado
hubieras encontrado	hubierais encontrado
hubiera encontrado	hubieran encontrado
OR	
hubiese encontrado	hubiésemos encontrado
hubieses encontrado	hubieseis encontrado
hubiese encontrado	hubiesen encontrado

Imperative

—	encontremos
encuentra; no	encontrad; no
encuentres	encontréis
encuentre	encuentren

Participles

Present	Past
encontrando	encontrado

Related Words

un encuentro	encounter, meeting	*encontrarse*	to meet or run into somebody

69 enseñar to teach

	yo	nosotros/-as
	tú	vosotros/-as
	él/ella/Ud.	ellos/ellas/Uds.

Indicative

Present Tense
enseño	enseñamos
enseñas	enseñáis
enseña	enseñan

Present Perfect
he enseñado	hemos enseñado
has enseñado	habéis enseñado
ha enseñado	han enseñado

Imperfect
enseñaba	enseñábamos
enseñabas	enseñabais
enseñaba	enseñaban

Pluperfect
había enseñado	habíamos enseñado
habías enseñado	habíais enseñado
había enseñado	habían enseñado

Preterite
enseñé	enseñamos
enseñaste	enseñasteis
enseñó	enseñaron

Preterite Perfect
hube enseñado	hubimos enseñado
hubiste enseñado	hubisteis enseñado
hubo enseñado	hubieron enseñado

Future
enseñaré	enseñaremos
enseñarás	enseñaréis
enseñará	enseñarán

Future Perfect
habré enseñado	habremos enseñado
habrás enseñado	habréis enseñado
habrá enseñado	habrán enseñado

Conditional

Present
enseñaría	enseñaríamos
enseñarías	enseñaríais
enseñaría	enseñarían

Present Perfect
habría enseñado	habríamos enseñado
habrías enseñado	habríais enseñado
habría enseñado	habrían enseñado

Subjunctive

Present
enseñe	enseñemos
enseñes	enseñéis
enseñe	enseñen

Present Perfect
haya enseñado	hayamos enseñado
hayas enseñado	hayáis enseñado
haya enseñado	hayan enseñado

Imperfect
enseñara	enseñáramos
enseñaras	enseñarais
enseñara	enseñaran
OR	
enseñase	enseñásemos
enseñases	enseñaseis
enseñase	enseñasen

Pluperfect
hubiera enseñado	hubiéramos enseñado
hubieras enseñado	hubierais enseñado
hubiera enseñado	hubieran enseñado
OR	
hubiese enseñado	hubiésemos enseñado
hubieses enseñado	hubieseis enseñado
hubiese enseñado	hubiesen enseñado

Imperative
—	enseñemos
enseña; no enseñes	enseñad; no enseñéis
enseñe	enseñen

Participles
| Present | Past |
| enseñando | enseñado |

Related Words
| *la enseñanza* | teaching, instruction |

70 **entender** to understand

yo   nosotros/-as
tú   vosotros/-as
él/ella/Ud.   ellos/ellas/Uds.

Indicative

Present Tense

entiendo	entendemos
entiendes	entendéis
entiende	entienden

Present Perfect

he entendido	hemos entendido
has entendido	habéis entendido
ha entendido	han entendido

Imperfect

entendía	entendíamos
entendías	entendíais
entendía	entendían

Pluperfect

había entendido	habíamos entendido
habías entendido	habíais entendido
había entendido	habían entendido

Preterite

entendí	entendimos
entendiste	entendisteis
entendió	entendieron

Preterite Perfect

hube entendido	hubimos entendido
hubiste entendido	hubisteis entendido
hubo entendido	hubieron entendido

Future

entenderé	entenderemos
entenderás	entenderéis
entenderá	entenderán

Future Perfect

habré entendido	habremos entendido
habrás entendido	habréis entendido
habrá entendido	habrán entendido

Conditional

Present

entendería	entenderíamos
entenderías	entenderíais
entendería	entenderían

Present Perfect

habría entendido	habríamos entendido
habrías entendido	habríais entendido
habría entendido	habrían entendido

Subjunctive

Present

entienda	entendamos
entiendas	entendáis
entienda	entiendan

Present Perfect

haya entendido	hayamos entendido
hayas entendido	hayáis entendido
haya entendido	hayan entendido

Imperfect

entendiera	entendiéramos
entendieras	entendierais
entendiera	entendieran
OR	
entendiese	entendiésemos
entendieses	entendieseis
entendiese	entendiesen

Pluperfect

hubiera entendido	hubiéramos entendido
hubieras entendido	hubierais entendido
hubiera entendido	hubieran entendido
OR	
hubiese entendido	hubiésemos entendido
hubieses entendido	hubieseis entendido
hubiese entendido	hubiesen entendido

Imperative

—	entendamos
entiende; no entiendas	entended; no entendáis
entienda	entiendan

Participles

Present	Past
entendiendo	entendido

Related Words

no darse por entendido	to pretend not to hear or understand

71 entregar to deliver

	yo	nosotros/-as
	tú	vosotros/-as
	él/ella/Ud.	ellos/ellas/Uds.

Indicative

Present Tense
entrego	entregamos
entregas	entregáis
entrega	entregan

Present Perfect
he entregado	hemos entregado
has entregado	habéis entregado
ha entregado	han entregado

Imperfect
entregaba	entregábamos
entregabas	entregabais
entregaba	entregaban

Pluperfect
había entregado	habíamos entregado
habías entregado	habíais entregado
había entregado	habían entregado

Preterite
entregué	entregamos
entregaste	entregasteis
entregó	entregaron

Preterite Perfect
hube entregado	hubimos entregado
hubiste entregado	hubisteis entregado
hubo entregado	hubieron entregado

Future
entregaré	entregaremos
entregarás	entregaréis
entregará	entregarán

Future Perfect
habré entregado	habremos entregado
habrás entregado	habréis entregado
habrá entregado	habrán entregado

Conditional

Present
entregaría	entregaríamos
entregarías	entregaríais
entregaría	entregarían

Present Perfect
habría entregado	habríamos entregado
habrías entregado	habríais entregado
habría entregado	habrían entregado

Subjunctive

Present
entregue	entreguemos
entregues	entreguéis
entregue	entreguen

Present Perfect
haya entregado	hayamos entregado
hayas entregado	hayáis entregado
haya entregado	hayan entregado

Imperfect
entregara	entregáramos
entregaras	entregarais
entregara	entregaran
OR	
entregase	entregásemos
entregases	entregaseis
entregase	entregasen

Pluperfect
hubiera entregado	hubiéramos entregado
hubieras entregado	hubierais entregado
hubiera entregado	hubieran entregado
OR	
hubiese entregado	hubiésemos entregado
hubieses entregado	hubieseis entregado
hubiese entregado	hubiesen entregado

Imperative
—	entreguemos
entrega; no entregues	entregad; no entreguéis
entregue	entreguen

Participles

Present	Past
entregando	entregado

Related Words

la entrega	delivery, presentation

72 envejecer to grow old

yo	nosotros/-as
tú	vosotros/-as
él/ella/Ud.	ellos/ellas/Uds.

Indicative

Present Tense
envejezco	envejecemos
envejeces	envejecéis
envejece	envejecen

Present Perfect
he envejecido	hemos envejecido
has envejecido	habéis envejecido
ha envejecido	han envejecido

Imperfect
envejecía	envejecíamos
envejecías	envejecíais
envejecía	envejecían

Pluperfect
había envejecido	habíamos envejecido
habías envejecido	habíais envejecido
había envejecido	habían envejecido

Preterite
envejecí	envejecimos
envejeciste	envejecisteis
envejeció	envejecieron

Preterite Perfect
hube envejecido	hubimos envejecido
hubiste envejecido	hubisteis envejecido
hubo envejecido	hubieron envejecido

Future
envejeceré	envejeceremos
envejecerás	envejeceréis
envejecerá	envejecerán

Future Perfect
habré envejecido	habremos envejecido
habrás envejecido	habréis envejecido
habrá envejecido	habrán envejecido

Conditional

Present
envejecería	envejeceríamos
envejecerías	envejeceríais
envejecería	envejecerían

Present Perfect
habría envejecido	habríamos envejecido
habrías envejecido	habríais envejecido
habría envejecido	habrían envejecido

Subjunctive

Present
envejezca	envejezcamos
envejezcas	envejezcáis
envejezca	envejezcan

Present Perfect
haya envejecido	hayamos envejecido
hayas envejecido	hayáis envejecido
haya envejecido	hayan envejecido

Imperfect
envejeciera	envejeciéramos
envejecieras	envejecierais
envejeciera	envejecieran
OR	
envejeciese	envejeciésemos
envejecieses	envejecieseis
envejeciese	envejeciesen

Pluperfect
hubiera envejecido	hubiéramos envejecido
hubieras envejecido	hubierais envejecido
hubiera envejecido	hubieran envejecido
OR	
hubiese envejecido	hubiésemos envejecido
hubieses envejecido	hubieseis envejecido
hubiese envejecido	hubiesen envejecido

Imperative
—	envejezcamos
envejece; no	envejeced; no
envejezcas	envejezcáis
envejezca	envejezcan

Participles

Present	Past
envejeciendo	envejecido

Related Words
viejo/a	old
un vejestorio	very old person

73 erigir to erect

	yo	nosotros/-as
	tú	vosotros/-as
	él/ella/Ud.	ellos/ellas/Uds.

Indicative

Present Tense
erijo	erigimos
eriges	erigís
erige	erigen

Present Perfect
he erigido	hemos erigido
has erigido	habéis erigido
ha erigido	han erigido

Imperfect
erigía	erigíamos
erigías	erigíais
erigía	erigían

Pluperfect
había erigido	habíamos erigido
habías erigido	habíais erigido
había erigido	habían erigido

Preterite
erigí	erigimos
erigiste	erigisteis
erigió	erigieron

Preterite Perfect
hube erigido	hubimos erigido
hubiste erigido	hubisteis erigido
hubo erigido	hubieron erigido

Future
erigiré	erigiremos
erigirás	erigiréis
erigirá	erigirán

Future Perfect
habré erigido	habremos erigido
habrás erigido	habréis erigido
habrá erigido	habrán erigido

Conditional

Present
erigiría	erigiríamos
erigirías	erigiríais
erigiría	erigirían

Present Perfect
habría erigido	habríamos erigido
habrías erigido	habríais erigido
habría erigido	habrían erigido

Subjunctive

Present
erija	erijamos
erijas	erijáis
erija	erijan

Present Perfect
haya erigido	hayamos erigido
hayas erigido	hayáis erigido
haya erigido	hayan erigido

Imperfect
erigiera	erigiéramos
erigieras	erigierais
erigiera	erigieran
OR	
erigiese	erigiésemos
erigieses	erigieseis
erigiese	erigiesen

Pluperfect
hubiera erigido	hubiéramos erigido
hubieras erigido	hubierais erigido
hubiera erigido	hubieran erigido
OR	
hubiese erigido	hubiésemos erigido
hubieses erigido	hubieseis erigido
hubiese erigido	hubiesen erigido

Imperative
—	erijamos
erige; no erijas	erigid; no erijáis
erija	erijan

Participles
Present	Past
erigiendo	erigido

Related Words
erguirse   to stand erect

74 escoger to choose, to select

	yo	nosotros/-as
	tú	vosotros/-as
	él/ella/Ud.	ellos/ellas/Uds.

Indicative

Present Tense
escojo	escogemos
escoges	escogéis
escoge	escogen

Present Perfect
he escogido	hemos escogido
has escogido	habéis escogido
ha escogido	han escogido

Imperfect
escogía	escogíamos
escogías	escogíais
escogía	escogían

Pluperfect
había escogido	habíamos escogido
habías escogido	habíais escogido
había escogido	habían escogido

Preterite
escogí	esogimos
escogiste	escogisteis
escogió	escogieron

Preterite Perfect
hube escogido	hubimos escogido
hubiste escogido	hubisteis escogido
hubo escogido	hubieron escogido

Future
escogeré	escogeremos
escogerás	escogeréis
escogerá	escogerán

Future Perfect
habré escogido	habremos escogido
habrás escogido	habréis escogido
habrá escogido	habrán escogido

Conditional

Present
escogería	escogeríamos
escogerías	escogeríais
escogería	escogerían

Present Perfect
habría escogido	habríamos escogido
habrías escogido	habríais escogido
habría escogido	habrían escogido

Subjunctive

Present
escoja	escojamos
escojas	escojáis
escoja	escojan

Present Perfect
haya escogido	hayamos escogido
hayas escogido	hayáis escogido
haya escogido	hayan escogido

Imperfect
escogiera	escogiéramos
escogieras	escogierais
escogiera	escogieran
OR	
escogiese	escogiésemos
escogieses	escogieseis
escogiese	escogiesen

Pluperfect
hubiera escogido	hubiéramos escogido
hubieras escogido	hubierais escogido
hubiera escogido	hubieran escogido
OR	
hubiese escogido	hubiésemos escogido
hubieses escogido	hubieseis escogido
hubiese escogido	hubiesen escogido

Imperative
—	escojamos
escoge; no escojas	escoged; no escojáis
escoja	escojan

Participles

Present	Past
escogiendo	escogido

Related Words

escogidamente   choicely, nicely

106

75 escribir to write

yo   nosotros/-as
tú   vosotros/-as
él/ella/Ud.   ellos/ellas/Uds.

Indicative

Present Tense
escribo	escribimos
escribes	escribís
escribe	escriben

Present Perfect
he escrito	hemos escrito
has escrito	habéis escrito
ha escrito	han escrito

Imperfect
escribía	escribíamos
escribías	escribíais
escribía	escribían

Pluperfect
había escrito	habíamos escrito
habías escrito	habíais escrito
había escrito	habían escrito

Preterite
escribí	escribimos
escribiste	escribisteis
escribió	escribieron

Preterite Perfect
hube escrito	hubimos escrito
hubiste escrito	hubisteis escrito
hubo escrito	hubieron escrito

Future
escribiré	escribiremos
escribirás	escribiréis
escribirá	escribirán

Future Perfect
habré escrito	habremos escrito
habrás escrito	habréis escrito
habrá escrito	habrán escrito

Conditional

Present
escribiría	escribiríamos
escribirías	escribiríais
escribiría	escribirían

Present Perfect
habría escrito	habríamos escrito
habrías escrito	habríais escrito
habría escrito	habrían escrito

Subjunctive

Present
escriba	escribamos
escribas	escribáis
escriba	escriban

Present Perfect
haya escrito	hayamos escrito
hayas escrito	hayáis escrito
haya escrito	hayan escrito

Imperfect
escribiera	escribiéramos
escribieras	escribierais
escribiera	escribieran
OR	
escribiese	escribiésemos
escribieses	escribieseis
escribiese	escribiesen

Pluperfect
hubiera escrito	hubiéramos escrito
hubieras escrito	hubierais escrito
hubiera escrito	hubieran escrito
OR	
hubiese escrito	hubiésemos escrito
hubieses escrito	hubieseis escrito
hubiese escrito	hubiesen escrito

Imperative
—	escribamos
escribe; no escribas	escribid; no escribáis
escriba	escriban

Participles
Present	Past
escribiendo	escrito

Related Words
una máquina de escribir	typewriter	*un escritorio*	writing desk
escritor/a	writer	*describir*	to describe

76 escuchar to listen to

		yo	nosotros/-as
		tú	vosotros/-as
		él/ella/Ud.	ellos/ellas/Uds.

Indicative

Present Tense		Present Perfect	
escucho	escuchamos	he escuchado	hemos escuchado
escuchas	escucháis	has escuchado	habéis escuchado
escucha	escuchan	ha escuchado	han escuchado

Imperfect		Pluperfect	
escuchaba	escuchábamos	había escuchado	habíamos escuchado
escuchabas	escuchabais	habías escuchado	habíais escuchado
escuchaba	escuchaban	había escuchado	habían escuchado

Preterite		Preterite Perfect	
escuché	escuchamos	hube escuchado	hubimos escuchado
escuchaste	escuchasteis	hubiste escuchado	hubisteis escuchado
escuchó	escucharon	hubo escuchado	hubieron escuchado

Future		Future Perfect	
escucharé	escucharemos	habré escuchado	habremos escuchado
escucharás	escucharéis	habrás escuchado	habréis escuchado
escuchará	escucharán	habrá escuchado	habrán escuchado

Conditional

Present		Present Perfect	
escucharía	escucharíamos	habría escuchado	habríamos escuchado
escucharías	escucharíais	habrías escuchado	habríais escuchado
escucharía	escucharían	habría escuchado	habrían escuchado

Subjunctive

Present		Present Perfect	
escuche	escuchemos	haya escuchado	hayamos escuchado
escuches	escuchéis	hayas escuchado	hayáis escuchado
escuche	escuchen	haya escuchado	hayan escuchado

Imperfect		Pluperfect	
escuchara	escucháramos	hubiera escuchado	hubiéramos escuchado
escucharas	escucharais	hubieras escuchado	hubierais escuchado
escuchara	escucharan	hubiera escuchado	hubieran escuchado
OR		OR	
escuchase	escuchásemos	hubiese escuchado	hubiésemos escuchado
escuchases	escuchaseis	hubieses escuchado	hubieseis escuchado
escuchase	escuchasen	hubiese escuchado	hubiesen escuchado

Imperative

—	escuchemos
escucha; no escuches	escuchad; no escuchéis
escuche	escuchen

Participles

Present	Past
escuchando	escuchado

Related Words

escucha ilegal	listening device	*escuchar música*	to listen to music

108

77 **estar** to be

	yo	nosotros/-as
	tú	vosotros/-as
	él/ella/Ud.	ellos/ellas/Uds.

Indicative

Present Tense
estoy	estamos
estás	estáis
está	están

Present Perfect
he estado	hemos estado
has estado	habéis estado
ha estado	han estado

Imperfect
estaba	estábamos
estabas	estabais
estaba	estaban

Pluperfect
había estado	habíamos estado
habías estado	habíais estado
había estado	habían estado

Preterite
estuve	estuvimos
estuviste	estuvisteis
estuvo	estuvieron

Preterite Perfect
hube estado	hubimos estado
hubiste estado	hubisteis estado
hubo estado	hubieron estado

Future
estaré	estaremos
estarás	estaréis
estará	estarán

Future Perfect
habré estado	habremos estado
habrás estado	habréis estado
habrá estado	habrán estado

Conditional

Present
estaría	estaríamos
estarías	estaríais
estaría	estarían

Present Perfect
habría estado	habríamos estado
habrías estado	habríais estado
habría estado	habrían estado

Subjunctive

Present
esté	estemos
estés	estéis
esté	estén

Present Perfect
haya estado	hayamos estado
hayas estado	hayáis estado
haya estado	hayan estado

Imperfect
estuviera	estuviéramos
estuvieras	estuvierais
estuviera	estuvieran
OR	
estuviese	estuviésemos
estuvieses	estuvieseis
estuviese	estuviesen

Pluperfect
hubiera estado	hubiéramos estado
hubieras estado	hubierais estado
hubiera estado	hubieran estado
OR	
hubiese estado	hubiésemos estado
hubieses estado	hubieseis estado
hubiese estado	hubiesen estado

Imperative
—	estemos
está; no estés	estad; no estéis
esté	estén

Participles
Present	Past
estando	estado

Related Words
Aquí estoy.	Here I am.	*Está contento/triste.*	He's happy/sad.

78 estudiar to study

yo   nosotros/-as
tú   vosotros/-as
él/ella/Ud.   ellos/ellas/Uds.

Indicative

Present Tense
estudio	estudiamos
estudias	estudiáis
estudia	estudian

Present Perfect
he estudiado	hemos estudiado
has estudiado	habéis estudiado
ha estudiado	han estudiado

Imperfect
estudiaba	estudiábamos
estudiabas	estudiabais
estudiaba	estudiaban

Pluperfect
había estudiado	habíamos estudiado
habías estudiado	habíais estudiado
había estudiado	habían estudiado

Preterite
estudié	estudiamos
estudiaste	estudiasteis
estudió	estudiaron

Preterite Perfect
hube estudiado	hubimos estudiado
hubiste estudiado	hubisteis estudiado
hubo estudiado	hubieron estudiado

Future
estudiaré	estudiaremos
estudiarás	estudiaríais
estudiaría	estudiarían

Future Perfect
habré estudiado	habremos estudiado
habrás estudiado	habréis estudiado
habrá estudiado	habrán estudiado

Conditional

Present
estudiaría	estudiaríamos
estudiarías	estudiaríais
estudiaría	estudiarían

Present Perfect
habría estudiado	habríamos estudiado
habrías estudiado	habríais estudiado
habría estudiado	habrían estudiado

Subjunctive

Present
estudie	estudiemos
estudies	estudiéis
estudie	estudien

Present Perfect
haya estudiado	hayamos estudiado
hayas estudiado	hayáis estudiado
haya estudiado	hayan estudiado

Imperfect
estudiara	estudiáramos
estudiaras	estudiarais
estudiara	estudiaran
OR	
estudiase	estudiásemos
estudiases	estudiaseis
estudiase	estudiasen

Pluperfect
hubiera estudiado	hubiéramos estudiado
hubieras estudiado	hubierais estudiado
hubiera estudiado	hubieran estudiado
OR	
hubiese estudiado	hubiésemos estudiado
hubieses estudiado	hubieseis estudiado
hubiese estudiado	hubiesen estudiado

Imperative
—	estudiemos
estudia; no estudies	estudiad; no estudiéis
estudie	estudien

Participles
Present	Past
estudiando	estudiado

Related Words
un/a estudiante	student
los estudios	studies (education)
el estudio	studio

79 exigir to demand

yo   nosotros/-as
tú   vosotros/-as
él/ella/Ud.   ellos/ellas/Uds.

Indicative

Present Tense
exijo	exigimos
exiges	exigís
exige	exigen

Present Perfect
he exigido	hemos exigido
has exigido	habéis exigido
ha exigido	han exigido

Imperfect
exigía	exigíamos
exigías	exigíais
exigía	exigían

Pluperfect
había exigido	habíamos exigido
habías exigido	habíais exigido
había exigido	habían exigido

Preterite
exigí	exigimos
exigiste	exigisteis
exigió	exigieron

Preterite Perfect
hube exigido	hubimos exigido
hubiste exigido	hubisteis exigido
hubo exigido	hubieron exigido

Future
exigiré	exigiremos
exigirás	exigiréis
exigirá	exigirán

Future Perfect
habré exigido	habremos exigido
habrás exigido	habréis exigido
habrá exigido	habrán exigido

Conditional

Present
exigiría	exigiríamos
exigirías	exigiríais
exigiría	exigirían

Present Perfect
habría exigido	habríamos exigido
habrías exigido	habríais exigido
habría exigido	habrían exigido

Subjunctive

Present
exija	exijamos
exijas	exijáis
exija	exijan

Present Perfect
haya exigido	hayamos exigido
hayas exigido	hayáis exigido
haya exigido	hayan exigido

Imperfect
exigiera	exigiéramos
exigieras	exigierais
exigiera	exigieran
OR	
exigiese	exigiésemos
exigieses	exigieseis
exigiese	exigiesen

Pluperfect
hubiera exigido	hubiéramos exigido
hubieras exigido	hubierais exigido
hubiera exigido	hubieran exigido
OR	
hubiese exigido	hubiésemos exigido
hubieses exigido	hubieseis exigido
hubiese exigido	hubiesen exigido

Imperative
—	exijamos
exige; no exijas	exigid; no exijáis
exija	exijan

Participles
Present	Past
exigiendo	exigido

Related Words
exigente	demanding

111

80 **extinguir** to extinguish

	yo	nosotros/-as
	tú	vosotros/-as
	él/ella/Ud.	ellos/ellas/Uds.

Indicative

Present Tense		Present Perfect	
extingo	extinguimos	he extinguido	hemos extinguido
extingues	extinguís	has extinguido	habéis extinguido
extingue	extinguen	ha extinguido	han extinguido

Imperfect		Pluperfect	
extinguía	extinguíamos	había extinguido	habíamos extinguido
extinguías	extinguíais	habías extinguido	habíais extinguido
extinguía	extinguían	había extinguido	habían extinguido

Preterite		Preterite Perfect	
extinguí	extinguimos	hube extinguido	hubimos extinguido
extinguiste	extinguisteis	hubiste extinguido	hubisteis extinguido
extinguió	extinguieron	hubo extinguido	hubieron extinguido

Future		Future Perfect	
extinguiré	extinguiremos	habré extinguido	habremos extinguido
extinguirás	extinguiréis	habrás extinguido	habréis extinguido
extinguirá	extinguirán	habrá extinguido	habrán extinguido

Conditional

Present		Present Perfect	
extinguiría	extinguiríamos	habría extinguido	habríamos extinguido
extinguirías	extinguiríais	habrías extinguido	habríais extinguido
extinguiría	extinguirían	habría extinguido	habrían extinguido

Subjunctive

Present		Present Perfect	
extinga	extingamos	haya extinguido	hayamos extinguido
extingas	extingáis	hayas extinguido	hayáis extinguido
extinga	extingan	haya extinguido	hayan extinguido

Imperfect		Pluperfect	
extinguiera	extinguiéramos	hubiera extinguido	hubiéramos extinguido
extinguieras	extinguierais	hubieras extinguido	hubierais extinguido
extinguiera	extinguieran	hubiera extinguido	hubieran extinguido
OR		OR	
extinguiese	extinguiésemos	hubiese extinguido	hubiésemos extinguido
extinguieses	extinguieseis	hubieses extinguido	hubieseis extinguido
extinguiese	extinguiesen	hubiese extinguido	hubiesen extinguido

Imperative

—	extingamos
extingue; no extingas	extinguid; no extingáis
extinga	extingan

Participles

Present	Past
extinguiendo	extinguido

Related Words

la extinción	extinction	*un extintor*	fire extinguisher

81 faltar to lack, to miss

	yo	nosotros/-as
	tú	vosotros/-as
	él/ella/Ud.	ellos/ellas/Uds.

Indicative

Present Tense
falto	faltamos
faltas	faltáis
falta	faltan

Present Perfect
he faltado	hemos faltado
has faltado	habéis faltado
ha faltado	han faltado

Imperfect
faltaba	faltábamos
faltabas	faltabais
faltaba	faltaban

Pluperfect
había faltado	habíamos faltado
habías faltado	habíais faltado
había faltado	habían faltado

Preterite
falté	faltamos
faltaste	faltasteis
faltó	faltaron

Preterite Perfect
hube faltado	hubimos faltado
hubiste faltado	hubisteis faltado
hubo faltado	hubieron faltado

Future
faltaré	faltaremos
faltarás	faltaréis
faltará	faltarán

Future Perfect
habré faltado	habremos faltado
habrás faltado	habréis faltado
habrá faltado	habrán faltado

Conditional

Present
faltaría	faltaríamos
faltarías	faltaríais
faltaría	faltarían

Present Perfect
habría faltado	habríamos faltado
habrías faltado	habríais faltado
habría faltado	habrían faltado

Subjunctive

Present
falte	faltemos
faltes	faltéis
falte	falten

Present Perfect
haya faltado	hayamos faltado
hayas faltado	hayáis faltado
haya faltado	hayan faltado

Imperfect
faltara	faltáramos
faltaras	faltarais
faltara	faltaran
OR	
faltase	faltásemos
faltases	faltaseis
faltase	faltasen

Pluperfect
hubiera faltado	hubiéramos faltado
hubieras faltado	hubierais faltado
hubiera faltado	hubieran faltado
OR	
hubiese faltado	hubiésemos faltado
hubieses faltado	hubieseis faltado
hubiese faltado	hubiesen faltado

Imperative
—	faltemos
falta; no faltes	faltad; no faltéis
falte	falten

Participles

Present	Past
faltando	faltado

Related Words

la falta	lack, want
No hace falta.	It's not necessary.
Nos falta tiempo.	We don't have time.

113

82 favorecer to favor (something, someone)

	yo	nosotros/-as
	tú	vosotros/-as
	él/ella/Ud.	ellos/ellas/Uds.

Indicative

Present Tense
favorezco	favorecemos
favoreces	favorecéis
favorece	favorecen

Present Perfect
he favorecido	hemos favorecido
has favorecido	habéis favorecido
ha favorecido	han favorecido

Imperfect
favorecía	favorecíamos
favorecías	favorecíais
favorecía	favorecían

Pluperfect
había favorecido	habíamos favorecido
habías favorecido	habíais favorecido
había favorecido	habían favorecido

Preterite
favorecí	favorecimos
favoreciste	favorecisteis
favoreció	favorecieron

Preterite Perfect
hube favorecido	hubimos favorecido
hubiste favorecido	hubisteis favorecido
hubo favorecido	hubieron favorecido

Future
favoreceré	favoreceremos
favorecerás	favoreceréis
favorecerá	favorecerán

Future Perfect
habré favorecido	habremos favorecido
habrás favorecido	habréis favorecido
habrá favorecido	habrán favorecido

Conditional

Present
favorecería	favoreceríamos
favorecerías	favoreceríais
favorecería	favorecerían

Present Perfect
habría favorecido	habríamos favorecido
habrías favorecido	habríais favorecido
habría favorecido	habrían favorecido

Subjunctive

Present
favorezca	favorezcamos
favorezcas	favorezcáis
favorezca	favorezcan

Present Perfect
haya favorecido	hayamos favorecido
hayas favorecido	hayáis favorecido
haya favorecido	hayan favorecido

Imperfect
favoreciera	favoreciéramos
favorecieras	favorecierais
favoreciera	favorecieran
OR	
favoreciese	favoreciésemos
favorecieses	favorecieseis
favoreciese	favoreciesen

Pluperfect
hubiera favorecido	hubiéramos favorecido
hubieras favorecido	hubierais favorecido
hubiera favorecido	hubieran favorecido
OR	
hubiese favorecido	hubiésemos favorecido
hubieses favorecido	hubieseis favorecido
hubiese favorecido	hubiesen favorecido

Imperative
—	favorezcamos
favorece; no favorezcas	favoreced; no favorezcáis
favorezca	favorezcan

Participles

Present
favoreciendo

Past
favorecido

Related Words

favorito/a	favorite	*pedir un favor*	to ask for a favor
favorable	favorable		

83 gozar to enjoy

yo   nosotros/-as
tú   vosotros/-as
él/ella/Ud.   ellos/ellas/Uds.

Indicative

Present Tense

gozo	gozamos		
gozas	gozáis		
goza	gozan		

Present Perfect

he gozado	hemos gozado		
has gozado	habéis gozado		
ha gozado	han gozado		

Imperfect

gozaba	gozábamos
gozabas	gozabais
gozaba	gozaban

Pluperfect

había gozado	habíamos gozado
habías gozado	habíais gozado
había gozado	habían gozado

Preterite

gocé	gozamos
gozaste	gozasteis
gozó	gozaron

Preterite Perfect

hube gozado	hubimos gozado
hubiste gozado	hubisteis gozado
hubo gozado	hubieron gozado

Future

gozaré	gozaremos
gozarás	gozaréis
gozará	gozarán

Future Perfect

habré gozado	habremos gozado
habrás gozado	habréis gozado
habrá gozado	habrán gozado

Conditional

Present

gozaría	gozaríamos
gozarías	gozaríais
gozaría	gozarían

Present Perfect

habría gozado	habríamos gozado
habrías gozado	habríais gozado
habría gozado	habrían gozado

Subjunctive

Present

goce	gocemos
goces	gocéis
goce	gocen

Present Perfect

haya gozado	hayamos gozado
hayas gozado	hayáis gozado
haya gozado	hayan gozado

Imperfect

gozara	gozáramos
gozaras	gozarais
gozara	gozaran
OR	
gozase	gozásemos
gozases	gozaseis
gozase	gozasen

Pluperfect

hubiera gozado	hubiéramos gozado
hubieras gozado	hubierais gozado
hubiera gozado	hubieran gozado
OR	
hubiese gozado	hubiésemos gozado
hubieses gozado	hubieseis gozado
hubiese gozado	hubiesen gozado

Imperative

—	gocemos
goza; no goces	gozad; no gocéis
goce	gocen

Participles

Present	Past
gozando	gozado

Related Words

el gozo	enjoyment	el gozo en el pozo	gone down the drain

115

84 gustar to like, to be pleasing to

yo	nosotros/-as
tú	vosotros/-as
él/ella/Ud.	ellos/ellas/Uds.

Indicative

Present Tense		**Present Perfect**	
gusta	gustan	ha gustado	han gustado

Imperfect		**Pluperfect**	
gustaba	gustaban	había gustado	habían gustado

Preterite		**Preterite Perfect**	
gustó	gustaron	hubo gustado	hubieron gustado

Future		**Future Perfect**	
gustará	gustarán	habrá gustado	habrán gustado

Conditional

Present		**Present Perfect**	
gustaría	gustarían	habría gustado	habrían gustado

Subjunctive

Present		**Present Perfect**	
que guste	que gusten	que haya gustado	que hayan gustado

Imperfect		**Pluperfect**	
que gustara	que gustaran	que hubiera gustado	que hubieran gustado
OR		OR	
que gustase	que gustasen	que hubiese gustado	que hubiesen gustado

Imperative

¡Que guste!	¡Que gusten!

Participles

Present	**Past**
gustando	gustado

Related Words

¡Mucho gusto!	Nice to meet you!	*el gusto*	taste, pleasure
¡El gusto es mío!	The pleasure is mine.		

116

85 haber to have (as a helping verb)

yo	nosotros/-as
tú	vosotros/-as
él/ella/Ud.	ellos/ellas/Uds.

Indicative

Present Tense

he	hemos
has	habéis
ha	han

Present Perfect

he habido	hemos habido
has habido	habéis habido
ha habido	han habido

Imperfect

había	habíamos
habías	habíais
había	habían

Pluperfect

había habido	habíamos habido
habías habido	habíais habido
había habido	habían habido

Preterite

hube	hubimos
hubiste	hubisteis
hubo	hubieron

Preterite Perfect

hube habido	hubimos habido
hubiste habido	hubisteis habido
hubo habido	hubieron habido

Future

habré	habremos
habrás	habréis
habrá	habrán

Future Perfect

habré habido	habremos habido
habrás habido	habréis habido
habrá habido	habrán habido

Conditional

Present

habría	habríamos
habrías	habríais
habría	habrían

Present Perfect

habría habido	habríamos habido
habrías habido	habríais habido
habría habido	habrían habido

Subjunctive

Present

haya	hayamos
hayas	hayáis
haya	hayan

Present Perfect

haya habido	hayamos habido
hayas habido	hayáis habido
haya habido	hayan habido

Imperfect

hubiera	hubiéramos
hubieras	hubierais
hubiera	hubieran
OR	
hubiese	hubiésemos
hubieses	hubieseis
hubiese	hubiesen

Pluperfect

hubiera habido	hubiéramos habido
hubieras habido	hubierais habido
hubiera habido	hubieran habido
OR	
hubiese habido	hubiésemos habido
hubieses habido	hubieseis habido
hubiese habido	hubiesen habido

Imperative

—	hayamos
he; no hayas	habed; no hayáis
haya	hayan

Participles

Present	Past
habiendo	habido

Related Words

¿Qué hay?	What's up?	*haber de*	to have to
¡No hay de qué!	Don't mention it! You're welcome.	*Hay que hacer algo.*	Something has to be done.

117

86 hablar to speak

	yo	nosotros/-as
	tú	vosotros/-as
	él/ella/Ud.	ellos/ellas/Uds.

Indicative

Present Tense
hablo	hablamos
hablas	habláis
habla	hablan

Present Perfect
he hablado	hemos hablado
has hablado	habéis hablado
ha hablado	han hablado

Imperfect
hablaba	hablábamos
hablabas	hablabais
hablaba	hablaban

Pluperfect
había hablado	habíamos hablado
habías hablado	habíais hablado
había hablado	habían hablado

Preterite
hablé	hablamos
hablaste	hablasteis
habló	hablaron

Preterite Perfect
hube hablado	hubimos hablado
hubiste hablado	hubisteis hablado
hubo hablado	hubieron hablado

Future
hablaré	hablaremos
hablarás	hablaréis
hablará	hablarán

Future Perfect
habré hablado	habremos hablado
habrás hablado	habréis hablado
habrá hablado	habrán hablado

Conditional

Present
hablaría	hablaríamos
hablarías	hablaríais
hablaría	hablarían

Present Perfect
habría hablado	habríamos hablado
habrías hablado	habríais hablado
habría hablado	habrían hablado

Subjunctive

Present
hable	hablemos
hables	habléis
hable	hablen

Present Perfect
haya hablado	hayamos hablado
hayas hablado	hayáis hablado
haya hablado	hayan hablado

Imperfect
hablara	habláramos
hablaras	hablarais
hablara	hablaran
OR	
hablase	hablásemos
hablases	hablaseis
hablase	hablasen

Pluperfect
hubiera hablado	hubiéramos hablado
hubieras hablado	hubierais hablado
hubiera hablado	hubieran hablado
OR	
hubiese hablado	hubiésemos hablado
hubieses hablado	hubieseis hablado
hubiese hablado	hubiesen hablado

Imperative
—	hablemos
habla; no hables	hablad; no habléis
hable	hablen

Participles

Present
hablando

Past
hablado

Related Words

hablador/a	talkative	*hablar por los codos*	to talk too much
Se habla español.	Spanish is spoken (here).	*habladuría*	gossip, rumors

87 hacer to do, to make

	yo	nosotros/-as
	tú	vosotros/-as
	él/ella/Ud.	ellos/ellas/Uds.

Indicative

Present Tense
		Present Perfect	
hago	hacemos	he hecho	hemos hecho
haces	hacéis	has hecho	habéis hecho
hace	hacen	ha hecho	han hecho

Imperfect
		Pluperfect	
hacía	hacíamos	había hecho	habíamos hecho
hacías	hacíais	habías hecho	habíais hecho
hacía	hacían	había hecho	habían hecho

Preterite
		Preterite Perfect	
hice	hicimos	hube hecho	hubimos hecho
hiciste	hicisteis	hubiste hecho	hubisteis hecho
hizo	hicieron	hubo hecho	hubieron hecho

Future
		Future Perfect	
haré	haremos	habré hecho	habremos hecho
harás	haréis	habrás hecho	habréis hecho
hará	harán	habrá hecho	habrán hecho

Conditional

Present
		Present Perfect	
haría	haríamos	habría hecho	habríamos hecho
harías	haríais	habrías hecho	habríais hecho
haría	harían	habría hecho	habrían hecho

Subjunctive

Present
		Present Perfect	
haga	hagamos	haya hecho	hayamos hecho
hagas	hagáis	hayas hecho	hayáis hecho
haga	hagan	haya hecho	hayan hecho

Imperfect
		Pluperfect	
hiciera	hiciéramos	hubiera hecho	hubiéramos hecho
hicieras	hicierais	hubieras hecho	hubierais hecho
hiciera	hicieran	hubiera hecho	hubieran hecho
OR		OR	
hiciese	hiciésemos	hubiese hecho	hubiésemos hecho
hicieses	hicieseis	hubieses hecho	hubieseis hecho
hiciese	hiciesen	hubiese hecho	hubiesen hecho

Imperative

—	hagamos
haz; no hagas	haced; no hagáis
haga	hagan

Participles

Present	Past
haciendo	hecho

Related Words

| *hacer bien* | to do well | *un hecho* | fact, event |
| *hacer el amor* | to make love | | |

88 importar to matter, to be important

	yo	nosotros/-as
	tú	vosotros/-as
	él/ella/Ud.	ellos/ellas/Uds.

Indicative

Present Tense		Present Perfect	
importa	importan	ha importado	han importado

Imperfect		Pluperfect	
importaba	importaban	había importado	habían importado

Preterite		Preterite Perfect	
importó	importaron	hubo importado	hubieron importado

Future		Future Perfect	
importará	importarán	habrá importado	habrán importado

Conditional

Present		Present Perfect	
importaría	importarían	habría importado	habrían importado

Subjunctive

Present		Present Perfect	
que importe	que importen	que haya importado	que hayan importado

Imperfect		Pluperfect	
que importara	que importaran	que hubiera importado	que hubieran importado
OR		OR	
que importase	que importasen	que hubiese importado	que hubiesen importado

Imperative

¡Que importe!   ¡Que importen!

Participles

Present	Past
importando	importado

Related Words

importante	important	*la importancia*	importance
No importa.	It doesn't matter.	*¿Qué importa?*	What difference does it make?

89 indicar to indicate, to show, to suggest

yo   nosotros/-as
tú   vosotros/-as
él/ella/Ud.   ellos/ellas/Uds.

Indicative

Present Tense

indico	indicamos
indicas	indicáis
indica	indican

Present Perfect

he indicado	hemos indicado
has indicado	habéis indicado
ha indicado	han indicado

Imperfect

indicaba	indicábamos
indicabas	indicabais
indicaba	indicaban

Pluperfect

había indicado	habíamos indicado
habías indicado	habíais indicado
había indicado	habían indicado

Preterite

indiqué	indicamos
indicaste	indicasteis
indicó	indicaron

Preterite Perfect

hube indicado	hubimos indicado
hubiste indicado	hubisteis indicado
hubo indicado	hubieron indicado

Future

indicaré	indicaremos
indicarás	indicaréis
indicará	indicarán

Future Perfect

habré indicado	habremos indicado
habrás indicado	habréis indicado
habrá indicado	habrán indicado

Conditional

Present

indicaría	indicaríamos
indicarías	indicaríais
indicaría	indicarían

Present Perfect

habría indicado	habríamos indicado
habrías indicado	habríais indicado
habría indicado	habrían indicado

Subjunctive

Present

indique	indiquemos
indiques	indiquéis
indique	indiquen

Present Perfect

haya indicado	hayamos indicado
hayas indicado	hayáis indicado
haya indicado	hayan indicado

Imperfect

indicara	indicáramos
indicaras	indicarais
indicara	indicaran
OR	
indicase	indicásemos
indicases	indicaseis
indicase	indicasen

Pluperfect

hubiera indicado	hubiéramos indicado
hubieras indicado	hubierais indicado
hubiera indicado	hubieran indicado
OR	
hubiese indicado	hubiésemos indicado
hubieses indicado	hubieseis indicado
hubiese indicado	hubiesen indicado

Imperative

—	indiquemos
indica; no indiques	indicad; no indiquéis
indique	indiquen

Participles

Present	Past
indicando	indicado

Related Words

un indicador	indicator, gauge	*el indicador de velocidades*	speedometer
el indicativo	indicative		

90 influir to influence

	yo	nosotros/-as
	tú	vosotros/-as
	él/ella/Ud.	ellos/ellas/Uds.

Indicative

Present Tense

influyo	influimos
influyes	influís
influye	influyen

Present Perfect

he influido	hemos influido
has influido	habéis influido
ha influido	han influido

Imperfect

influía	influíamos
influías	influíais
influía	influían

Pluperfect

había influido	habíamos influido
habías influido	habíais influido
había influido	habían influido

Preterite

influí	influimos
influiste	influisteis
influyó	influyeron

Preterite Perfect

hube influido	hubimos influido
hubiste influido	hubisteis influido
hubo influido	hubieron influido

Future

influiré	influiremos
influirás	influiréis
influirá	influirán

Future Perfect

habré influido	habremos influido
habrás influido	habréis influido
habrá influido	habrán influido

Conditional

Present

influiría	influiríamos
influirías	influiríais
influiría	influirían

Present Perfect

habría influido	habríamos influido
habrías influido	habríais influido
habría influido	habrían influido

Subjunctive

Present

influya	influyamos
influyas	influyáis
influya	influyan

Present Perfect

haya influido	hayamos influido
hayas influido	hayáis influido
haya influido	hayan influido

Imperfect

influyera	influyéramos
influyeras	influyerais
influyera	influyeran
OR	
influyese	influyésemos
influyeses	influyeseis
influyese	influyesen

Pluperfect

hubiera influido	hubiéramos influido
hubieras influido	hubierais influido
hubiera influido	hubieran influido
OR	
hubiese influido	hubiésemos influido
hubieses influido	hubieseis influido
hubiese influido	hubiesen influido

Imperative

—	influyamos
influye; no influyas	influid; no influyáis
influya	influyan

Participles

Present	**Past**
influyendo	influido

Related Words

la influencia	influence	*influir en*	to have an influence on
influyente	influential		

91 **intentar** to try, to attempt

	yo	nosotros/-as
	tú	vosotros/-as
	él/ella/Ud.	ellos/ellas/Uds.

Indicative

Present Tense
intento	intentamos
intentas	intentáis
intenta	intentan

Present Perfect
he intentado	hemos intentado
has intentado	habéis intentado
ha intentado	han intentado

Imperfect
intentaba	intentábamos
intentabas	intentabais
intentaba	intentaban

Pluperfect
había intentado	habíamos intentado
habías intentado	habíais intentado
había intentado	habían intentado

Preterite
intenté	intentamos
intentaste	intentasteis
intentó	intentaron

Preterite Perfect
hube intentado	hubimos intentado
hubiste intentado	hubisteis intentado
hubo intentado	hubieron intentado

Future
intentaré	intentaremos
intentarás	intentaréis
intentará	intentarán

Future Perfect
habré intentado	habremos intentado
habrás intentado	habréis intentado
habrá intentado	habrán intentado

Conditional

Present
intentaría	intentaríamos
intentarías	intentaríais
intentaría	intentarían

Present Perfect
habría intentado	habríamos intentado
habrías intentado	habríais intentado
habría intentado	habrían intentado

Subjunctive

Present
intente	intentemos
intentes	intentéis
intente	intenten

Present Perfect
haya intentado	hayamos intentado
hayas intentado	hayáis intentado
haya intentado	hayan intentado

Imperfect
intentara	intentáramos
intentaras	intentarais
intentara	intentaran
OR	
intentase	intentásemos
intentases	intentaseis
intentase	intentasen

Pluperfect
hubiera intentado	hubiéramos intentado
hubieras intentado	hubierais intentado
hubiera intentado	hubieran intentado
OR	
hubiese intentado	hubiésemos intentado
hubieses intentado	hubieseis intentado
hubiese intentado	hubiesen intentado

Imperative
—	intentemos
intenta; no intentes	intentad; no intentéis
intente	intenten

Participles

Present	Past
intentando	intentado

Related Words

intentar hacer algo	to try to do something	*intentar algo*	to try something
el intento	attempt	*un intento fracasado*	failed attempt

123

92 investigar to investigate

	yo	nosotros/-as
	tú	vosotros/-as
	él/ella/Ud.	ellos/ellas/Uds.

Indicative

Present Tense
investigo	investigamos
investigas	investigáis
investiga	investigan

Present Perfect
he investigado	hemos investigado
has investigado	habéis investigado
ha investigado	han investigado

Imperfect
investigaba	investigábamos
investigabas	investigabais
investigaba	investigaban

Pluperfect
había investigado	habíamos investigado
habías investigado	habíais investigado
había investigado	habían investigado

Preterite
investigué	investigamos
investigaste	investigasteis
investigó	investigaron

Preterite Perfect
hube investigado	hubimos investigado
hubiste investigado	hubisteis investigado
hubo investigado	hubieron investigado

Future
investigaré	investigaremos
investigarás	investigaréis
investigará	investigarán

Future Perfect
habré investigado	habremos investigado
habrás investigado	habréis investigado
habrá investigado	habrán investigado

Conditional

Present
investigaría	investigaríamos
investigarías	investigaríais
investigaría	investigarían

Present Perfect
habría investigado	habríamos investigado
habrías investigado	habríais investigado
habría investigado	habrían investigado

Subjunctive

Present
investigue	investiguemos
investigues	investiguéis
investigue	investiguen

Present Perfect
haya investigado	hayamos investigado
hayas investigado	hayáis investigado
haya investigado	hayan investigado

Imperfect
investigara	investigáramos
investigaras	investigarais
investigara	investigaran
OR	
investigase	investigásemos
investigases	investigaseis
investigase	investigasen

Pluperfect
hubiera investigado	hubiéramos investigado
hubieras investigado	hubierais investigado
hubiera investigado	hubieran investigado
OR	
hubiese investigado	hubiésemos investigado
hubieses investigado	hubieseis investigado
hubiese investigado	hubiesen investigado

Imperative
—	investiguemos
investiga; no investigues	investigad; no investiguéis
investigue	investiguen

Participles

Present	Past
investigando	investigado

Related Words

la investigación	investigation	*un/a investigador/a*	investigator

93 **ir** to go

yo	nosotros/-as
tú	vosotros/-as
él/ella/Ud.	ellos/ellas/Uds.

Indicative

Present Tense		**Present Perfect**	
voy	vamos	he ido	hemos ido
vas	vais	has ido	habéis ido
va	van	ha ido	han ido

Imperfect		**Pluperfect**	
iba	íbamos	había ido	habíamos ido
ibas	ibais	habías ido	habíais ido
iba	iban	había ido	habían ido

Preterite		**Preterite Perfect**	
fui	fuimos	hube ido	hubimos ido
fuiste	fuisteis	hubiste ido	hubisteis ido
fue	fueron	hubo ido	hubieron ido

Future		**Future Perfect**	
iré	iremos	habré ido	habremos ido
irás	iréis	habrás ido	habréis ido
irá	irán	habrá ido	habrán ido

Conditional

Present		**Present Perfect**	
iría	iríamos	habría ido	habríamos ido
irías	iríais	habrías ido	habríais ido
iría	irían	habría ido	habrían ido

Subjunctive

Present		**Present Perfect**	
vaya	vayamos	haya ido	hayamos ido
vayas	vayáis	hayas ido	hayáis ido
vaya	vayan	haya ido	hayan ido

Imperfect		**Pluperfect**	
fuera	fuéramos	hubiera ido	hubiéramos ido
fueras	fuerais	hubieras ido	hubierais ido
fuera	fueran	hubiera ido	hubieran ido
OR		OR	
fuese	fuésemos	hubiese ido	hubiésemos ido
fueses	fueseis	hubieses ido	hubieseis ido
fuese	fuesen	hubiese ido	hubiesen ido

Imperative

—	vamos (no vayamos)
ve; no vayas	id; no vayáis
vaya	vayan

Participles

Present	**Past**
yendo	ido

Related Words

ida y vuelta	round trip	*ir de compras*	to go shopping
¿Cómo te/le va?	How is it going?	*¡Qué va!*	Nonsense!

94 irse to go away

	yo	nosotros/-as
	tú	vosotros/-as
	él/ella/Ud.	ellos/ellas/Uds.

Indicative

Present Tense

me voy	nos vamos
te vas	os vais
se va	se van

Present Perfect

me he ido	nos hemos ido
te has ido	os habéis ido
se ha ido	se han ido

Imperfect

me iba	nos íbamos
te ibas	os ibais
se iba	se iban

Pluperfect

me había ido	nos habíamos ido
te habías ido	os habíais ido
se había ido	se habían ido

Preterite

me fui	nos fuimos
te fuiste	os fuisteis
se fue	se fueron

Preterite Perfect

me hube ido	nos hubimos ido
te hubiste ido	os hubisteis ido
se hubo ido	se hubieron ido

Future

me iré	nos iremos
te irás	os iréis
se irá	se irán

Future Perfect

me habré ido	nos habremos ido
te habrás ido	os habréis ido
se habrá ido	se habrán ido

Conditional

Present

me iría	nos iríamos
te irías	os iríais
se iría	se irían

Present Perfect

me habría ido	nos habríamos ido
te habrías ido	os habríais ido
se habría ido	se habrían ido

Subjunctive

Present

me vaya	nos vayamos
te vayas	os vayáis
se vaya	se vayan

Present Perfect

me haya ido	nos hayamos ido
te hayas ido	os hayáis ido
se haya ido	se hayan ido

Imperfect

me fuera	nos fuéramos
te fueras	os fuerais
se fuera	se fueran
OR	
me fuese	nos fuésemos
te fueses	os fueseis
se fuese	se fuesen

Pluperfect

me hubiera ido	nos hubiéramos ido
te hubieras ido	os hubierais ido
se hubiera ido	se hubieran ido
OR	
me hubiese ido	nos hubiésemos ido
te hubieses ido	os hubieseis ido
se hubiese ido	se hubiesen ido

Imperative

—	vámonos (no nos vayamos)
vete; no te vayas	idos; no os vayáis
váyase	váyanse

Participles

| Present | Past |
| yéndose | ido |

Related Words

| irse por las ramas | to go on a tangent | Me voy. | I'm going. |

95 jugar to play (sports, games)

	yo	nosotros/-as
	tú	vosotros/-as
	él/ella/Ud.	ellos/ellas/Uds.

Indicative

Present Tense

juego	jugamos
juegas	jugáis
juega	juegan

Present Perfect

he jugado	hemos jugado
has jugado	habéis jugado
ha jugado	han jugado

Imperfect

jugaba	jugábamos
jugabas	jugabais
jugaba	jugaban

Pluperfect

había jugado	habíamos jugado
habías jugado	habíais jugado
había jugado	habían jugado

Preterite

jugué	jugamos
jugaste	jugasteis
jugó	jugaron

Preterite Perfect

hube jugado	hubimos jugado
hubiste jugado	hubisteis jugado
hubo jugado	hubieron jugado

Future

jugaré	jugaremos
jugarás	jugaréis
jugará	jugarán

Future Perfect

habré jugado	habremos jugado
habrás jugado	habréis jugado
habrá jugado	habrán jugado

Conditional

Present

jugaría	jugaríamos
jugarías	jugaríais
jugaría	jugarían

Present Perfect

habría jugado	habríamos jugado
habrías jugado	habríais jugado
habría jugado	habrían jugado

Subjunctive

Present

juegue	juguemos
juegues	juguéis
juegue	jueguen

Present Perfect

haya jugado	hayamos jugado
hayas jugado	hayáis jugado
haya jugado	hayan jugado

Imperfect

jugara	jugáramos
jugaras	jugarais
jugara	jugaran
OR	
jugase	jugásemos
jugases	jugaseis
jugase	jugasen

Pluperfect

hubiera jugado	hubiéramos jugado
hubieras jugado	hubierais jugado
hubiera jugado	hubieran jugado
OR	
hubiese jugado	hubiésemos jugado
hubieses jugado	hubieseis jugado
hubiese jugado	hubiesen jugado

Imperative

—	juguemos
juega; no juegues	jugad; no juguéis
juegue	jueguen

Participles

Present	Past
jugando	jugado

Related Words

un juego	game	*un juguete*	toy
jugar al	to play	*un/a jugador/a*	player
béisbol/tenis	baseball/tennis		

96 **juzgar** to judge

	yo	nosotros/-as
	tú	vosotros/-as
	él/ella/Ud.	ellos/ellas/Uds.

Indicative

Present Tense
juzgo	juzgamos
juzgas	juzgáis
juzga	juzgan

Present Perfect
he juzgado	hemos juzgado
has juzgado	habéis juzgado
ha juzgado	han juzgado

Imperfect
juzgaba	juzgábamos
juzgabas	juzgabais
juzgaba	juzgaban

Pluperfect
había juzgado	habíamos juzgado
habías juzgado	habíais juzgado
había juzgado	habían juzgado

Preterite
juzgué	juzgamos
juzgaste	juzgasteis
juzgó	juzgaron

Preterite Perfect
hube juzgado	hubimos juzgado
hubiste juzgado	hubisteis juzgado
hubo juzgado	hubieron juzgado

Future
juzgaré	juzgaremos
juzgarás	juzgaréis
juzgará	juzgarán

Future Perfect
habré juzgado	habremos juzgado
habrás juzgado	habréis juzgado
habrá juzgado	habrán juzgado

Conditional

Present
juzgaría	juzgaríamos
juzgarías	juzgaríais
juzgaría	juzgarían

Present Perfect
habría juzgado	habríamos juzgado
habrías juzgado	habríais juzgado
habría juzgado	habrían juzgado

Subjunctive

Present
juzgue	juzguemos
juzgues	juzguéis
juzgue	juzguen

Present Perfect
haya juzgado	hayamos juzgado
hayas juzgado	hayáis juzgado
haya juzgado	hayan juzgado

Imperfect
juzgara	juzgáramos
juzgaras	juzgarais
juzgara	juzgaran
OR	
juzgase	juzgásemos
juzgases	juzgaseis
juzgase	juzgasen

Pluperfect
hubiera juzgado	hubiéramos juzgado
hubieras juzgado	hubierais juzgado
hubiera juzgado	hubieran juzgado
OR	
hubiese juzgado	hubiésemos juzgado
hubieses juzgado	hubieseis juzgado
hubiese juzgado	hubiesen juzgado

Imperative
—	juzguemos
juzga; no juzgues	juzgad; no juzguéis
juzgue	juzguen

Participles

Present
juzgando

Past
juzgado

Related Words
el juez	judge	*el juzgado*	courtroom

97 lavar to wash

	yo	nosotros/-as
	tú	vosotros/-as
	él/ella/Ud.	ellos/ellas/Uds.

Indicative

Present Tense
lavo	lavamos
lavas	laváis
lava	lavan

Present Perfect
he lavado	hemos lavado
has lavado	habéis lavado
ha lavado	han lavado

Imperfect
lavaba	lavábamos
lavabas	lavabais
lavaba	lavaban

Pluperfect
había lavado	habíamos lavado
habías lavado	habíais lavado
había lavado	habían lavado

Preterite
lavé	lavamos
lavaste	lavasteis
lavó	lavaron

Preterite Perfect
hube lavado	hubimos lavado
hubiste lavado	hubisteis lavado
hubo lavado	hubieron lavado

Future
lavaré	lavaremos
lavarás	lavaréis
lavará	lavarán

Future Perfect
habré lavado	habremos lavado
habrás lavado	habréis lavado
habrá lavado	habrán lavado

Conditional

Present
lavaría	lavaríamos
lavarías	lavaríais
lavaría	lavarían

Present Perfect
habría lavado	habríamos lavado
habrías lavado	habríais lavado
habría lavado	habrían lavado

Subjunctive

Present
lave	lavemos
laves	lavéis
lave	laven

Present Perfect
haya lavado	hayamos lavado
hayas lavado	hayáis lavado
haya lavado	hayan lavado

Imperfect
lavara	laváramos
lavaras	lavarais
lavara	lavaran
OR	
lavase	lavásemos
lavases	lavaseis
lavase	lavasen

Pluperfect
hubiera lavado	hubiéramos lavado
hubieras lavado	hubierais lavado
hubiera lavado	hubieran lavado
OR	
hubiese lavado	hubiésemos lavado
hubieses lavado	hubieseis lavado
hubiese lavado	hubiesen lavado

Imperative
—	lavemos
lava; no laves	lavad; no lavéis
lave	laven

Participles
Present	Past
lavando	lavado

Related Words

lavar en seco	to dry clean	*la lavandería*	laundromat
lavar la ropa	to do laundry, to wash clothes	*la lavadora*	washing machine

98 lavarse to wash oneself

yo	nosotros/-as
tú	vosotros/-as
él/ella/Ud.	ellos/ellas/Uds.

Indicative

Present Tense
me lavo	nos lavamos
te lavas	os laváis
se lava	se lavan

Present Perfect
me he lavado	nos hemos lavado
te has lavado	os habéis lavado
se ha lavado	se han lavado

Imperfect
me lavaba	nos lavábamos
te lavabas	os lavabais
se lavaba	se lavaban

Pluperfect
me había lavado	nos habíamos lavado
te habías lavado	os habíais lavado
se había lavado	se habían lavado

Preterite
me lavé	nos lavamos
te lavaste	os lavasteis
se lavó	se lavaron

Preterite Perfect
me hube lavado	nos hubimos lavado
te hubiste lavado	os hubisteis lavado
se hubo lavado	se hubieron lavado

Future
me lavaré	nos lavaremos
te lavarás	os lavaréis
se lavará	se lavarán

Future Perfect
me habré lavado	nos habremos lavado
te habrás lavado	os habréis lavado
se habrá lavado	se habrán lavado

Conditional

Present
me lavaría	nos lavaríamos
te lavarías	os lavaríais
se lavaría	se lavarían

Present Perfect
me habría lavado	nos habríamos lavado
te habrías lavado	os habríais lavado
se habría lavado	se habrían lavado

Subjunctive

Present
me lave	nos lavemos
te laves	os lavéis
se lave	se laven

Present Perfect
me haya lavado	nos hayamos lavado
te hayas lavado	os hayáis lavado
se haya lavado	se hayan lavado

Imperfect
me lavara	nos laváramos
te lavaras	os lavarais
se lavara	se lavaran
OR	
me lavase	nos lavásemos
te lavases	os lavaseis
se lavase	se lavasen

Pluperfect
me hubiera lavado	nos hubiéramos lavado
te hubieras lavado	os hubierais lavado
se hubiera lavado	se hubieran lavado
OR	
me hubiese lavado	nos hubiésemos lavado
te hubieses lavado	os hubieseis lavado
se hubiese lavado	se hubiesen lavado

Imperative
—	lavémonos
lávate; no te laves	lavaos; no os lavéis
lávese	lávense

Participles
Present	Past
lavándose	lavado

Related Words

lavarse las manos	to wash your hands	Yo, en este asunto, me lavo las manos.	I wash my hands of this matter.

99 leer to read

yo   nosotros/-as
tú   vosotros/-as
él/ella/Ud.   ellos/ellas/Uds.

Indicative

Present Tense

leo	leemos		
lees	leéis		
lee	leen		

Present Perfect

he leído	hemos leído
has leído	habéis leído
ha leído	han leído

Imperfect

leía	leíamos
leías	leíais
leía	leían

Pluperfect

había leído	habíamos leído
habías leído	habíais leído
había leído	habían leído

Preterite

leí	leímos
leíste	leísteis
leyó	leyeron

Preterite Perfect

hube leído	hubimos leído
hubiste leído	hubisteis leído
hubo leído	hubieron leído

Future

leeré	leeremos
leerás	leeréis
leerá	leerán

Future Perfect

habré leído	habremos leído
habrás leído	habréis leído
habrá leído	habrán leído

Conditional

Present

leería	leeríamos
leerías	leeríais
leería	leerían

Present Perfect

habría leído	habríamos leído
habrías leído	habríais leído
habría leído	habrían leído

Subjunctive

Present

lea	leamos
leas	leáis
lea	lean

Present Perfect

haya leído	hayamos leído
hayas leído	hayáis leído
haya leído	hayan leído

Imperfect

leyera	leyéramos
leyeras	leyerais
leyera	leyeran
OR	
leyese	leyésemos
leyeses	leyeseis
leyese	leyesen

Pluperfect

hubiera leído	hubiéramos leído
hubieras leído	hubierais leído
hubiera leído	hubieran leído
OR	
hubiese leído	hubiésemos leído
hubieses leído	hubieseis leído
hubiese leído	hubiesen leído

Imperative

—	leamos
lee; no leas	leed; no leáis
lea	lean

Participles

Present	Past
leyendo	leído

Related Words

la lectura	reading	*leer entre líneas*	to read between the
un/a lector/a	reader		lines

131

100 levantarse to get up, to rise

<table>
<tr><td></td><td>yo</td><td>nosotros/-as</td></tr>
<tr><td></td><td>tú</td><td>vosotros/-as</td></tr>
<tr><td></td><td>él/ella/Ud.</td><td>ellos/ellas/Uds.</td></tr>
</table>

Indicative

Present Tense

me levanto	nos levantamos
te levantas	os levantáis
se levanta	se levantan

Present Perfect

me he levantado	nos hemos levantado
te has levantado	os habéis levantado
se ha levantado	se han levantado

Imperfect

me levantaba	nos levantábamos
te levantabas	os levantabais
se levantaba	se levantaban

Pluperfect

me había levantado	nos habíamos levantado
te habías levantado	os habíais levantado
se había levantado	se habían levantado

Preterite

me levanté	nos levantamos
te levantaste	os levantasteis
se levantó	se levantaron

Preterite Perfect

me hube levantado	nos hubimos levantado
te hubiste levantado	os hubisteis levantado
se hubo levantado	se hubieron levantado

Future

me levantaré	nos levantaremos
te levantarás	os levantaréis
se levantará	se levantarán

Future Perfect

me habré levantado	nos habremos levantado
te habrás levantado	os habréis levantado
se habrá levantado	se habrán levantado

Conditional

Present

me levantaría	nos levantaríamos
te levantarías	os levantaríais
se levantaría	se levantarían

Present Perfect

me habría levantado	nos habríamos levantado
te habrías levantado	os habríais levantado
se habría levantado	se habrían levantado

Subjunctive

Present

me levante	nos levantemos
te levantes	os levantéis
se levante	se levanten

Present Perfect

me haya levantado	nos hayamos levantado
te hayas levantado	os hayáis levantado
se haya levantado	se hayan levantado

Imperfect

me levantara	nos levantáramos
te levantaras	os levantarais
se levantara	se levantaran
OR	
me levantase	nos levantásemos
te levantases	os levantaseis
se levantase	se levantasen

Pluperfect

me hubiera levantado	nos hubiéramos levantado
te hubieras levantado	os hubierais levantado
se hubiera levantado	se hubieran levantado
OR	
me hubiese levantado	nos hubiésemos levantado
te hubieses levantado	os hubieseis levantado
se hubiese levantado	se hubiesen levantado

Imperative

—	levantémonos
levántate; no te levantes	levantaos; no os levantéis
levántese	levántense

Participles

Present	Past
levantándose	levantado

Related Words

¡No levantes la voz!	Keep your voice down!	*levantar*	to lift, to raise

101 limpiar to clean

yo   nosotros/-as
tú   vosotros/-as
él/ella/Ud.   ellos/ellas/Uds.

Indicative

Present Tense		Present Perfect	
limpio	limpiamos	he limpiado	hemos limpiado
limpias	limpiáis	has limpiado	habéis limpiado
limpia	limpian	ha limpiado	han limpiado

Imperfect		Pluperfect	
limpiaba	limpiábamos	había limpiado	habíamos limpiado
limpiabas	limpiabais	habías limpiado	habíais limpiado
limpiaba	limpiaban	había limpiado	habían limpiado

Preterite		Preterite Perfect	
limpié	limpiamos	hube limpiado	hubimos limpiado
limpiaste	limpiasteis	hubiste limpiado	hubisteis limpiado
limpió	limpiaron	hubo limpiado	hubieron limpiado

Future		Future Perfect	
limpiaré	limpiaremos	habré limpiado	habremos limpiado
limpiarás	limpiaréis	habrás limpiado	habréis limpiado
limpiará	limpiarán	habrá limpiado	habrán limpiado

Conditional

Present		Present Perfect	
limpiaría	limpiaríamos	habría limpiado	habríamos limpiado
limpiarías	limpiaríais	habrías limpiado	habríais limpiado
limpiaría	limpiarían	habría limpiado	habrían limpiado

Subjunctive

Present		Present Perfect	
limpie	limpiemos	haya limpiado	hayamos limpiado
limpies	limpiéis	hayas limpiado	hayáis limpiado
limpie	limpien	haya limpiado	hayan limpiado

Imperfect		Pluperfect	
limpiara	limpiáramos	hubiera limpiado	hubiéramos limpiado
limpiaras	limpiarais	hubieras limpiado	hubierais limpiado
limpiara	limpiaran	hubiera limpiado	hubieran limpiado
OR		OR	
limpiase	limpiásemos	hubiese limpiado	hubiésemos limpiado
limpiases	limpiaseis	hubieses limpiado	hubieseis limpiado
limpiase	limpiasen	hubiese limpiado	hubiesen limpiado

Imperative

—	limpiemos
limpia; no limpies	limpiad; no limpiéis
limpie	limpien

Participles

Present	Past
limpiando	limpiado

Related Words

la limpieza	cleaning, cleansing	*limpio/a*	clean

133

102 llamar to call

yo	nosotros/-as
tú	vosotros/-as
él/ella/Ud.	ellos/ellas/Uds.

Indicative

Present Tense
llamo	llamamos
llamas	llamáis
llama	llaman

Present Perfect
he llamado	hemos llamado
has llamado	habéis llamado
ha llamado	han llamado

Imperfect
llamaba	llamábamos
llamabas	llamabais
llamaba	llamaban

Pluperfect
había llamado	habíamos llamado
habías llamado	habíais llamado
había llamado	habían llamado

Preterite
llamé	llamamos
llamaste	llamasteis
llamó	llamaron

Preterite Perfect
hube llamado	hubimos llamado
hubiste llamado	hubisteis llamado
hubo llamado	hubieron llamado

Future
llamaré	llamaremos
llamarás	llamaréis
llamará	llamarán

Future Perfect
habré llamado	habremos llamado
habrás llamado	habréis llamado
habrá llamado	habrán llamado

Conditional

Present
llamaría	llamaríamos
llamarías	llamaríais
llamaría	llamarían

Present Perfect
habría llamado	habríamos llamado
habrías llamado	habríais llamado
habría llamado	habrían llamado

Subjunctive

Present
llame	llamemos
llames	llaméis
llame	llamen

Present Perfect
haya llamado	hayamos llamado
hayas llamado	hayáis llamado
haya llamado	hayan llamado

Imperfect
llamara	llamáramos
llamaras	llamarais
llamara	llamaran
OR	
llamase	llamásemos
llamases	llamaseis
llamase	llamasen

Pluperfect
hubiera llamado	hubiéramos llamado
hubieras llamado	hubierais llamado
hubiera llamado	hubieran llamado
OR	
hubiese llamado	hubiésemos llamado
hubieses llamado	hubieseis llamado
hubiese llamado	hubiesen llamado

Imperative
—	llamemos
llama; no llames	llamad; no llaméis
llame	llamen

Participles

Present
llamando

Past
llamado

Related Words

una llamada	call	*llamar la atención a*	to call attention to

103 llegar to arrive

	yo	nosotros/-as
	tú	vosotros/-as
	él/ella/Ud.	ellos/ellas/Uds.

Indicative

Present Tense
		Present Perfect	
llego	llegamos	he llegado	hemos llegado
llegas	llegáis	has llegado	habéis llegado
llega	llegan	ha llegado	han llegado

Imperfect
		Pluperfect	
llegaba	llegábamos	había llegado	habíamos llegado
llegabas	llegabais	habías llegado	habíais llegado
llegaba	llegaban	había llegado	habían llegado

Preterite
		Preterite Perfect	
llegué	llegamos	hube llegado	hubimos llegado
llegaste	llegasteis	hubiste llegado	hubisteis llegado
llegó	llegaron	hubo llegado	hubieron llegado

Future
		Future Perfect	
llegaré	llegaremos	habré llegado	habremos llegado
llegarás	llegaréis	habrás llegado	habréis llegado
llegará	llegarán	habrá llegado	habrán llegado

Conditional

Present
		Present Perfect	
llegaría	llegaríamos	habría llegado	habríamos llegado
llegarías	llegaríais	habrías llegado	habríais llegado
llegaría	llegarían	habría llegado	habrían llegado

Subjunctive

Present
		Present Perfect	
llegue	lleguemos	haya llegado	hayamos llegado
llegues	lleguéis	hayas llegado	hayáis llegado
llegue	lleguen	haya llegado	hayan llegado

Imperfect
		Pluperfect	
llegara	llegáramos	hubiera llegado	hubiéramos llegado
llegaras	llegarais	hubieras llegado	hubierais llegado
llegara	llegaran	hubiera llegado	hubieran llegado
OR		OR	
llegase	llegásemos	hubiese llegado	hubiésemos llegado
llegases	llegaseis	hubieses llegado	hubieseis llegado
llegase	llegasen	hubiese llegado	hubiesen llegado

Imperative
—	lleguemos
llega; no llegues	llegad; no lleguéis
llegue	lleguen

Participles
Present	**Past**
llegando	llegado

Related Words
Este chico llegará lejos.	This boy will go far.	*la llegada*	arrival

104 llevar to carry, to take, to wear

yo	nosotros/-as
tú	vosotros/-as
él/ella/Ud.	ellos/ellas/Uds.

Indicative

Present Tense
llevo	llevamos
llevas	lleváis
lleva	llevan

Present Perfect
he llevado	hemos llevado
has llevado	habéis llevado
ha llevado	han llevado

Imperfect
llevaba	llevábamos
llevabas	llevabais
llevaba	llevaban

Pluperfect
había llevado	habíamos llevado
habías llevado	habíais llevado
había llevado	habían llevado

Preterite
llevé	llevamos
llevaste	llevasteis
llevó	llevaron

Preterite Perfect
hube llevado	hubimos llevado
hubiste llevado	hubisteis llevado
hubo llevado	hubieron llevado

Future
llevaré	llevaremos
llevarás	llevaréis
llevará	llevarán

Future Perfect
habré llevado	habremos llevado
habrás llevado	habréis llevado
habrá llevado	habrán llevado

Conditional

Present
llevaría	llevaríamos
llevarías	llevaríais
llevaría	llevarían

Present Perfect
habría llevado	habríamos llevado
habrías llevado	habríais llevado
habría llevado	habrían llevado

Subjunctive

Present
lleve	llevemos
lleves	llevéis
lleve	lleven

Present Perfect
haya llevado	hayamos llevado
hayas llevado	hayáis llevado
haya llevado	hayan llevado

Imperfect
llevara	lleváramos
llevaras	llevarais
llevara	llevaran
OR	
llevase	llevásemos
llevases	llevaseis
llevase	llevasen

Pluperfect
hubiera llevado	hubiéramos llevado
hubieras llevado	hubierais llevado
hubiera llevado	hubieran llevado
OR	
hubiese llevado	hubiésemos llevado
hubieses llevado	hubieseis llevado
hubiese llevado	hubiesen llevado

Imperative
—	llevemos
lleva; no lleves	llevad; no llevéis
lleve	lleven

Participles

Present	Past
llevando	llevado

Related Words

¿Me llevas esta maleta?	Will you carry this suitcase for me?	¿Cuánto tiempo llevas aquí?	How long have you been here?

105 llorar to cry, to weep

yo	nosotros/-as
tú	vosotros/-as
él/ella/Ud.	ellos/ellas/Uds.

Indicative

Present Tense
lloro	lloramos
lloras	lloráis
llora	lloran

Present Perfect
he llorado	hemos llorado
has llorado	habéis llorado
ha llorado	han llorado

Imperfect
lloraba	llorábamos
llorabas	llorabais
lloraba	lloraban

Pluperfect
había llorado	habíamos llorado
habías llorado	habíais llorado
había llorado	habían llorado

Preterite
lloré	lloramos
lloraste	llorasteis
lloró	lloraron

Preterite Perfect
hube llorado	hubimos llorado
hubiste llorado	hubisteis llorado
hubo llorado	hubieron llorado

Future
lloraré	lloraremos
llorarás	lloraréis
llorará	llorarán

Future Perfect
habré llorado	habremos llorado
habrás llorado	habréis llorado
habrá llorado	habrán llorado

Conditional

Present
lloraría	lloraríamos
llorarías	lloraríais
lloraría	llorarían

Present Perfect
habría llorado	habríamos llorado
habrías llorado	habríais llorado
habría llorado	habrían llorado

Subjunctive

Present
llore	lloremos
llores	lloréis
llore	lloren

Present Perfect
haya llorado	hayamos llorado
hayas llorado	hayáis llorado
haya llorado	hayan llorado

Imperfect
llorara	lloráramos
lloraras	llorarais
llorara	lloraran
OR	
llorase	llorásemos
llorases	lloraseis
llorase	llorasen

Pluperfect
hubiera llorado	hubiéramos llorado
hubieras llorado	hubierais llorado
hubiera llorado	hubieran llorado
OR	
hubiese llorado	hubiésemos llorado
hubieses llorado	hubieseis llorado
hubiese llorado	hubiesen llorado

Imperative
—	lloremos
llora; no llores	llorad; no lloréis
llore	lloren

Participles

Present	Past
llorando	llorado

Related Words

un/a llorón/a	crybaby	lloriquear	to whimper, to whine

137

106 llover to rain

yo	nosotros/-as
tú	vosotros/-as
él/ella/Ud.	ellos/ellas/Uds.

Indicative

Present Tense
llueve

Present Perfect
ha llovido

Imperfect
llovía

Pluperfect
había llovido

Preterite
llovió

Preterite Perfect
hubo llovido

Future
lloverá

Future Perfect
habrá llovido

Conditional

Present
llovería

Present Perfect
habría llovido

Subjunctive

Present
llueva

Present Perfect
haya llovido

Imperfect
lloviera
OR
lloviese

Pluperfect
hubiera llovido
OR
hubiese llovido

Imperative

¡Que llueva!

Participles

Present
lloviendo

Past
llovido

Related Words

la lluvia	rain	*lluvioso/a*	rainy
llover a cántaros	to rain cats and dogs	*lloviznar*	to drizzle

107 marcharse to go away, to leave

yo	nosotros/-as
tú	vosotros/-as
él/ella/Ud.	ellos/ellas/Uds.

Indicative

Present Tense
me marcho	nos marchamos
te marchas	os marcháis
se marcha	se marchan

Present Perfect
me he marchado	nos hemos marchado
te has marchado	os habéis marchado
se ha marchado	se han marchado

Imperfect
me marchaba	nos marchábamos
te marchabas	os marchabais
se marchaba	se marchaban

Pluperfect
me había marchado	nos habíamos marchado
te habías marchado	os habíais marchado
se había marchado	se habían marchado

Preterite
me marché	nos marchamos
te marchaste	os marchasteis
se marchó	se marcharon

Preterite Perfect
me hube marchado	nos hubimos marchado
te hubiste marchado	os hubisteis marchado
se hubo marchado	se hubieron marchado

Future
me marcharé	nos marcharemos
te marcharás	os marcharéis
se marchará	se marcharán

Future Perfect
me habré marchado	nos habremos marchado
te habrás marchado	os habréis marchado
se habrá marchado	se habrán marchado

Conditional

Present
me marcharía	nos marcharíamos
te marcharías	os marcharíais
se marcharía	se marcharían

Present Perfect
me habría marchado	nos habríamos marchado
te habrías marchado	os habríais marchado
se habría marchado	se habrían marchado

Subjunctive

Present
me marche	nos marchemos
te marches	os marchéis
se marche	se marchen

Present Perfect
me haya marchado	nos hayamos marchado
te hayas marchado	os hayáis marchado
se haya marchado	se hayan marchado

Imperfect
me marchara	nos marcháramos
te marcharas	os marcharais
se marchara	se marcharan
OR	
me marchase	nos marchásemos
te marchases	os marchaseis
se marchase	se marchasen

Pluperfect
me hubiera marchado	nos hubiéramos marchado
te hubieras marchado	os hubierais marchado
se hubiera marchado	se hubieran marchado
OR	
me hubiese marchado	nos hubiésemos marchado
te hubieses marchado	os hubieseis marchado
se hubiese marchado	se hubiesen marchado

Imperative
—	marchémonos
márchate; no te marches	marchaos; no os marchéis
márchese	márchense

Participles
Present	Past
marchándose	marchado

Related Words
marchar	to march, to walk, to run (machine)	*Me marcho.*	I'm out of here.
		una marcha	march

108 matar to kill

	yo	nosotros/-as
	tú	vosotros/-as
	él/ella/Ud.	ellos/ellas/Uds.

Indicative

Present Tense
mato	matamos
matas	matáis
mata	matan

Present Perfect
he matado	hemos matado
has matado	habéis matado
ha matado	han matado

Imperfect
mataba	matábamos
matabas	matabais
mataba	mataban

Pluperfect
había matado	habíamos matado
habías matado	habíais matado
había matado	habían matado

Preterite
maté	matamos
mataste	matasteis
mató	mataron

Preterite Perfect
hube matado	hubimos matado
hubiste matado	hubisteis matado
hubo matado	hubieron matado

Future
mataré	mataremos
matarás	mataréis
matará	matarán

Future Perfect
habré matado	habremos matado
habrás matado	habréis matado
habrá matado	habrán matado

Conditional

Present
mataría	mataríamos
matarías	mataríais
mataría	matarían

Present Perfect
habría matado	habríamos matado
habrías matado	habríais matado
habría matado	habrían matado

Subjunctive

Present
mate	matemos
mates	matéis
mate	maten

Present Perfect
haya matado	hayamos matado
hayas matado	hayáis matado
haya matado	hayan matado

Imperfect
matara	matáramos
mataras	matarais
matara	mataran
OR	
matase	matásemos
matases	mataseis
matase	matasen

Pluperfect
hubiera matado	hubiéramos matado
hubieras matado	hubierais matado
hubiera matado	hubieran matado
OR	
hubiese matado	hubiésemos matado
hubieses matado	hubieseis matado
hubiese matado	hubiesen matado

Imperative
—	matemos
mata; no mates	matad; no matéis
mate	maten

Participles
Present	Past
matando	matado

Related Words

el matador	bullfighter	*la matanza*	slaughter, killing
dar mate a	to checkmate (chess)	*un matón*	gangster, bully

109 mejorar to improve, to get better

yo   nosotros/-as
tú   vosotros/-as
él/ella/Ud. ellos/ellas/Uds.

Indicative

Present Tense

		Present Perfect	
mejoro	mejoramos	he mejorado	hemos mejorado
mejoras	mejoráis	has mejorado	habéis mejorado
mejora	mejoran	ha mejorado	han mejorado

Imperfect

		Pluperfect	
mejoraba	mejorábamos	había mejorado	habíamos mejorado
mejorabas	mejorabais	habías mejorado	habíais mejorado
mejoraba	mejoraban	había mejorado	habían mejorado

Preterite

		Preterite Perfect	
mejoré	mejoramos	hube mejorado	hubimos mejorado
mejoraste	mejorasteis	hubiste mejorado	hubisteis mejorado
mejoró	mejoraron	hubo mejorado	hubieron mejorado

Future

		Future Perfect	
mejoraré	mejoraremos	habré mejorado	habremos mejorado
mejorarás	mejoraréis	habrás mejorado	habréis mejorado
mejorará	mejorarán	habrá mejorado	habrán mejorado

Conditional

Present

		Present Perfect	
mejoraría	mejoraríamos	habría mejorado	habríamos mejorado
mejorarías	mejoraríais	habrías mejorado	habríais mejorado
mejoraría	mejorarían	habría mejorado	habrían mejorado

Subjunctive

Present

		Present Perfect	
mejore	mejoremos	haya mejorado	hayamos mejorado
mejores	mejoréis	hayas mejorado	hayáis mejorado
mejore	mejoren	haya mejorado	hayan mejorado

Imperfect

		Pluperfect	
mejorara	mejoráramos	hubiera mejorado	hubiéramos mejorado
mejoraras	mejorarais	hubieras mejorado	hubierais mejorado
mejorara	mejoraran	hubiera mejorado	hubieran mejorado
OR		OR	
mejorase	mejorásemos	hubiese mejorado	hubiésemos mejorado
mejorases	mejoraseis	hubieses mejorado	hubieseis mejorado
mejorase	mejorasen	hubiese mejorado	hubiesen mejorado

Imperative

—	mejoremos
mejora; no mejores	mejorad; no mejoréis
mejore	mejoren

Participles

Present	Past
mejorando	mejorado

Related Words

mejor	better	lo mejor	the best thing
¡Que te mejores!	Hope you get well!	el mejor	the best

110 mentir to lie, to tell lies

	yo	nosotros/-as
	tú	vosotros/-as
	él/ella/Ud.	ellos/ellas/Uds.

Indicative

Present Tense
miento	mentimos
mientes	mentís
miente	mienten

Present Perfect
he mentido	hemos mentido
has mentido	habéis mentido
ha mentido	han mentido

Imperfect
mentía	mentíamos
mentías	mentíais
mentía	mentían

Pluperfect
había mentido	habíamos mentido
habías mentido	habíais mentido
había mentido	habían mentido

Preterite
mentí	mentimos
mentiste	mentisteis
mintió	mintieron

Preterite Perfect
hube mentido	hubimos mentido
hubiste mentido	hubisteis mentido
hubo mentido	hubieron mentido

Future
mentiré	mentiremos
mentirás	mentiréis
mentirá	mentirán

Future Perfect
habré mentido	habremos mentido
habrás mentido	habréis mentido
habrá mentido	habrán mentido

Conditional

Present
mentiría	mentiríamos
mentirías	mentiríais
mentiría	mentirían

Present Perfect
habría mentido	habríamos mentido
habrías mentido	habríais mentido
habría mentido	habrían mentido

Subjunctive

Present
mienta	mintamos
mientas	mintáis
mienta	mientan

Present Perfect
haya mentido	hayamos mentido
hayas mentido	hayáis mentido
haya mentido	hayan mentido

Imperfect
mintiera	mintiéramos
mintieras	mintierais
mintiera	mintieran
OR	
mintiese	mintiésemos
mintieses	mintieseis
mintiese	mintiesen

Pluperfect
hubiera mentido	hubiéramos mentido
hubieras mentido	hubierais mentido
hubiera mentido	hubieran mentido
OR	
hubiese mentido	hubiésemos mentido
hubieses mentido	hubieseis mentido
hubiese mentido	hubiesen mentido

Imperative
—	mintamos
miente; no mientas	mentid; no mintáis
mienta	mientan

Participles

Present
mintiendo

Past
mentido

Related Words

| mentiroso/a | lying, deceitful; liar | ¡Parece mentira! una mentira | I just don't believe it! a lie |

111 merecer to deserve

	yo	nosotros/-as
	tú	vosotros/-as
	él/ella/Ud.	ellos/ellas/Uds.

Indicative
Present Tense
merezco	merecemos
mereces	merecéis
merece	merecen

Present Perfect
he merecido	hemos merecido
has merecido	habéis merecido
ha merecido	han merecido

Imperfect
merecía	merecíamos
merecías	merecíais
merecía	merecían

Pluperfect
había merecido	habíamos merecido
habías merecido	habíais merecido
había merecido	habían merecido

Preterite
merecí	merecimos
mereciste	merecisteis
mereció	merecieron

Preterite Perfect
hube merecido	hubimos merecido
hubiste merecido	hubisteis merecido
hubo merecido	hubieron merecido

Future
mereceré	mereceremos
merecerás	mereceréis
merecerá	merecerán

Future Perfect
habré merecido	habremos merecido
habrás merecido	habréis merecido
habrá merecido	habrán merecido

Conditional
Present
merecería	mereceríamos
merecerías	mereceríais
merecería	merecerían

Present Perfect
habría merecido	habríamos merecido
habrías merecido	habríais merecido
habría merecido	habrían merecido

Subjunctive
Present
merezca	merezcamos
merezcas	merezcáis
merezca	merezcan

Present Perfect
haya merecido	hayamos merecido
hayas merecido	hayáis merecido
haya merecido	hayan merecido

Imperfect
mereciera	mereciéramos
merecieras	merecierais
mereciera	merecieran
OR	
mereciese	mereciésemos
merecieses	merecieseis
mereciese	mereciesen

Pluperfect
hubiera merecido	hubiéramos merecido
hubieras merecido	hubierais merecido
hubiera merecido	hubieran merecido
OR	
hubiese merecido	hubiésemos merecido
hubieses merecido	hubieseis merecido
hubiese merecido	hubiesen merecido

Imperative
—	merezcamos
merece; no merezcas	mereced; no merezcáis
merezca	merezcan

Participles
Present	Past
mereciendo	merecido

Related Words
merecer la pena to be worth it

112 meter to put

yo   nosotros/-as
tú   vosotros/-as
él/ella/Ud.   ellos/ellas/Uds.

Indicative

Present Tense

meto	metemos
metes	metéis
mete	meten

Present Perfect

he metido	hemos metido
has metido	habéis metido
ha metido	han metido

Imperfect

metía	metíamos
metías	metíais
metía	metían

Pluperfect

había metido	habíamos metido
habías metido	habíais metido
había metido	habían metido

Preterite

metí	metimos
metiste	metisteis
metió	metieron

Preterite Perfect

hube metido	hubimos metido
hubiste metido	hubisteis metido
hubo metido	hubieron metido

Future

meteré	meteremos
meterás	meteréis
meterá	meterán

Future Perfect

habré metido	habremos metido
habrás metido	habréis metido
habrá metido	habrán metido

Conditional

Present

metería	meteríamos
meterías	meteríais
metería	meterían

Present Perfect

habría metido	habríamos metido
habrías metido	habríais metido
habría metido	habrían metido

Subjunctive

Present

meta	metamos
metas	metáis
meta	metan

Present Perfect

haya metido	hayamos metido
hayas metido	hayáis metido
haya metido	hayan metido

Imperfect

metiera	metiéramos
metieras	metierais
metiera	metieran
OR	
metiese	metiésemos
metieses	metieseis
metiese	metiesen

Pluperfect

hubiera metido	hubiéramos metido
hubieras metido	hubierais metido
hubiera metido	hubieran metido
OR	
hubiese metido	hubiésemos metido
hubieses metido	hubieseis metido
hubiese metido	hubiesen metido

Imperative

—	metamos
mete; no metas	meted; no metáis
meta	metan

Participles

Present	Past
metiendo	metido

Related Words

meter un gol   to score a goal

144

113 meterse to meddle, to get into

	yo	nosotros/-as
	tú	vosotros/-as
	él/ella/Ud.	ellos/ellas/Uds.

Indicative

Present Tense
me meto	nos metemos
te metes	os metéis
se mete	se meten

Present Perfect
me he metido	nos hemos metido
te has metido	os habéis metido
se ha metido	se han metido

Imperfect
me metía	nos metíamos
te metías	os metíais
se metía	se metían

Pluperfect
me había metido	nos habíamos metido
te habías metido	os habíais metido
se había metido	se habían metido

Preterite
me metí	nos metimos
te metiste	os metisteis
se metió	se metieron

Preterite Perfect
me hube metido	nos hubimos metido
te hubiste metido	os hubisteis metido
se hubo metido	se hubieron metido

Future
me meteré	nos meteremos
te meterás	os meteréis
se meterá	se meterán

Future Perfect
me habré metido	nos habremos metido
te habrás metido	os habréis metido
se habrá metido	se habrán metido

Conditional

Present
me metería	nos meteríamos
te meterías	os meteríais
se metería	se meterían

Present Perfect
me habría metido	nos habríamos metido
te habrías metido	os habríais metido
se habría metido	se habrían metido

Subjunctive

Present
me meta	nos metamos
te metas	os metáis
se meta	se metan

Present Perfect
me haya metido	nos hayamos metido
te hayas metido	os hayáis metido
se haya metido	se hayan metido

Imperfect
me metiera	nos metiéramos
te metieras	os metierais
se metiera	se metieran
OR	
me metiese	nos metiésemos
te metieses	os metieseis
se metiese	se metiesen

Pluperfect
me hubiera metido	nos hubiéramos metido
te hubieras metido	os hubierais metido
se hubiera metido	se hubieran metido
OR	
me hubiese metido	nos hubiésemos metido
te hubieses metido	os hubieseis metido
se hubiese metido	se hubiesen metido

Imperative
—	metámonos
métete; no te metas	meteos; no os metáis
métase	métanse

Participles
Present	Past
metiéndose	metido

Related Words
meterse en todo	to be nosy	un entremetido	a snoop

114 mirar to watch

yo   nosotros/-as
tú   vosotros/-as
él/ella/Ud.   ellos/ellas/Uds.

Indicative

Present Tense
miro	miramos
miras	miráis
mira	miran

Present Perfect
he mirado	hemos mirado
has mirado	habéis mirado
ha mirado	han mirado

Imperfect
miraba	mirábamos
mirabas	mirabais
miraba	miraban

Pluperfect
había mirado	habíamos mirado
habías mirado	habíais mirado
había mirado	habían mirado

Preterite
miré	miramos
miraste	mirasteis
miró	miraron

Preterite Perfect
hube mirado	hubimos mirado
hubiste mirado	hubisteis mirado
hubo mirado	hubieron mirado

Future
miraré	miraremos
mirarás	miraréis
mirará	mirarán

Future Perfect
habré mirado	habremos mirado
habrás mirado	habréis mirado
habrá mirado	habrán mirado

Conditional

Present
miraría	miraríamos
mirarías	miraríais
miraría	mirarían

Present Perfect
habría mirado	habríamos mirado
habrías mirado	habríais mirado
habría mirado	habrían mirado

Subjunctive

Present
mire	miremos
mires	miréis
mire	miren

Present Perfect
haya mirado	hayamos mirado
hayas mirado	hayáis mirado
haya mirado	hayan mirado

Imperfect
mirara	miráramos
miraras	mirarais
mirara	miraran
OR	
mirase	mirásemos
mirases	miraseis
mirase	mirasen

Pluperfect
hubiera mirado	hubiéramos mirado
hubieras mirado	hubierais mirado
hubiera mirado	hubieran mirado
OR	
hubiese mirado	hubiésemos mirado
hubieses mirado	hubieseis mirado
hubiese mirado	hubiesen mirado

Imperative
—	miremos
mira; no mires	mirad; no miréis
mire	miren

Participles

Present	Past
mirando	mirado

Related Words

¡Mira!	Look!	un/a mirón/a	onlooker, spectator
mirar la televisión	to watch television		

115 morir to die

	yo	nosotros/-as
	tú	vosotros/-as
	él/ella/Ud.	ellos/ellas/Uds.

Indicative

Present Tense
muero	morimos
mueres	morís
muere	mueren

Present Perfect
he muerto	hemos muerto
has muerto	habéis muerto
ha muerto	han muerto

Imperfect
moría	moríamos
morías	moríais
moría	morían

Pluperfect
había muerto	habíamos muerto
habías muerto	habíais muerto
había muerto	habían muerto

Preterite
morí	morimos
moriste	moristeis
murió	murieron

Preterite Perfect
hube muerto	hubimos muerto
hubiste muerto	hubisteis muerto
hubo muerto	hubieron muerto

Future
moriré	moriremos
morirás	moriréis
morirá	morirán

Future Perfect
habré muerto	habremos muerto
habrás muerto	habréis muerto
habrá muerto	habrán muerto

Conditional

Present
moriría	moriríamos
morirías	moriríais
moriría	morirían

Present Perfect
habría muerto	habríamos muerto
habrías muerto	habríais muerto
habría muerto	habrían muerto

Subjunctive

Present
muera	muramos
mueras	muráis
muera	mueran

Present Perfect
haya muerto	hayamos muerto
hayas muerto	hayáis muerto
haya muerto	hayan muerto

Imperfect
muriera	muriéramos
murieras	murierais
muriera	murieran
OR	
muriese	muriésemos
murieses	murieseis
muriese	muriesen

Pluperfect
hubiera muerto	hubiéramos muerto
hubieras muerto	hubierais muerto
hubiera muerto	hubieran muerto
OR	
hubiese muerto	hubiésemos muerto
hubieses muerto	hubieseis muerto
hubiese muerto	hubiesen muerto

Imperative
—	muramos
muere; no mueras	morid; no muráis
muera	mueran

Participles

Present	Past
muriendo	muerto

Related Words

la muerte	death	*la mortalidad*	mortality
morir de risa	to die laughing		

147

116 nacer to be born

	yo	nosotros/-as
	tú	vosotros/-as
	él/ella/Ud.	ellos/ellas/Uds.

Indicative

Present Tense

nazco	nacemos
naces	nacéis
nace	nacen

Present Perfect

he nacido	hemos nacido
has nacido	habéis nacido
ha nacido	han nacido

Imperfect

nacía	nacíamos
nacías	nacíais
nacía	nacían

Pluperfect

había nacido	habíamos nacido
habías nacido	habíais nacido
había nacido	habían nacido

Preterite

nací	nacimos
naciste	nacisteis
nació	nacieron

Preterite Perfect

hube nacido	hubimos nacido
hubiste nacido	hubisteis nacido
hubo nacido	hubieron nacido

Future

naceré	naceremos
nacerás	naceréis
nacerá	nacerán

Future Perfect

habré nacido	habremos nacido
habrás nacido	habréis nacido
habrá nacido	habrán nacido

Conditional

Present

nacería	naceríamos
nacerías	naceríais
nacería	nacerían

Present Perfect

habría nacido	habríamos nacido
habrías nacido	habríais nacido
habría nacido	habrían nacido

Subjunctive

Present

nazca	nazcamos
nazcas	nazcáis
nazca	nazcan

Present Perfect

haya nacido	hayamos nacido
hayas nacido	hayáis nacido
haya nacido	hayan nacido

Imperfect

naciera	naciéramos
nacieras	nacierais
naciera	nacieran
OR	
naciese	naciésemos
nacieses	nacieseis
naciese	naciesen

Pluperfect

hubiera nacido	hubiéramos nacido
hubieras nacido	hubierais nacido
hubiera nacido	hubieran nacido
OR	
hubiese nacido	hubiésemos nacido
hubieses nacido	hubieseis nacido
hubiese nacido	hubiesen nacido

Imperative

—	nazcamos
nace; no nazcas	naced; no nazcáis
nazca	nazcan

Participles

Present	**Past**
naciendo	nacido

Related Words

| el nacimiento | birth | renacer | to be born again |
| nacer de pie (España) | to be very lucky | nacer con un pan debajo del brazo | to be born with a silver spoon in one's mouth |

148

117 **nadar** to swim

	yo	nosotros/-as
	tú	vosotros/-as
	él/ella/Ud.	ellos/ellas/Uds.

Indicative

Present Tense		Present Perfect	
nado	nadamos	he nadado	hemos nadado
nadas	nadáis	has nadado	habéis nadado
nada	nadan	ha nadado	han nadado

Imperfect		Pluperfect	
nadaba	nadábamos	había nadado	habíamos nadado
nadabas	nadabais	habías nadado	habíais nadado
nadaba	nadaban	había nadado	habían nadado

Preterite		Preterite Perfect	
nadé	nadamos	hube nadado	hubimos nadado
nadaste	nadasteis	hubiste nadado	hubisteis nadado
nadó	nadaron	hubo nadado	hubieron nadado

Future		Future Perfect	
nadaré	nadaremos	habré nadado	habremos nadado
nadarás	nadaréis	habrás nadado	habréis nadado
nadará	nadarán	habrá nadado	habrán nadado

Conditional

Present		Present Perfect	
nadaría	nadaríamos	habría nadado	habríamos nadado
nadarías	nadaríais	habrías nadado	habríais nadado
nadaría	nadarían	habría nadado	habrían nadado

Subjunctive

Present		Present Perfect	
nade	nademos	haya nadado	hayamos nadado
nades	nadéis	hayas nadado	hayáis nadado
nade	naden	haya nadado	hayan nadado

Imperfect		Pluperfect	
nadara	nadáramos	hubiera nadado	hubiéramos nadado
nadaras	nadarais	hubieras nadado	hubierais nadado
nadara	nadaran	hubiera nadado	hubieran nadado
OR		OR	
nadase	nadásemos	hubiese nadado	hubiésemos nadado
nadases	nadaseis	hubieses nadado	hubieseis nadado
nadase	nadasen	hubiese nadado	hubiesen nadado

Imperative

—	nademos
nada; no nades	nadad; no nadéis
nade	naden

Participles

Present	Past
nadando	nadado

Related Words

un/a nadador/a   swimmer

118 necesitar to need

	yo	nosotros/-as
	tú	vosotros/-as
	él/ella/Ud.	ellos/ellas/Uds.

Indicative

Present Tense
necesito	necesitamos
necesitas	necesitáis
necesita	necesitan

Present Perfect
he necesitado	hemos necesitado
has necesitado	habéis necesitado
ha necesitado	han necesitado

Imperfect
necesitaba	necesitábamos
necesitabas	necesitabais
necesitaba	necesitaban

Pluperfect
había necesitado	habíamos necesitado
habías necesitado	habíais necesitado
había necesitado	habían necesitado

Preterite
necesité	necesitamos
necesitaste	necesitasteis
necesitó	necesitaron

Preterite Perfect
hube necesitado	hubimos necesitado
hubiste necesitado	hubisteis necesitado
hubo necesitado	hubieron necesitado

Future
necesitaré	necesitaremos
necesitarás	necesitaréis
necesitará	necesitarán

Future Perfect
habré necesitado	habremos necesitado
habrás necesitado	habréis necesitado
habrá necesitado	habrán necesitado

Conditional

Present
necesitaría	necesitaríamos
necesitarías	necesitaríais
necesitaría	necesitarían

Present Perfect
habría necesitado	habríamos necesitado
habrías necesitado	habríais necesitado
habría necesitado	habrían necesitado

Subjunctive

Present
necesite	necesitemos
necesites	necesitéis
necesite	necesiten

Present Perfect
haya necesitado	hayamos necesitado
hayas necesitado	hayáis necesitado
haya necesitado	hayan necesitado

Imperfect
necesitara	necesitáramos
necesitaras	necesitarais
necesitara	necesitaran
OR	
necesitase	necesitásemos
necesitases	necesitaseis
necesitase	necesitasen

Pluperfect
hubiera necesitado	hubiéramos necesitado
hubieras necesitado	hubierais necesitado
hubiera necesitado	hubieran necesitado
OR	
hubiese necesitado	hubiésemos necesitado
hubieses necesitado	hubieseis necesitado
hubiese necesitado	hubiesen necesitado

Imperative
—	necesitemos
necesita; no necesites	necesitad; no necesitéis
necesite	necesiten

Participles
Present	Past
necesitando	necesitado

Related Words
la necesidad	necessity	lo necesario	whatever is needed
los necesitados	the needy (people)		

119 nevar to snow

	yo	nosotros/-as
	tú	vosotros/-as
	él/ella/Ud.	ellos/ellas/Uds.

Indicative

Present Tense
nieva

Present Perfect
ha nevado

Imperfect
nevaba

Pluperfect
había nevado

Preterite
nevó

Preterite Perfect
hubo nevado

Future
nevará

Future Perfect
habrá nevado

Conditional

Present
nevaría

Present Perfect
habría nevado

Subjunctive

Present
nieve

Present Perfect
haya nevado

Imperfect
nevara
OR
nevase

Pluperfect
hubiera nevado
OR
hubiese nevado

Imperative

¡Que nieve!

Participles

Present
nevando

Past
nevado

Related Words

la nieve	snow	*nevado/a*	snowy
la nevera	refrigerator	*una nevada*	snowstorm

120 obedecer to obey

yo — nosotros/-as
tú — vosotros/-as
él/ella/Ud. — ellos/ellas/Uds.

Indicative

Present Tense
obedezco — obedecemos
obedeces — obedecéis
obedece — obedecen

Present Perfect
he obedecido — hemos obedecido
has obedecido — habéis obedecido
ha obedecido — han obedecido

Imperfect
obedecía — obedecíamos
obedecías — obedecíais
obedecía — obedecían

Pluperfect
había obedecido — habíamos obedecido
habías obedecido — habíais obedecido
había obedecido — habían obedecido

Preterite
obedecí — obedecimos
obedeciste — obedecisteis
obedeció — obedecieron

Preterite Perfect
hube obedecido — hubimos obedecido
hubiste obedecido — hubisteis obedecido
hubo obedecido — hubieron obedecido

Future
obedeceré — obedeceremos
obedecerás — obedeceréis
obedecerá — obedecerán

Future Perfect
habré obedecido — habremos obedecido
habrás obedecido — habréis obedecido
habrá obedecido — habrán obedecido

Conditional

Present
obedecería — obedeceríamos
obedecerías — obedeceríais
obedecería — obedecerían

Present Perfect
habría obedecido — habríamos obedecido
habrías obedecido — habríais obedecido
habría obedecido — habrían obedecido

Subjunctive

Present
obedezca — obedezcamos
obedezcas — obedezcáis
obedezca — obedezcan

Present Perfect
haya obedecido — hayamos obedecido
hayas obedecido — hayáis obedecido
haya obedecido — hayan obedecido

Imperfect
obedeciera — obedeciéramos
obedecieras — obedecierais
obedeciera — obedecieran
OR
obedeciese — obedeciésemos
obedecieses — obedecieseis
obedeciese — obedeciesen

Pluperfect
hubiera obedecido — hubiéramos obedecido
hubieras obedecido — hubierais obedecido
hubiera obedecido — hubieran obedecido
OR
hubiese obedecido — hubiésemos obedecido
hubieses obedecido — hubieseis obedecido
hubiese obedecido — hubiesen obedecido

Imperative
— — obedezcamos
obedece; no — obedeced; no
  obedezcas — obedezcáis
obedezca — obedezcan

Participles

Present
obedeciendo

Past
obedecido

Related Words
obediente — obedient — *desobedecer* — to disobey
la obediencia — obedience — *la desobediencia* — disobedience

121 ofrecer to offer

	yo	nosotros/-as
	tú	vosotros/-as
	él/ella/Ud.	ellos/ellas/Uds.

Indicative

Present Tense
ofrezco	ofrecemos
ofreces	ofrecéis
ofrece	ofrecen

Present Perfect
he ofrecido	hemos ofrecido
has ofrecido	habéis ofrecido
ha ofrecido	han ofrecido

Imperfect
ofrecía	ofrecíamos
ofrecías	ofrecíais
ofrecía	ofrecían

Pluperfect
había ofrecido	habíamos ofrecido
habías ofrecido	habíais ofrecido
había ofrecido	habían ofrecido

Preterite
ofrecí	ofrecimos
ofreciste	ofrecisteis
ofreció	ofrecieron

Preterite Perfect
hube ofrecido	hubimos ofrecido
hubiste ofrecido	hubisteis ofrecido
hubo ofrecido	hubieron ofrecido

Future
ofreceré	ofreceremos
ofrecerás	ofreceréis
ofrecerá	ofrecerán

Future Perfect
habré ofrecido	habremos ofrecido
habrás ofrecido	habréis ofrecido
habrá ofrecido	habrán ofrecido

Conditional

Present
ofrecería	ofreceríamos
ofrecerías	ofreceríais
ofrecería	ofrecerían

Present Perfect
habría ofrecido	habríamos ofrecido
habrías ofrecido	habríais ofrecido
habría ofrecido	habrían ofrecido

Subjunctive

Present
ofrezca	ofrezcamos
ofrezcas	ofrezcáis
ofrezca	ofrezcan

Present Perfect
haya ofrecido	hayamos ofrecido
hayas ofrecido	hayáis ofrecido
haya ofrecido	hayan ofrecido

Imperfect
ofreciera	ofreciéramos
ofrecieras	ofrecierais
ofreciera	ofrecieran
OR	
ofreciese	ofreciésemos
ofrecieses	ofrecieseis
ofreciese	ofreciesen

Pluperfect
hubiera ofrecido	hubiéramos ofrecido
hubieras ofrecido	hubierais ofrecido
hubiera ofrecido	hubieran ofrecido
OR	
hubiese ofrecido	hubiésemos ofrecido
hubieses ofrecido	hubieseis ofrecido
hubiese ofrecido	hubiesen ofrecido

Imperative
—	ofrezcamos
ofrece; no ofrezcas	ofreced; no ofrezcáis
ofrezca	ofrezcan

Participles
Present	Past
ofreciendo	ofrecido

Related Words
el ofrecimiento	offering	*la oferta*	offer, special sale

122 oír to hear

yo   nosotros/-as
tú   vosotros/-as
él/ella/Ud.   ellos/ellas/Uds.

Indicative

Present Tense

oigo	oímos
oyes	oís
oye	oyen

Present Perfect

he oído	hemos oído
has oído	habéis oído
ha oído	han oído

Imperfect

oía	oíamos
oías	oíais
oía	oían

Pluperfect

había oído	habíamos oído
habías oído	habíais oído
había oído	habían oído

Preterite

oí	oímos
oíste	oísteis
oyó	oyeron

Preterite Perfect

hube oído	hubimos oído
hubiste oído	hubisteis oído
hubo oído	hubieron oído

Future

oiré	oiremos
oirás	oiréis
oirá	oirán

Future Perfect

habré oído	habremos oído
habrás oído	habréis oído
habrá oído	habrán oído

Conditional

Present

oiría	oiríamos
oirías	oiríais
oiría	oirían

Present Perfect

habría oído	habríamos oído
habrías oído	habríais oído
habría oído	habrían oído

Subjunctive

Present

oiga	oigamos
oigas	oigáis
oiga	oigan

Present Perfect

haya oído	hayamos oído
hayas oído	hayáis oído
haya oído	hayan oído

Imperfect

oyera	oyéramos
oyeras	oyerais
oyera	oyeran
OR	
oyese	oyésemos
oyeses	oyeseis
oyese	oyesen

Pluperfect

hubiera oído	hubiéramos oído
hubieras oído	hubierais oído
hubiera oído	hubieran oído
OR	
hubiese oído	hubiésemos oído
hubieses oído	hubieseis oído
hubiese oído	hubiesen oído

Imperative

—	oigamos
oye; no oigas	oíd; no oigáis
oiga	oigan

Participles

Present	Past
oyendo	oído

Related Words

el oído	hearing, internal part of the ear	la oreja	ear

123 oler to smell

	yo	nosotros/-as
	tú	vosotros/-as
	él/ella/Ud.	ellos/ellas/Uds.

Indicative

Present Tense		**Present Perfect**	
huelo	olemos	he olido	hemos olido
hueles	oléis	has olido	habéis olido
huele	huelen	ha olido	han olido

Imperfect		**Pluperfect**	
olía	olíamos	había olido	habíamos olido
olías	olíais	habías olido	habíais olido
olía	olían	había olido	habían olido

Preterite		**Preterite Perfect**	
olí	olimos	hube olido	hubimos olido
oliste	olisteis	hubiste olido	hubisteis olido
olió	olieron	hubo olido	hubieron olido

Future		**Future Perfect**	
oleré	oleremos	habré olido	habremos olido
olerás	oleréis	habrás olido	habréis olido
olerá	olerán	habrá olido	habrán olido

Conditional

Present		**Present Perfect**	
olería	oleríamos	habría olido	habríamos olido
olerías	oleríais	habrías olido	habríais olido
olería	olerían	habría olido	habrían olido

Subjunctive

Present		**Present Perfect**	
huela	olamos	haya olido	hayamos olido
huelas	oláis	hayas olido	hayáis olido
huela	huelan	haya olido	hayan olido

Imperfect		**Pluperfect**	
oliera	oliéramos	hubiera olido	hubiéramos olido
olieras	olierais	hubieras olido	hubierais olido
oliera	olieran	hubiera olido	hubieran olido
OR		OR	
oliese	oliésemos	hubiese olido	hubiésemos olido
olieses	olieseis	hubieses olido	hubieseis olido
oliese	oliesen	hubiese olido	hubiesen olido

Imperative

—	olamos
huele; no huelas	oled; no oláis
huela	huelan

Participles

Present	**Past**
oliendo	olido

Related Words

un olor	smell, scent	*Huele mal.*	It smells bad.
Tiene mal olor.	It stinks.	*el olfato*	sense of smell

155

124 olvidar to forget

yo   nosotros/-as
tú   vosotros/-as
él/ella/Ud.   ellos/ellas/Uds.

Indicative

Present Tense
olvido	olvidamos
olvidas	olvidáis
olvida	olvidan

Present Perfect
he olvidado	hemos olvidado
has olvidado	habéis olvidado
ha olvidado	han olvidado

Imperfect
olvidaba	olvidábamos
olvidabas	olvidabais
olvidaba	olvidaban

Pluperfect
había olvidado	habíamos olvidado
habías olvidado	habíais olvidado
había olvidado	habían olvidado

Preterite
olvidé	olvidamos
olvidaste	olvidasteis
olvidó	olvidaron

Preterite Perfect
hube olvidado	hubimos olvidado
hubiste olvidado	hubisteis olvidado
hubo olvidado	hubieron olvidado

Future
olvidaré	olvidaremos
olvidarás	olvidaréis
olvidará	olvidarán

Future Perfect
habré olvidado	habremos olvidado
habrás olvidado	habréis olvidado
habrá olvidado	habrán olvidado

Conditional

Present
olvidaría	olvidaríamos
olvidarías	olvidaríais
olvidaría	olvidarían

Present Perfect
habría olvidado	habríamos olvidado
habrías olvidado	habríais olvidado
habría olvidado	habrían olvidado

Subjunctive

Present
olvide	olvidemos
olvides	olvidéis
olvide	olviden

Present Perfect
haya olvidado	hayamos olvidado
hayas olvidado	hayáis olvidado
haya olvidado	hayan olvidado

Imperfect
olvidara	olvidáramos
olvidaras	olvidarais
olvidara	olvidaran
OR	
olvidase	olvidásemos
olvidases	olvidaseis
olvidase	olvidasen

Pluperfect
hubiera olvidado	hubiéramos olvidado
hubieras olvidado	hubierais olvidado
hubiera olvidado	hubieran olvidado
OR	
hubiese olvidado	hubiésemos olvidado
hubieses olvidado	hubieseis olvidado
hubiese olvidado	hubiesen olvidado

Imperative
—	olvidemos
olvida; no olvides	olvidad; no olvidéis
olvide	olviden

Participles
Present	Past
olvidando	olvidado

Related Words
Se me olvidó el paraguas.	I forgot my umbrella.	*olvidadizo/a*	absentminded

125 **organizar** to organize

yo   nosotros/-as
tú   vosotros/-as
él/ella/Ud.   ellos/ellas/Uds.

Indicative

Present Tense
organizo	organizamos
organizas	organizáis
organiza	organizan

Present Perfect
he organizado	hemos organizado
has organizado	habéis organizado
ha organizado	han organizado

Imperfect
organizaba	organizábamos
organizabas	organizabais
organizaba	organizaban

Pluperfect
había organizado	habíamos organizado
habías organizado	habíais organizado
había organizado	habían organizado

Preterite
organicé	organizamos
organizaste	organizasteis
organizó	organizaron

Preterite Perfect
hube organizado	hubimos organizado
hubiste organizado	hubisteis organizado
hubo organizado	hubieron organizado

Future
organizaré	organizaremos
organizarás	organizaréis
organizará	organizarán

Future Perfect
habré organizado	habremos organizado
habrás organizado	habréis organizado
habrá organizado	habrán organizado

Conditional

Present
organizaría	organizaríamos
organizarías	organizaríais
organizaría	organizarían

Present Perfect
habría organizado	habríamos organizado
habrías organizado	habríais organizado
habría organizado	habrían organizado

Subjunctive

Present
organice	organicemos
organices	organicéis
organice	organicen

Present Perfect
haya organizado	hayamos organizado
hayas organizado	hayáis organizado
haya organizado	hayan organizado

Imperfect
organizara	organizáramos
organizaras	organizarais
organizara	organizaran
OR	
organizase	organizásemos
organizases	organizaseis
organizase	organizasen

Pluperfect
hubiera organizado	hubiéramos organizado
hubieras organizado	hubierais organizado
hubiera organizado	hubieran organizado
OR	
hubiese organizado	hubiésemos organizado
hubieses organizado	hubieseis organizado
hubiese organizado	hubiesen organizado

Imperative
—	organicemos
organiza; no organices	organizad; no organicéis
organice	organicen

Participles

Present	Past
organizando	organizado

Related Words
organizado/a	organized	*la organización*	organization

126 pagar to pay

yo	nosotros/-as
tú	vosotros/-as
él/ella/Ud.	ellos/ellas/Uds.

Indicative

Present Tense
pago	pagamos
pagas	pagáis
paga	pagan

Present Perfect
he pagado	hemos pagado
has pagado	habéis pagado
ha pagado	han pagado

Imperfect
pagaba	pagábamos
pagabas	pagabais
pagaba	pagaban

Pluperfect
había pagado	habíamos pagado
habías pagado	habíais pagado
había pagado	habían pagado

Preterite
pagué	pagamos
pagaste	pagasteis
pagó	pagaron

Preterite Perfect
hube pagado	hubimos pagado
hubiste pagado	hubisteis pagado
hubo pagado	hubieron pagado

Future
pagaré	pagaremos
pagarás	pagaréis
pagará	pagarán

Future Perfect
habré pagado	habremos pagado
habrás pagado	habréis pagado
habrá pagado	habrán pagado

Conditional

Present
pagaría	pagaríamos
pagarías	pagaríais
pagaría	pagarían

Present Perfect
habría pagado	habríamos pagado
habrías pagado	habríais pagado
habría pagado	habrían pagado

Subjunctive

Present
pague	paguemos
pagues	paguéis
pague	paguen

Present Perfect
haya pagado	hayamos pagado
hayas pagado	hayáis pagado
haya pagado	hayan pagado

Imperfect
pagara	pagáramos
pagaras	pagarais
pagara	pagaran
OR	
pagase	pagásemos
pagases	pagaseis
pagase	pagasen

Pluperfect
hubiera pagado	hubiéramos pagado
hubieras pagado	hubierais pagado
hubiera pagado	hubieran pagado
OR	
hubiese pagado	hubiésemos pagado
hubieses pagado	hubieseis pagado
hubiese pagado	hubiesen pagado

Imperative
—	paguemos
paga; no pagues	pagad; no paguéis
pague	paguen

Participles

Present	Past
pagando	pagado

Related Words

la paga   payment, salary

127 parecer to seem, to appear

yo   nosotros/-as
tú   vosotros/-as
él/ella/Ud.   ellos/ellas/Uds.

Indicative

Present Tense
parezco	parecemos	
pareces	parecéis	
parece	parecen	

Present Perfect
he parecido	hemos parecido
has parecido	habéis parecido
ha parecido	han parecido

Imperfect
parecía	parecíamos
parecías	parecíais
parecía	parecían

Pluperfect
había parecido	habíamos parecido
habías parecido	habíais parecido
había parecido	habían parecido

Preterite
parecí	parecimos
pareciste	parecisteis
pareció	parecieron

Preterite Perfect
hube parecido	hubimos parecido
hubiste parecido	hubisteis parecido
hubo parecido	hubieron parecido

Future
pareceré	pareceremos
parecerás	pareceréis
parecerá	parecerán

Future Perfect
habré parecido	habremos parecido
habrás parecido	habréis parecido
habrá parecido	habrán parecido

Conditional

Present
parecería	pareceríamos
parecerías	pareceríais
parecería	parecerían

Present Perfect
habría parecido	habríamos parecido
habrías parecido	habríais parecido
habría parecido	habrían parecido

Subjunctive

Present
parezca	parezcamos
parezcas	parezcáis
parezca	parezcan

Present Perfect
haya parecido	hayamos parecido
hayas parecido	hayáis parecido
haya parecido	hayan parecido

Imperfect
pareciera	pareciéramos
parecieras	parecierais
pareciera	parecieran
OR	
pareciese	pareciésemos
parecieses	parecieseis
pareciese	pareciesen

Pluperfect
hubiera parecido	hubiéramos parecido
hubieras parecido	hubierais parecido
hubiera parecido	hubieran parecido
OR	
hubiese parecido	hubiésemos parecido
hubieses parecido	hubieseis parecido
hubiese parecido	hubiesen parecido

Imperative
	parezcamos
parece; no	pareced; no
parezcas	parezcáis
parezca	parezcan

Participles

Present	Past
pareciendo	parecido

Related Words
Me parece...	It seems to me...	*cambiar de parecer*	to change one's mind

128 partir to leave, to divide

	yo	nosotros/-as
	tú	vosotros/-as
	él/ella/Ud.	ellos/ellas/Uds.

Indicative

Present Tense
parto	partimos
partes	partís
parte	parten

Imperfect
partía	partíamos
partías	partíais
partía	partían

Preterite
partí	partimos
partiste	partisteis
partió	partieron

Future
partiré	partiremos
partirás	partiréis
partirá	partirán

Present Perfect
he partido	hemos partido
has partido	habéis partido
ha partido	han partido

Pluperfect
había partido	habíamos partido
habías partido	habíais partido
había partido	habían partido

Preterite Perfect
hube partido	hubimos partido
hubiste partido	hubisteis partido
hubo partido	hubieron partido

Future Perfect
habré partido	habremos partido
habrás partido	habréis partido
habrá partido	habrán partido

Conditional

Present
partiría	partiríamos
partirías	partiríais
partiría	partirían

Present Perfect
habría partido	habríamos partido
habrías partido	habríais partido
habría partido	habrían partido

Subjunctive

Present
parta	partamos
partas	partáis
parta	partan

Imperfect
partiera	partiéramos
partieras	partierais
partiera	partieran
OR	
partiese	partiésemos
partieses	partieseis
partiese	partiesen

Present Perfect
haya partido	hayamos partido
hayas partido	hayáis partido
haya partido	hayan partido

Pluperfect
hubiera partido	hubiéramos partido
hubieras partido	hubierais partido
hubiera partido	hubieran partido
OR	
hubiese partido	hubiésemos partido
hubieses partido	hubieseis partido
hubiese partido	hubiesen partido

Imperative
—	partamos
parte; no partas	partid; no partáis
parta	partan

Participles

Present
partiendo

Past
partido

Related Words
a partir de	starting from	*partirse de risa*	to burst out laughing

129 **pasar** to happen, to spend (time), to pass (by)

yo	nosotros/-as
tú	vosotros/-as
él/ella/Ud.	ellos/ellas/Uds.

Indicative

Present Tense
paso	pasamos
pasas	pasáis
pasa	pasan

Present Perfect
he pasado	hemos pasado
has pasado	habéis pasado
ha pasado	han pasado

Imperfect
pasaba	pasábamos
pasabas	pasabais
pasaba	pasaban

Pluperfect
había pasado	habíamos pasado
habías pasado	habíais pasado
había pasado	habían pasado

Preterite
pasé	pasamos
pasaste	pasasteis
pasó	pasaron

Preterite Perfect
hube pasado	hubimos pasado
hubiste pasado	hubisteis pasado
hubo pasado	hubieron pasado

Future
pasaré	pasaremos
pasarás	pasaréis
pasará	pasarán

Future Perfect
habré pasado	habremos pasado
habrás pasado	habréis pasado
habrá pasado	habrán pasado

Conditional

Present
pasaría	pasaríamos
pasarías	pasaríais
pasaría	pasarían

Present Perfect
habría pasado	habríamos pasado
habría pasado	habríais pasado
habría pasado	habrían pasado

Subjunctive

Present
pase	pasemos
pases	paséis
pase	pasen

Present Perfect
haya pasado	hayamos pasado
hayas pasado	hayáis pasado
haya pasado	hayan pasado

Imperfect
pasara	pasáramos
pasaras	pasarais
pasara	pasaran
OR	
pasase	pasásemos
pasases	pasaseis
pasase	pasasen

Pluperfect
hubiera pasado	hubiéramos pasado
hubieras pasado	hubierais pasado
hubiera pasado	hubieran pasado
OR	
hubiese pasado	hubiésemos pasado
hubieses pasado	hubieseis paado
hubiese pasado	hubiesen pasado

Imperative
—	pasemos
pasa; no pases	pasad; no paséis
pase	pasen

Participles

Present	Past
pasando	pasado

Related Words
¿Qué pasa?	What's up/ happening?	¿Me pasas la sal por favor?	Will you pass me the salt please?

161

130 pedir to ask for, to order

yo   nosotros/-as
tú   vosotros/-as
él/ella/Ud.   ellos/ellas/Uds.

Indicative

Present Tense
pido	pedimos
pides	pedís
pide	piden

Present Perfect
he pedido	hemos pedido
has pedido	habéis pedido
ha pedido	han pedido

Imperfect
pedía	pedíamos
pedías	pedíais
pedía	pedían

Pluperfect
había pedido	habíamos pedido
habías pedido	habíais pedido
había pedido	habían pedido

Preterite
pedí	pedimos
pediste	pedisteis
pidió	pidieron

Preterite Perfect
hube pedido	hubimos pedido
hubiste pedido	hubisteis pedido
hubo pedido	hubieron pedido

Future
pediré	pediremos
pedirás	pediréis
pedirá	pedirán

Future Perfect
habré pedido	habremos pedido
habrás pedido	habréis pedido
habrá pedido	habrán pedido

Conditional

Present
pediría	pediríamos
pedirías	pediríais
pediría	pedirían

Present Perfect
habría pedido	habríamos pedido
habrías pedido	habríais pedido
habría pedido	habrían pedido

Subjunctive

Present
pida	pidamos
pidas	pidáis
pida	pidan

Present Perfect
haya pedido	hayamos pedido
hayas pedido	hayáis pedido
haya pedido	hayan pedido

Imperfect
pidiera	pidiéramos
pidieras	pidierais
pidiera	pidieran
OR	
pidiese	pidiésemos
pidieses	pidieseis
pidiese	pidiesen

Pluperfect
hubiera pedido	hubiéramos pedido
hubieras pedido	hubierais pedido
hubiera pedido	hubieran pedido
OR	
hubiese pedido	hubiésemos pedido
hubieses pedido	hubieseis pedido
hubiese pedido	hubiesen pedido

Imperative
—	pidamos
pide; no pidas	pedid; no pidáis
pida	pidan

Participles
Present	Past
pidiendo	pedido

Related Words
un pedido	request	*pedir caridad/*	to beg for change
pedir prestado	to borrow	*limosna*	

131 pegar to hit, to stick, to glue

		yo	nosotros/-as
		tú	vosotros/-as
		él/ella/Ud.	ellos/ellas/Uds.

Indicative

Present Tense

pego	pegamos
pegas	pegáis
pega	pegan

Present Perfect

he pegado	hemos pegado
has pegado	habéis pegado
ha pegado	han pegado

Imperfect

pegaba	pegábamos
pegabas	pegabais
pegaba	pegaban

Pluperfect

había pegado	habíamos pegado
habías pegado	habíais pegado
había pegado	habían pegado

Preterite

pegué	pegamos
pegaste	pegasteis
pegó	pegaron

Preterite Perfect

hube pegado	hubimos pegado
hubiste pegado	hubisteis pegado
hubo pegado	hubieron pegado

Future

pegaré	pegaremos
pegarás	pegaréis
pegará	pegarán

Future Perfect

habré pegado	habremos pegado
habrás pegado	habréis pegado
habrá pegado	habrán pegado

Conditional

Present

pegaría	pegaríamos
pegarías	pegaríais
pegaría	pegarían

Present Perfect

habría pegado	habríamos pegado
habrías pegado	habríais pegado
habría pegado	habrían pegado

Subjunctive

Present

pegue	peguemos
pegues	peguéis
pegue	peguen

Present Perfect

haya pegado	hayamos pegado
hayas pegado	hayáis pegado
haya pegado	hayan pegado

Imperfect

pegara	pegáramos
pegaras	pegarais
pegara	pegaran
OR	
pegase	pegásemos
pegases	pegaseis
pegase	pegasen

Pluperfect

hubiera pegado	hubiéramos pegado
hubieras pegado	hubierais pegado
hubiera pegado	hubieran pegado
OR	
hubiese pegado	hubiésemos pegado
hubieses pegado	hubieseis pegado
hubiese pegado	hubiesen pegado

Imperative

—	peguemos
pega; no pegues	pegad; no peguéis
pegue	peguen

Participles

Present	Past
pegando	pegado

Related Words

pegajoso/a	sticky, clammy	*poner pegas (España)*	to give excuses (for not doing something)

132 pensar to think, to intend

	yo	nosotros/-as
	tú	vosotros/-as
	él/ella/Ud.	ellos/ellas/Uds.

Indicative

Present Tense
pienso	pensamos
piensas	pensáis
piensa	piensan

Present Perfect
he pensado	hemos pensado
has pensado	habéis pensado
ha pensado	han pensado

Imperfect
pensaba	pensábamos
pensabas	pensabais
pensaba	pensaban

Pluperfect
había pensado	habíamos pensado
habías pensado	habíais pensado
había pensado	habían pensado

Preterite
pensé	pensamos
pensaste	pensasteis
pensó	pensaron

Preterite Perfect
hube pensado	hubimos pensado
hubiste pensado	hubisteis pensado
hubo pensado	hubieron pensado

Future
pensaré	pensaremos
pensarás	pensaréis
pensará	pensarán

Future Perfect
habré pensado	habremos pensado
habrás pensado	habréis pensado
habrá pensado	habrán pensado

Conditional

Present
pensaría	pensaríamos
pensarías	pensaríais
pensaría	pensarían

Present Perfect
habría pensado	habríamos pensado
habrías pensado	habríais pensado
habría pensado	habrían pensado

Subjunctive

Present
piense	pensemos
pienses	penséis
piense	piensen

Present Perfect
haya pensado	hayamos pensado
hayas pensado	hayáis pensado
haya pensado	hayan pensado

Imperfect
pensara	pensáramos
pensaras	pensarais
pensara	pensaran
OR	
pensase	pensásemos
pensases	pensaseis
pensase	pensasen

Pluperfect
hubiera pensado	hubiéramos pensado
hubieras pensado	hubierais pensado
hubiera pensado	hubieran pensado
OR	
hubiese pensado	hubiésemos pensado
hubieses pensado	hubieseis pensado
hubiese pensado	hubiesen pensado

Imperative
—	pensemos
piensa; no	pensad; no
pienses	penséis
piense	piensen

Participles

Present	Past
pensando	pensado

Related Words
el pensamiento	thought	*pensar hacer algo*	to intend to do something
pensativo/a	pensive		

133 perder to lose

yo   nosotros/-as
tú   vosotros/-as
él/ella/Ud.   ellos/ellas/Uds.

Indicative

Present Tense
		Present Perfect	
pierdo	perdemos	he perdido	hemos perdido
pierdes	perdéis	has perdido	habéis perdido
pierde	pierden	ha perdido	han perdido

Imperfect
		Pluperfect	
perdía	perdíamos	había perdido	habíamos perdido
perdías	perdíais	habías perdido	habíais perdido
perdía	perdían	había perdido	habían perdido

Preterite
		Preterite Perfect	
perdí	perdimos	hube perdido	hubimos perdido
perdiste	perdisteis	hubiste perdido	hubisteis perdido
perdió	perdieron	hubo perdido	hubieron perdido

Future
		Future Perfect	
perderé	perderemos	habré perdido	habremos perdido
perderás	perderéis	habrás perdido	habréis perdido
perderá	perderán	habrá perdido	habrán perdido

Conditional

Present
		Present Perfect	
perdería	perderíamos	habría perdido	habríamos perdido
perderías	perderíais	habrías perdido	habríais perdido
perdería	perderían	habría perdido	habrían perdido

Subjunctive

Present
		Present Perfect	
pierda	perdamos	haya perdido	hayamos perdido
pierdas	perdáis	hayas perdido	hayáis perdido
pierda	pierdan	haya perdido	hayan perdido

Imperfect
		Pluperfect	
perdiera	perdiéramos	hubiera perdido	hubiéramos perdido
perdieras	perdierais	hubieras perdido	hubierais perdido
perdiera	perdieran	hubiera perdido	hubieran perdido
OR		OR	
perdiese	perdiésemos	hubiese perdido	hubiésemos perdido
perdieses	perdieseis	hubieses perdido	hubieseis perdido
perdiese	perdiesen	hubiese perdido	hubiesen perdido

Imperative

—	perdamos
pierde; no pierdas	perded; no perdáis
pierda	pierdan

Participles

Present	Past
perdiendo	perdido

Related Words

un/a perdedor/a	loser	*la pérdida*	loss

134 permanecer to remain

	yo	nosotros/-as
	tú	vosotros/-as
	él/ella/Ud.	ellos/ellas/Uds.

Indicative

Present Tense
permanezco	permanecemos
permaneces	permanecéis
permanece	permanecen

Present Perfect
he permanecido	hemos permanecido
has permanecido	habéis permanecido
ha permanecido	han permanecido

Imperfect
permanecía	permanecíamos
permanecías	permanecíais
permanecía	permanecían

Pluperfect
había permanecido	habíamos permanecido
habías permanecido	habíais permanecido
había permanecido	habían permanecido

Preterite
permanecí	permanecimos
permaneciste	permanecisteis
permaneció	permanecieron

Preterite Perfect
hube permanecido	hubimos permanecido
hubiste permanecido	hubisteis permanecido
hubo permanecido	hubieron permanecido

Future
permaneceré	permaneceremos
permanecerás	permaneceréis
permanecerá	permanecerán

Future Perfect
habré permanecido	habremos permanecido
habrás permanecido	habréis permanecido
habrá permanecido	habrán permanecido

Conditional

Present
permanecería	permaneceríamos
permanecerías	permaneceríais
permanecería	permanecerían

Present Perfect
habría permanecido	habríamos permanecido
habrías permanecido	habríais permanecido
habría permanecido	habrían permanecido

Subjunctive

Present
permanezca	permanezcamos
permanezcas	permanezcáis
permanezca	permanezcan

Present Perfect
haya permanecido	hayamos permanecido
hayas permanecido	hayáis permanecido
haya permanecido	hayan permanecido

Imperfect
permaneciera	permaneciéramos
permanecieras	permanecierais
permaneciera	permanecieran
OR	
permaneciese	permaneciésemos
permanecieses	permanecieseis
permaneciese	permaneciesen

Pluperfect
hubiera permanecido	hubiéramos permanecido
hubieras permanecido	hubierais permanecido
hubiera permanecido	hubieran permanecido
OR	
hubiese permanecido	hubiésemos permanecido
hubieses permanecido	hubieseis permanecido
hubiese permanecido	hubiesen permanecido

Imperative
—	permanezcamos
permanece; no	permaneced; no
permanezcas	permanezcáis
permanezca	permanezcan

Participles

Present	Past
permaneciendo	permanecido

Related Words
la permanencia	permanence	*permanente*	permanent

135 permitir to permit

yo   nosotros/-as
tú   vosotros/-as
él/ella/Ud.   ellos/ellas/Uds.

Indicative

Present Tense
permito	permitimos		
permites	permitís		
permite	permiten		

Present Perfect
he permitido	hemos permitido
has permitido	habéis permitido
ha permitido	han permitido

Imperfect
permitía	permitíamos
permitías	permitíais
permitía	permitían

Pluperfect
había permitido	habíamos permitido
habías permitido	habíais permitido
había permitido	habían permitido

Preterite
permití	permitimos
permitiste	permitisteis
permitió	permitieron

Preterite Perfect
hube permitido	hubimos permitido
hubiste permitido	hubisteis permitido
hubo permitido	hubieron permitido

Future
permitiré	permitiremos
permitirás	permitiréis
permitirá	permitirán

Future Perfect
habré permitido	habremos permitido
habrás permitido	habréis permitido
habrá permitido	habrán permitido

Conditional

Present
permitiría	permitiríamos
permitirías	permitiríais
permitiría	permitirían

Present Perfect
habría permitido	habríamos permitido
habrías permitido	habríais permitido
habría permitido	habrían permitido

Subjunctive

Present
permita	permitamos
permitas	permitáis
permita	permitan

Present Perfect
haya permitido	hayamos permitido
hayas permitido	hayáis permitido
haya permitido	hayan permitido

Imperfect
permitiera	permitiéramos
permitieras	permitierais
permitiera	permitieran
OR	
permitiese	permitiésemos
permitieses	permitieseis
permitiese	permitiesen

Pluperfect
hubiera permitido	hubiéramos permitido
hubieras permitido	hubierais permitido
hubiera permitido	hubieran permitido
OR	
hubiese permitido	hubiésemos permitido
hubieses permitido	hubieseis permitido
hubiese permitido	hubiesen permitido

Imperative
—	permitamos
permite; no permitas	permitid; no permitáis
permita	permitan

Participles

Present	Past
permitiendo	permitido

Related Words

el permiso	permission	Con permiso.	Excuse me.
¿Me permite?	May I?	permiso de conducir	driver's license

167

136 **perseguir** to pursue, to chase, to persecute

	yo	nosotros/-as
	tú	vosotros/-as
	él/ella/Ud.	ellos/ellas/Uds.

Indicative

Present Tense
persigo	perseguimos
persigues	perseguís
persigue	persiguen

Present Perfect
he perseguido	hemos perseguido
has perseguido	habéis perseguido
ha perseguido	han perseguido

Imperfect
perseguía	perseguíamos
perseguías	perseguíais
perseguía	perseguían

Pluperfect
había perseguido	habíamos perseguido
habías perseguido	habíais perseguido
había perseguido	habían perseguido

Preterite
perseguí	perseguimos
perseguiste	perseguisteis
persiguió	persiguieron

Preterite Perfect
hube perseguido	hubimos perseguido
hubiste perseguido	hubisteis perseguido
hubo perseguido	hubieron perseguido

Future
perseguiré	perseguiremos
perseguirás	perseguiréis
perseguirá	perseguirán

Future Perfect
habré perseguido	habremos perseguido
habrás perseguido	habréis perseguido
habrá perseguido	habrán perseguido

Conditional

Present
perseguiría	perseguiríamos
perseguirías	perseguiríais
perseguiría	perseguirían

Present Perfect
habría perseguido	habríamos perseguido
habrías perseguido	habríais perseguido
habría perseguido	habrían perseguido

Subjunctive

Present
persiga	persigamos
persigas	persigáis
persiga	persigan

Present Perfect
haya perseguido	hayamos perseguido
hayas perseguido	hayáis perseguido
haya perseguido	hayan perseguido

Imperfect
persiguiera	persiguiéramos
persiguieras	persiguierais
persiguiera	persiguieran
OR	
persiguiese	persiguiésemos
persiguieses	persiguieseis
persiguiese	persiguiesen

Pluperfect
hubiera perseguido	hubiéramos perseguido
hubieras perseguido	hubierais perseguido
hubiera perseguido	hubieran perseguido
OR	
hubiese perseguido	hubiésemos perseguido
hubieses perseguido	hubieseis perseguido
hubiese perseguido	hubiesen perseguido

Imperative
—	persigamos
persigue; no persigas	perseguid; no persigáis
persiga	persigan

Participles

Present	Past
persiguiendo	perseguido

Related Words

la persecución	pursuit	*perseguido/a por ley*	pursued by the law

168

137 poder to be able

yo   nosotros/-as
tú   vosotros/-as
él/ella/Ud.   ellos/ellas/Uds.

Indicative

Present Tense
		Present Perfect	
puedo	podemos	he podido	hemos podido
puedes	podéis	has podido	habéis podido
puede	pueden	ha podido	han podido

Imperfect
		Pluperfect	
podía	podíamos	había podido	habíamos podido
podías	podíais	habías podido	habíais podido
podía	podían	había podido	habían podido

Preterite
		Preterite Perfect	
pude	pudimos	hube podido	hubimos podido
pudiste	pudisteis	hubiste podido	hubisteis podido
pudo	pudieron	hubo podido	hubieron podido

Future
		Future Perfect	
podré	podremos	habré podido	habremos podido
podrás	podréis	habrás podido	habréis podido
podrá	podrán	habrá podido	habrán podido

Conditional

Present
		Present Perfect	
podría	podríamos	habría podido	habríamos podido
podrías	podríais	habrías podido	habríais podido
podría	podrían	habría podido	habrían podido

Subjunctive

Present
		Present Perfect	
pueda	podamos	haya podido	hayamos podido
puedas	podáis	hayas podido	hayáis podido
pueda	puedan	haya podido	hayan podido

Imperfect
		Pluperfect	
pudiera	pudiéramos	hubiera podido	hubiéramos podido
pudieras	pudierais	hubieras podido	hubierais podido
pudiera	pudieran	hubiera podido	hubieran podido
OR		OR	
pudiese	pudiésemos	hubiese podido	hubiésemos podido
pudieses	pudieseis	hubieses podido	hubieseis podido
pudiese	pudiesen	hubiese podido	hubiesen podido

Imperative

—	podamos
puede; no puedas	poded; no podáis
pueda	puedan

Participles

Present	Past
pudiendo	podido

Related Words

el poder	power	poderoso/a	powerful

138 poner to put, to place

yo   nosotros/-as
tú   vosotros/-as
él/ella/Ud.   ellos/ellas/Uds.

Indicative

Present Tense
pongo	ponemos
pones	ponéis
pone	ponen

Present Perfect
he puesto	hemos puesto
has puesto	habéis puesto
ha puesto	han puesto

Imperfect
ponía	poníamos
ponías	poníais
ponía	ponían

Pluperfect
había puesto	habíamos puesto
habías puesto	habíais puesto
había puesto	habían puesto

Preterite
puse	pusimos
pusiste	pusisteis
puso	pusieron

Preterite Perfect
hube puesto	hubimos puesto
hubiste puesto	hubisteis puesto
hubo puesto	hubieron puesto

Future
pondré	pondremos
pondrás	pondréis
pondrá	pondrán

Future Perfect
habré puesto	habremos puesto
habrás puesto	habréis puesto
habrá puesto	habrán puesto

Conditional

Present
pondría	pondríamos
pondrías	pondríais
pondría	pondrían

Present Perfect
habría puesto	habríamos puesto
habrías puesto	habríais puesto
habría puesto	habrían puesto

Subjunctive

Present
ponga	pongamos
pongas	pongáis
ponga	pongan

Present Perfect
haya puesto	hayamos puesto
hayas puesto	hayáis puesto
haya puesto	hayan puesto

Imperfect
pusiera	pusiéramos
pusieras	pusierais
pusiera	pusieran
OR	
pusiese	pusiésemos
pusieses	pusieseis
pusiese	pusiesen

Pluperfect
hubiera puesto	hubiéramos puesto
hubieras puesto	hubierais puesto
hubiera puesto	hubieran puesto
OR	
hubiese puesto	hubiésemos puesto
hubieses puesto	hubieseis puesto
hubiese puesto	hubiesen puesto

Imperative
—	pongamos
pon; no pongas	poned; no pongáis
ponga	pongan

Participles
Present	Past
poniendo	puesto

Related Words
posponer	to postpone	*¿Qué ponen en el cine?*	What's playing at the movies?

139 **ponerse** to put on clothing, to become

	yo	nosotros/-as
	tú	vosotros/-as
	él/ella/Ud.	ellos/ellas/Uds.

Indicative

Present Tense
me pongo	nos ponemos
te pones	os ponéis
se pone	se ponen

Present Perfect
me he puesto	nos hemos puesto
te has puesto	os habéis puesto
se ha puesto	se han puesto

Imperfect
me ponía	nos poníamos
te ponías	os poníais
se ponía	se ponían

Pluperfect
me había puesto	nos habíamos puesto
te habías puesto	os habíais puesto
se había puesto	se habían puesto

Preterite
me puse	nos pusimos
te pusiste	os pusisteis
se puso	se pusieron

Preterite Perfect
me hube puesto	nos hubimos puesto
te hubiste puesto	os hubisteis puesto
se hubo puesto	se hubieron puesto

Future
me pondré	nos pondremos
te pondrás	os pondréis
se pondrá	se pondrán

Future Perfect
me habré puesto	nos habremos puesto
te habrás puesto	os habréis puesto
se habrá puesto	se habrán puesto

Conditional

Present
me pondría	nos pondríamos
te pondrías	os pondríais
se pondría	se pondrían

Present Perfect
me habría puesto	nos habríamos puesto
te habrías puesto	os habríais puesto
se habría puesto	se habrían puesto

Subjunctive

Present
me ponga	nos pongamos
te pongas	os pongáis
se ponga	se pongan

Present Perfect
me haya puesto	nos hayamos puesto
te hayas puesto	os hayáis puesto
se haya puesto	se hayan puesto

Imperfect
me pusiera	nos pusiéramos
te pusieras	os pusierais
se pusiera	se pusieran
OR	
me pusiese	nos pusiésemos
te pusieses	os pusieseis
se pusiese	se pusiesen

Pluperfect
me hubiera puesto	nos hubiéramos puesto
te hubieras puesto	os hubierais puesto
se hubiera puesto	se hubieran puesto
OR	
me hubiese puesto	nos hubiésemos puesto
te hubieses puesto	os hubieseis puesto
se hubiese puesto	se hubiesen puesto

Imperative
—	pongámonos
ponte; no te pongas	poneos; no os pongáis
póngase	pónganse

Participles
Present	Past
poniéndose	puesto

Related Words
ponerse de pie	to stand up	*¡No te pongas así!*	Don't be like that!
ponerse enfermo	to get sick		

140 poseer to possess, to own

yo   nosotros/-as
tú   vosotros/-as
él/ella/Ud.   ellos/ellas/Uds.

Indicative

Present Tense		Present Perfect	
poseo	poseemos	he poseído	hemos poseído
posees	poseéis	has poseído	habéis poseído
posee	poseen	ha poseído	han poseído

Imperfect		Pluperfect	
poseía	poseíamos	había poseído	habíamos poseído
poseías	poseíais	habías poseído	habíais poseído
poseía	poseían	había poseído	habían poseído

Preterite		Preterite Perfect	
poseí	poseímos	hube poseído	hubimos poseído
poseíste	poseísteis	hubiste poseído	hubisteis poseído
poseyó	poseyeron	hubo poseído	hubieron poseído

Future		Future Perfect	
poseeré	poseeremos	habré poseído	habremos poseído
poseerás	poseeréis	habrás poseído	habréis poseído
poseerá	poseerán	habrá poseído	habrán poseído

Conditional

Present		Present Perfect	
poseería	poseeríamos	habría poseído	habríamos poseído
poseerías	poseeríais	habrías poseído	habríais poseído
poseería	poseerían	habría poseído	habrían poseído

Subjunctive

Present		Present Perfect	
posea	poseamos	haya poseído	hayamos poseído
poseas	poseáis	hayas poseído	hayáis poseído
posea	posean	haya poseído	hayan poseído

Imperfect		Pluperfect	
poseyera	poseyéramos	hubiera poseído	hubiéramos poseído
poseyeras	poseyerais	hubieras poseído	hubierais poseído
poseyera	poseyeran	hubiera poseído	hubieran poseído
OR		OR	
poseyese	poseyésemos	hubiese poseído	hubiésemos poseído
poseyeses	poseyeseis	hubieses poseído	hubieseis poseído
poseyese	poseyesen	hubiese poseído	hubiesen poseído

Imperative

—	poseamos
posee; no poseas	poseed; no poseáis
posea	posean

Participles

Present	Past
poseyendo	poseído

Related Words

la posesión	possession	*posesivo*	possessive

141 preferir to prefer

yo   nosotros/-as
tú   vosotros/-as
él/ella/Ud.   ellos/ellas/Uds.

Indicative

Present Tense

		Present Perfect	
prefiero	preferimos	he preferido	hemos preferido
prefieres	preferís	has preferido	habéis preferido
prefiere	prefieren	ha preferido	han preferido

Imperfect

		Pluperfect	
prefería	preferíamos	había preferido	habíamos preferido
preferías	preferíais	habías preferido	habíais preferido
prefería	preferían	había preferido	habían preferido

Preterite

		Preterite Perfect	
preferí	preferimos	hube preferido	hubimos preferido
preferiste	preferisteis	hubiste preferido	hubisteis preferido
prefirió	prefirieron	hubo preferido	hubieron preferido

Future

		Future Perfect	
preferiré	preferiremos	habré preferido	habremos preferido
preferirás	preferiréis	habrás preferido	habréis preferido
preferirá	preferirán	habrá preferido	habrán preferido

Conditional

Present

		Present Perfect	
preferiría	preferiríamos	habría preferido	habríamos preferido
preferirías	preferiríais	habrías preferido	habríais preferido
preferiría	preferirían	habría preferido	habrían preferido

Subjunctive

Present

		Present Perfect	
prefiera	prefiramos	haya preferido	hayamos preferido
prefieras	prefiráis	hayas preferido	hayáis preferido
prefiera	prefieran	haya preferido	hayan preferido

Imperfect

		Pluperfect	
prefiriera	prefiriéramos	hubiera preferido	hubiéramos preferido
prefirieras	prefirierais	hubieras preferido	hubierais preferido
prefiriera	prefirieran	hubiera preferido	hubieran preferido
OR		OR	
prefiriese	prefiriésemos	hubiese preferido	hubiésemos preferido
prefirieses	prefirieseis	hubieses preferido	hubieseis preferido
prefiriese	prefiriesen	hubiese preferido	hubiesen preferido

Imperative

—	prefiramos
prefiere; no prefieras	preferid; no prefiráis
prefiera	prefieran

Participles

Present	**Past**
prefiriendo	preferido

Related Words

la preferencia	preference	*preferido/a*	preferred, favorite
preferible	preferable		

142 preguntar to ask

yo   nosotros/-as
tú   vosotros/-as
él/ella/Ud.   ellos/ellas/Uds.

Indicative

Present Tense

pregunto	preguntamos
preguntas	preguntáis
pregunta	preguntan

Present Perfect

he preguntado	hemos preguntado
has preguntado	habéis preguntado
ha preguntado	han preguntado

Imperfect

preguntaba	preguntábamos
preguntabas	preguntabais
preguntaba	preguntaban

Pluperfect

había preguntado	habíamos preguntado
habías preguntado	habíais preguntado
había preguntado	habían preguntado

Preterite

pregunté	preguntamos
preguntaste	preguntasteis
preguntó	preguntaron

Preterite Perfect

hube preguntado	hubimos preguntado
hubiste preguntado	hubisteis preguntado
hubo preguntado	hubieron preguntado

Future

preguntaré	preguntaremos
preguntarás	preguntaréis
preguntará	preguntarán

Future Perfect

habré preguntado	habremos preguntado
habrás preguntado	habréis preguntado
habrá preguntado	habrán preguntado

Conditional

Present

preguntaría	preguntaríamos
preguntarías	preguntaríais
preguntaría	preguntarían

Present Perfect

habría preguntado	habríamos preguntado
habrías preguntado	habríais preguntado
habría preguntado	habrían preguntado

Subjunctive

Present

pregunte	preguntemos
preguntes	preguntéis
pregunte	pregunten

Present Perfect

haya preguntado	hayamos preguntado
hayas preguntado	hayáis preguntado
haya preguntado	hayan preguntado

Imperfect

preguntara	preguntáramos
preguntaras	preguntarais
preguntara	preguntaran
OR	
preguntase	preguntásemos
preguntases	preguntaseis
preguntase	preguntasen

Pluperfect

hubiera preguntado	hubiéramos preguntado
hubieras preguntado	hubierais preguntado
hubiera preguntado	hubieran preguntado
OR	
hubiese preguntado	hubiésemos preguntado
hubieses preguntado	hubieseis preguntado
hubiese preguntado	hubiesen preguntado

Imperative

—	preguntemos
pregunta; no preguntes	preguntad; no preguntéis
pregunte	pregunten

Participles

Present	Past
preguntando	preguntado

Related Words

una pregunta	question	*preguntar por alguien*	to ask for someone

143 probar to test, to try, to prove

		yo	nosotros/-as
		tú	vosotros/-as
		él/ella/Ud.	ellos/ellas/Uds.

Indicative

Present Tense
pruebo	probamos
pruebas	probáis
prueba	prueban

Present Perfect
he probado	hemos probado
has probado	habéis probado
ha probado	han probado

Imperfect
probaba	probábamos
probabas	probabais
probaba	probaban

Pluperfect
había probado	habíamos probado
habías probado	habíais probado
había probado	habían probado

Preterite
probé	probamos
probaste	probasteis
probó	probaron

Preterite Perfect
hube probado	hubimos probado
hubiste probado	hubisteis probado
hubo probado	hubieron probado

Future
probaré	probaremos
probarás	probaréis
probará	probarán

Future Perfect
habré probado	habremos probado
habrás probado	habréis probado
habrá probado	habrán probado

Conditional

Present
probaría	probaríamos
probarías	probaríais
probaría	probarían

Present Perfect
habría probado	habríamos probado
habrías probado	habríais probado
habría probado	habrían probado

Subjunctive

Present
pruebe	probemos
pruebes	probéis
pruebe	prueben

Present Perfect
haya probado	hayamos probado
hayas probado	hayáis probado
haya probado	hayan probado

Imperfect
probara	probáramos
probaras	probarais
probara	probaran
OR	
probase	probásemos
probases	probaseis
probase	probasen

Pluperfect
hubiera probado	hubiéramos probado
hubieras probado	hubierais probado
hubiera probado	hubieran probado
OR	
hubiese probado	hubiésemos probado
hubieses probado	hubieseis probado
hubiese probado	hubiesen probado

Imperative
—	probemos
prueba; no pruebes	probad; no probéis
pruebe	prueben

Participles

Present
probando

Past
probado

Related Words
| *la prueba* | proof | *probable* | probable, likely |

175

144 proteger to protect

yo	nosotros/-as
tú	vosotros/-as
él/ella/Ud.	ellos/ellas/Uds.

Indicative

Present Tense
protejo	protegemos
proteges	protegéis
protege	protegen

Present Perfect
he protegido	hemos protegido
has protegido	habéis protegido
ha protegido	han protegido

Imperfect
protegía	protegíamos
protegías	protegíais
protegía	protegían

Pluperfect
había protegido	habíamos protegido
habías protegido	habíais protegido
había protegido	habían protegido

Preterite
protegi	protegimos
protegiste	protegisteis
protegió	protegieron

Preterite Perfect
hube protegido	hubimos protegido
hubiste protegido	hubisteis protegido
hubo protegido	hubieron protegido

Future
protegeré	protegeremos
protegerás	protegeréis
protegerá	protegerán

Future Perfect
habré protegido	habremos protegido
habrás protegido	habréis protegido
habrá protegido	habrán protegido

Conditional

Present
protegería	protegeríamos
protegerías	protegeríais
protegería	protegerían

Present Perfect
habría protegido	habríamos protegido
habrías protegido	habríais protegido
habría protegido	habrían protegido

Subjunctive

Present
proteja	protejamos
protejas	protejáis
proteja	protejan

Present Perfect
haya protegido	hayamos protegido
hayas protegido	hayáis protegido
haya protegido	hayan protegido

Imperfect
protegiera	protegiéramos
protegieras	protegierais
protegiera	protegieran
OR	
protegiese	protegiésemos
protegieses	protegieseis
protegiese	protegiesen

Pluperfect
hubiera protegido	hubiéramos protegido
hubieras protegido	hubierais protegido
hubiera protegido	hubieran protegido
OR	
hubiese protegido	hubiésemos protegido
hubieses protegido	hubieseis protegido
hubiese protegido	hubiesen protegido

Imperative
—	protejamos
protege; no protejas	proteged; no protejáis
proteja	protejan

Participles

Present
protegiendo

Past
protegido

Related Words

la protección   protection

145 quedar to remain, to be left, to stay

	yo	nosotros/-as
	tú	vosotros/-as
	él/ella/Ud.	ellos/ellas/Uds.

Indicative

Present Tense
quedo	quedamos
quedas	quedáis
queda	quedan

Present Perfect
he quedado	hemos quedado
has quedado	habéis quedado
ha quedado	han quedado

Imperfect
quedaba	quedábamos
quedabas	quedabais
quedaba	quedaban

Pluperfect
había quedado	habíamos quedado
habías quedado	habíais quedado
había quedado	habían quedado

Preterite
quedé	quedamos
quedaste	quedasteis
quedó	quedaron

Preterite Perfect
hube quedado	hubimos quedado
hubiste quedado	hubisteis quedado
hubo quedado	hubieron quedado

Future
quedaré	quedaremos
quedarás	quedaréis
quedará	quedarán

Future Perfect
habré quedado	habremos quedado
habrás quedado	habréis quedado
habrá quedado	habrán quedado

Conditional

Present
quedaría	quedaríamos
quedarías	quedaríais
quedaría	quedarían

Present Perfect
habría quedado	habríamos quedado
habrías quedado	habríais quedado
habría quedado	habrían quedado

Subjunctive

Present
quede	quedemos
quedes	quedéis
quede	queden

Present Perfect
haya quedado	hayamos quedado
hayas quedado	hayáis quedado
haya quedado	hayan quedado

Imperfect
quedara	quedáramos
quedaras	quedarais
quedara	quedaran
OR	
quedase	quedásemos
quedases	quedaseis
quedase	quedasen

Pluperfect
hubiera quedado	hubiéramos quedado
hubieras quedado	hubierais quedado
hubiera quedado	hubieran quedado
OR	
hubiese quedado	hubiésemos quedado
hubieses quedado	hubieseis quedado
hubiese quedado	hubiesen quedado

Imperative
—	quedemos
queda; no quedes	quedad; no quedéis
quede	queden

Participles

Present	Past
quedando	quedado

Related Words

quedar bien/mal a uno	to look good/bad on someone (clothes)	*He quedado esta noche.*	I've made plans tonight.

177

146 querer to wish, to want, to love

	yo	nosotros/-as
	tú	vosotros/-as
	él/ella/Ud.	ellos/ellas/Uds.

Indicative

Present Tense
quiero	queremos
quieres	queréis
quiere	quieren

Present Perfect
he querido	hemos querido
has querido	habéis querido
ha querido	han querido

Imperfect
quería	queríamos
querías	queríais
quería	querían

Pluperfect
había querido	habíamos querido
habías querido	habíais querido
había querido	habían querido

Preterite
quise	quisimos
quisiste	quisisteis
quiso	quisieron

Preterite Perfect
hube querido	hubimos querido
hubiste querido	hubisteis querido
hubo querido	hubieron querido

Future
querré	querremos
querrás	querréis
querrá	querrán

Future Perfect
habré querido	habremos querido
habrás querido	habréis querido
habrá querido	habrán querido

Conditional

Present
querría	querríamos
querrías	querríais
querría	querrían

Present Perfect
habría querido	habríamos querido
habrías querido	habríais querido
habría querido	habrían querido

Subjunctive

Present
quiera	queramos
quieras	queráis
quiera	quieran

Present Perfect
haya querido	hayamos querido
hayas querido	hayáis querido
haya querido	hayan querido

Imperfect
quisiera	quisiéramos
quisieras	quisierais
quisiera	quisieran
OR	
quisiese	quisiésemos
quisieses	quisieseis
quisiese	quisiesen

Pluperfect
hubiera querido	hubiéramos querido
hubieras querido	hubierais querido
hubiera querido	hubieran querido
OR	
hubiese querido	hubiésemos querido
hubieses querido	hubieseis querido
hubiese querido	hubiesen querido

Imperative
—	queramos
quiere; no quieras	quered; no queráis
quiera	quieran

Participles

Present
queriendo

Past
querido

Related Words
| querer decir | to mean | querido/a | dear |
| Te quiero. | I love you. | Querer es poder. | Where there's a will, there's a way. |

147 recoger to pick up, to gather

yo   nosotros/-as
tú   vosotros/-as
él/ella/Ud.   ellos/ellas/Uds.

Indicative

Present Tense
recojo	recogemos		
recoges	recogéis		
recoge	recogen		

Present Perfect
he recogido	hemos recogido		
has recogido	habéis recogido		
ha recogido	han recogido		

Imperfect
recogía	recogíamos
recogías	recogíais
recogía	recogían

Pluperfect
había recogido	habíamos recogido
habías recogido	habíais recogido
había recogido	habían recogido

Preterite
recogí	recogimos
recogiste	recogisteis
recogió	recogieron

Preterite Perfect
hube recogido	hubimos recogido
hubiste recogido	hubisteis recogido
hubo recogido	hubieron recogido

Future
recogeré	recogeremos
recogerás	recogeréis
recogerá	recogerán

Future Perfect
habré recogido	habremos recogido
habrás recogido	habréis recogido
habrá recogido	habrán recogido

Conditional

Present
recogería	recogeríamos
recogerías	recogeríais
recogería	recogerían

Present Perfect
habría recogido	habríamos recogido
habrías recogido	habríais recogido
habría recogido	habrían recogido

Subjunctive

Present
recoja	recojamos
recojas	recojáis
recoja	recojan

Present Perfect
haya recogido	hayamos recogido
hayas recogido	hayáis recogido
haya recogido	hayan recogido

Imperfect
recogiera	recogiéramos
recogieras	recogierais
recogiera	recogieran
OR	
recogiese	recogiésemos
recogieses	recogieseis
recogiese	recogiesen

Pluperfect
hubiera recogido	hubiéramos recogido
hubieras recogido	hubierais recogido
hubiera recogido	hubieran recogido
OR	
hubiese recogido	hubiésemos recogido
hubieses recogido	hubieseis recogido
hubiese recogido	hubiesen recogido

Imperative
—	recojamos
recoge; no recojas	recoged; no recojáis
recoja	recojan

Participles

Present	Past
recogiendo	recogido

Related Words

recogerse el pelo	to put one's hair up	la recogida	harvest

148 reconocer to recognize

	yo	nosotros/-as
	tú	vosotros/-as
	él/ella/Ud.	ellos/ellas/Uds.

Indicative

Present Tense
reconozco	reconocemos
reconoces	reconocéis
reconoce	reconocen

Present Perfect
he reconocido	hemos reconocido
has reconocido	habéis reconocido
ha reconocido	han reconocido

Imperfect
reconocía	reconocíamos
reconocías	reconocíais
reconocía	reconocían

Pluperfect
había reconocido	habíamos reconocido
habías reconocido	habíais reconocido
había reconocido	habían reconocido

Preterite
reconocí	reconocimos
reconociste	reconocisteis
reconoció	reconocieron

Preterite Perfect
hube reconocido	hubimos reconocido
hubiste reconocido	hubisteis reconocido
hubo reconocido	hubieron reconocido

Future
reconoceré	reconoceremos
reconocerás	reconoceréis
reconocerá	reconocerán

Future Perfect
habré reconocido	habremos reconocido
habrás reconocido	habréis reconocido
habrá reconocido	habrán reconocido

Conditional

Present
reconocería	reconoceríamos
reconocerías	reconoceríais
reconocería	reconocerían

Present Perfect
habría reconocido	habríamos reconocido
habrías reconocido	habríais reconocido
habría reconocido	habrían reconocido

Subjunctive

Present
reconozca	reconozcamos
reconozcas	reconozcáis
reconozca	reconozcan

Present Perfect
haya reconocido	hayamos reconocido
hayas reconocido	hayáis reconocido
haya reconocido	hayan reconocido

Imperfect
reconociera	reconociéramos
reconocieras	reconocierais
reconociera	reconocieran
OR	
reconociese	reconociésemos
reconocieses	reconocieseis
reconociese	reconociesen

Pluperfect
hubiera reconocido	hubiéramos reconocido
hubieras reconocido	hubierais reconocido
hubiera reconocido	hubieran reconocido
OR	
hubiese reconocido	hubiésemos reconocido
hubieses reconocido	hubieseis reconocido
hubiese reconocido	hubiesen reconocido

Imperative
—	reconozcamos
reconoce; no reconozcas	reconoced; no reconozcáis
reconozca	reconozcan

Participles
Present	Past
reconociendo	reconocido

Related Words

reconocible	recognizable	un reconocimiento médico	medical check-up
el reconocimiento	gratitude, recognition		

149 recordar to remember, to remind

	yo	nosotros/-as
	tú	vosotros/-as
	él/ella/Ud.	ellos/ellas/Uds.

Indicative

Present Tense
recuerdo	recordamos
recuerdas	recordáis
recuerda	recuerdan

Present Perfect
he recordado	hemos recordado
has recordado	habéis recordado
ha recordado	han recordado

Imperfect
recordaba	recordábamos
recordabas	recordabais
recordaba	recordaban

Pluperfect
había recordado	habíamos recordado
habías recordado	habíais recordado
había recordado	habían recordado

Preterite
recordé	recordamos
recordaste	recordasteis
recordó	recordaron

Preterite Perfect
hube recordado	hubimos recordado
hubiste recordado	hubisteis recordado
hubo recordado	hubieron recordado

Future
recordaré	recordaremos
recordarás	recordaréis
recordará	recordarán

Future Perfect
habré recordado	habremos recordado
habrás recordado	habréis recordado
habrá recordado	habrán recordado

Conditional

Present
recordaría	recordaríamos
recordarías	recordaríais
recordaría	recordarían

Present Perfect
habría recordado	habríamos recordado
habrías recordado	habríais recordado
habría recordado	habrían recordado

Subjunctive

Present
recuerde	recordemos
recuerdes	recordéis
recuerde	recuerden

Present Perfect
haya recordado	hayamos recordado
hayas recordado	hayáis recordado
haya recordado	hayan recordado

Imperfect
recordara	recordáramos
recordaras	recordarais
recordara	recordaran
OR	
recordase	recordásemos
recordases	recordaseis
recordase	recordasen

Pluperfect
hubiera recordado	hubiéramos recordado
hubieras recordado	hubierais recordado
hubiera recordado	hubieran recordado
OR	
hubiese recordado	hubiésemos recordado
hubieses recordado	hubieseis recordado
hubiese recordado	hubiesen recordado

Imperative
—	recordemos
recuerda; no recuerdes	recordad; no recordéis
recuerde	recuerden

Participles
Present	Past
recordando	recordado

Related Words

Dale a ella recuerdos de mi parte.	Tell her I said hello./Give her my regards.	*el recuerdo*	memory

150 reírse to laugh

yo	nosotros/-as
tú	vosotros/-as
él/ella/Ud.	ellos/ellas/Uds.

Indicative

Present Tense
me río	nos reímos
te ríes	os reís
se ríe	se ríen

Present Perfect
me he reído	nos hemos reído
te has reído	os habéis reído
se ha reído	se han reído

Imperfect
me reía	nos reíamos
te reías	os reíais
se reía	se reían

Pluperfect
me había reído	nos habíamos reído
te habías reído	os habíais reído
se había reído	se habían reído

Preterite
me reí	nos reímos
te reíste	os reísteis
se rió	se rieron

Preterite Perfect
me hube reído	nos hubimos reído
te hubiste reído	os hubisteis reído
se hubo reído	se hubieron reído

Future
me reiré	nos reiremos
te reirás	os reiréis
se reirá	se reirán

Future Perfect
me habré reído	nos habremos reído
te habrás reído	os habréis reído
se habrá reído	se habrán reído

Conditional

Present
me reiría	nos reiríamos
te reirías	os reiríais
se reiría	se reirían

Present Perfect
me habría reído	nos habríamos reído
te habrías reído	os habríais reído
se habría reído	se habrían reído

Subjunctive

Present
me ría	nos riamos
te rías	os riáis
se ría	se rían

Present Perfect
me haya reído	nos hayamos reído
te hayas reído	os hayáis reído
se haya reído	se hayan reído

Imperfect
me riera	nos riéramos
te rieras	os rierais
se riera	se rieran
OR	
me riese	nos riésemos
te rieses	os rieseis
se riese	se riesen

Pluperfect
me hubiera reído	nos hubiéramos reído
te hubieras reído	os hubierais reído
se hubiera reído	se hubieran reído
OR	
me hubiese reído	nos hubiésemos reído
te hubieses reído	os hubieseis reído
se hubiese reído	se hubiesen reído

Imperative
—	riámonos
ríete; no te rías	reíos; no os riáis
ríase	ríanse

Participles
Present	Past
riéndose	reído

Related Words
la risa	laughter	¿Se ríe Ud. de mí?	Are you laughing at me?

151 restituir to restore, to give back

yo	nosotros/-as
tú	vosotros/-as
él/ella/Ud.	ellos/ellas/Uds.

Indicative

Present Tense
restituyo	restituimos
restituyes	restituís
restituye	restituyen

Present Perfect
he restituido	hemos restituido
has restituido	habéis restituido
ha restituido	han restituido

Imperfect
restituía	restituíamos
restituías	restituíais
restituía	restituían

Pluperfect
había restituido	habíamos restituido
habías restituido	habíais restituido
había restituido	habían restituido

Preterite
restituí	restituimos
restituiste	restituisteis
restituyó	restituyeron

Preterite Perfect
hube restituido	hubimos restituido
hubiste restituido	hubisteis restituido
hubo restituido	hubieron restituido

Future
restituiré	restituiremos
restituirás	restituiréis
restituirá	restituirán

Future Perfect
habré restituido	habremos restituido
habrás restituido	habréis restituido
habrá restituido	habrán restituido

Conditional

Present
restituiría	restituiríamos
restituirías	restituiríais
restituiría	restituirían

Present Perfect
habría restituido	habríamos restituido
habrías restituido	habríais restituido
habría restituido	habrían restituido

Subjunctive

Present
restituya	restituyamos
restituyas	restituyáis
restituya	restituyan

Present Perfect
haya restituido	hayamos restituido
hayas restituido	hayáis restituido
haya restituido	hayan restituido

Imperfect
restituyera	restituyéramos
restituyeras	restituyerais
restituyera	restituyeran
OR	
restituyese	restituyésemos
restituyeses	restituyeseis
restituyese	restituyesen

Pluperfect
hubiera restituido	hubiéramos restituido
hubieras restituido	hubierais restituido
hubiera restituido	hubieran restituido
OR	
hubiese restituido	hubiésemos restituido
hubieses restituido	hubieseis restituido
hubiese restituido	hubiesen restituido

Imperative
—	restituyamos
restituye; no restituyas	restituid; no restituyáis
restituya	restituyan

Participles
Present	Past
restituyendo	restituido

Related Words
restituirse	to return, to recover	*la restitución*	recovery

152 **rezar** to pray

	yo	nosotros/-as
	tú	vosotros/-as
	él/ella/Ud.	ellos/ellas/Uds.

Indicative

Present Tense		**Present Perfect**	
rezo	rezamos	he rezado	hemos rezado
rezas	rezáis	has rezado	habéis rezado
reza	rezan	ha rezado	han rezado

Imperfect		**Pluperfect**	
rezaba	rezábamos	había rezado	habíamos rezado
rezabas	rezabais	habías rezado	habíais rezado
rezaba	rezaban	había rezado	habían rezado

Preterite		**Preterite Perfect**	
recé	rezamos	hube rezado	hubimos rezado
rezaste	rezasteis	hubiste rezado	hubisteis rezado
rezó	rezaron	hubo rezado	hubieron rezado

Future		**Future Perfect**	
rezaré	rezaremos	habré rezado	habremos rezado
rezarás	rezaréis	habrás rezado	habréis rezado
rezará	rezarán	habrá rezado	habrán rezado

Conditional

Present		**Present Perfect**	
rezaría	rezaríamos	habría rezado	habríamos rezado
rezarías	rezaríais	habrías rezado	habríais rezado
rezaría	rezarían	habría rezado	habrían rezado

Subjunctive

Present		**Present Perfect**	
rece	recemos	haya rezado	hayamos rezado
reces	recéis	hayas rezado	hayáis rezado
rece	recen	haya rezado	hayan rezado

Imperfect		**Pluperfect**	
rezara	rezáramos	hubiera rezado	hubiéramos rezado
rezaras	rezarais	hubieras rezado	hubierais rezado
rezara	rezaran	hubiera rezado	hubieran rezado
OR		OR	
rezase	rezásemos	hubiese rezado	hubiésemos rezado
rezases	rezaseis	hubieses rezado	hubieseis rezado
rezase	rezasen	hubiese rezado	hubiesen rezado

Imperative

—	recemos
reza; no reces	rezad; no recéis
rece	recen

Participles

Present	**Past**
rezando	rezado

Related Words

| *un rezo* | prayer |

153 romper to break

	yo	nosotros/-as
	tú	vosotros/-as
	él/ella/Ud.	ellos/ellas/Uds.

Indicative

Present Tense
rompo	rompemos
rompes	rompéis
rompe	rompen

Present Perfect
he roto	hemos roto
has roto	habéis roto
ha roto	han roto

Imperfect
rompía	rompíamos
rompías	rompíais
rompía	rompían

Pluperfect
había roto	habíamos roto
habías roto	habíais roto
había roto	habían roto

Preterite
rompí	rompimos
rompiste	rompisteis
rompió	rompieron

Preterite Perfect
hube roto	hubimos roto
hubiste roto	hubisteis roto
hubo roto	hubieron roto

Future
romperé	romperemos
romperás	romperéis
romperá	romperán

Future Perfect
habré roto	habremos roto
habrás roto	habréis roto
habrá roto	habrán roto

Conditional

Present
rompería	romperíamos
romperías	romperíais
rompería	romperían

Present Perfect
habría roto	habríamos roto
habrías roto	habríais roto
habría roto	habrían roto

Subjunctive

Present
rompa	rompamos
rompas	rompáis
rompa	rompan

Present Perfect
haya roto	hayamos roto
hayas roto	hayáis roto
haya roto	hayan roto

Imperfect
rompiera	rompiéramos
rompieras	rompierais
rompiera	rompieran
OR	
rompiese	rompiésemos
rompieses	rompieseis
rompiese	rompiesen

Pluperfect
hubiera roto	hubiéramos roto
hubieras roto	hubierais roto
hubiera roto	hubieran roto
OR	
hubiese roto	hubiésemos roto
hubieses roto	hubieseis roto
hubiese roto	hubiesen roto

Imperative
—	rompamos
rompe; no rompas	romped; no rompáis
rompa	rompan

Participles
Present	Past
rompiendo	roto

Related Words

He roto con mi novio.	I broke up with my boyfriend.	*un rompecabezas*	puzzle

154 rugir to roar

yo   nosotros/-as
tú   vosotros/-as
él/ella/Ud.   ellos/ellas/Uds.

Indicative

Present Tense
rujo	rugimos
ruges	rugís
ruge	rugen

Present Perfect
he rugido	hemos rugido
has rugido	habéis rugido
ha rugido	han rugido

Imperfect
rugía	rugíamos
rugías	rugíais
rugía	rugían

Pluperfect
había rugido	habíamos rugido
habías rugido	habíais rugido
había rugido	habían rugido

Preterite
rugí	rugimos
rugiste	rugisteis
rugió	rugieron

Preterite Perfect
hube rugido	hubimos rugido
hubiste rugido	hubisteis rugido
hubo rugido	hubieron rugido

Future
rugiré	rugiremos
rugirás	rugiréis
rugirá	rugirán

Future Perfect
habré rugido	habremos rugido
habrás rugido	habréis rugido
habrá rugido	habrán rugido

Conditional

Present
rugiría	rugiríamos
rugirías	rugiríais
rugiría	rugirían

Present Perfect
habría rugido	habríamos rugido
habrías rugido	habríais rugido
habría rugido	habrían rugido

Subjunctive

Present
ruja	rujamos
rujas	rujáis
ruja	rujan

Present Perfect
haya rugido	hayamos rugido
hayas rugido	hayáis rugido
haya rugido	hayan rugido

Imperfect
rugiera	rugiéramos
rugieras	rugierais
rugiera	rugieran
OR	
rugiese	rugiésemos
rugieses	rugieseis
rugiese	rugiesen

Pluperfect
hubiera rugido	hubiéramos rugido
hubieras rugido	hubierais rugido
hubiera rugido	hubieran rugido
OR	
hubiese rugido	hubiésemos rugido
hubieses rugido	hubieseis rugido
hubiese rugido	hubiesen rugido

Imperative
—	rujamos
ruge; no rujas	rugid; no rujáis
ruja	rujan

Participles

Present
rugiendo

Past
rugido

Related Words
el rugido   roar

155 saber to know

yo   nosotros/-as
tú   vosotros/-as
él/ella/Ud.   ellos/ellas/Uds.

Indicative

Present Tense		Present Perfect	
sé	sabemos	he sabido	hemos sabido
sabes	sabéis	has sabido	habéis sabido
sabe	saben	ha sabido	han sabido

Imperfect		Pluperfect	
sabía	sabíamos	había sabido	habíamos sabido
sabías	sabíais	habías sabido	habíais sabido
sabía	sabían	había sabido	habían sabido

Preterite		Preterite Perfect	
supe	supimos	hube sabido	hubimos sabido
supiste	supisteis	hubiste sabido	hubisteis sabido
supo	supieron	hubo sabido	hubieron sabido

Future		Future Perfect	
sabré	sabremos	habré sabido	habremos sabido
sabrás	sabréis	habrás sabido	habréis sabido
sabrá	sabrán	habrá sabido	habrán sabido

Conditional

Present		Present Perfect	
sabría	sabríamos	habría sabido	habríamos sabido
sabrías	sabríais	habrías sabido	habríais sabido
sabría	sabrían	habría sabido	habrían sabido

Subjunctive

Present		Present Perfect	
sepa	sepamos	haya sabido	hayamos sabido
sepas	sepáis	hayas sabido	hayáis sabido
sepa	sepan	haya sabido	hayan sabido

Imperfect		Pluperfect	
supiera	supiéramos	hubiera sabido	hubiéramos sabido
supieras	supierais	hubieras sabido	hubierais sabido
supiera	supieran	hubiera sabido	hubieran sabido
OR		OR	
supiese	supiésemos	hubiese sabido	hubiésemos sabido
supieses	supieseis	hubieses sabido	hubieseis sabido
supiese	supiesen	hubiese sabido	hubiesen sabido

Imperative

—	sepamos
sabe; no sepas	sabed; no sepáis
sepa	sepan

Participles

Present	Past
sabiendo	sabido

Related Words

sabio/a	wise	*la sabiduría*	wisdom
saber de	to know about, to be aware of	*Ya lo sé.*	I know.

156 salir to go out, to leave, to exit

yo   nosotros/-as
tú   vosotros/-as
él/ella/Ud.   ellos/ellas/Uds.

Indicative

Present Tense

salgo	salimos		
sales	salís		
sale	salen		

Present Perfect

he salido	hemos salido
has salido	habéis salido
ha salido	han salido

Imperfect

salía	salíamos
salías	salíais
salía	salían

Pluperfect

había salido	habíamos salido
habías salido	habíais salido
había salido	habían salido

Preterite

salí	salimos
saliste	salisteis
salió	salieron

Preterite Perfect

hube salido	hubimos salido
hubiste salido	hubisteis salido
hubo salido	hubieron salido

Future

saldré	saldremos
saldrás	saldréis
saldrá	saldrán

Future Perfect

habré salido	habremos salido
habrás salido	habréis salido
habrá salido	habrán salido

Conditional

Present

saldría	saldríamos
saldrías	saldríais
saldría	saldrían

Present Perfect

habría salido	habríamos salido
habrías salido	habríais salido
habría salido	habrían salido

Subjunctive

Present

salga	salgamos
salgas	salgáis
salga	salgan

Present Perfect

haya salido	hayamos salido
hayas salido	hayáis salido
haya salido	hayan salido

Imperfect

saliera	saliéramos
salieras	salierais
saliera	salieran
OR	
saliese	saliésemos
salieses	salieseis
saliese	saliesen

Pluperfect

hubiera salido	hubiéramos salido
hubieras salido	hubierais salido
hubiera salido	hubieran salido
OR	
hubiese salido	hubiésemos salido
hubieses salido	hubieseis salido
hubiese salido	hubiesen salido

Imperative

—	salgamos
sal; no salgas	salid; no salgáis
salga	salgan

Participles

Present	Past
saliendo	salido

Related Words

la salida	exit	*Salieron en los*	They were in the
Están saliendo.	They're going	*periódicos.*	newspapers.
	out (dating).	*salir de paseo*	to go for a walk

157 seguir to follow, to continue

yo nosotros/-as
tú vosotros/-as
él/ella/Ud. ellos/ellas/Uds.

Indicative

Present Tense
sigo	seguimos
sigues	seguís
sigue	siguen

Present Perfect
he seguido	hemos seguido
has seguido	habéis seguido
ha seguido	han seguido

Imperfect
seguía	seguíamos
seguías	seguíais
seguía	seguían

Pluperfect
había seguido	habíamos seguido
habías seguido	habíais seguido
había seguido	habían seguido

Preterite
seguí	seguimos
seguiste	seguisteis
siguió	siguieron

Preterite Perfect
hube seguido	hubimos seguido
hubiste seguido	hubisteis seguido
hubo seguido	hubieron seguido

Future
seguiré	seguiremos
seguirás	seguiréis
seguirá	seguirán

Future Perfect
habré seguido	habremos seguido
habrás seguido	habréis seguido
habrá seguido	habrán seguido

Conditional

Present
seguiría	seguiríamos
seguirías	seguiríais
seguiría	seguirían

Present Perfect
habría seguido	habríamos seguido
habrías seguido	habríais seguido
habría seguido	habrían seguido

Subjunctive

Present
siga	sigamos
sigas	sigáis
siga	sigan

Present Perfect
haya seguido	hayamos seguido
hayas seguido	hayáis seguido
haya seguido	hayan seguido

Imperfect
siguiera	siguiéramos
siguieras	siguierais
siguiera	siguieran
OR	
siguiese	siguiésemos
siguieses	siguieseis
siguiese	siguiesen

Pluperfect
hubiera seguido	hubiéramos seguido
hubieras seguido	hubierais seguido
hubiera seguido	hubieran seguido
OR	
hubiese seguido	hubiésemos seguido
hubieses seguido	hubieseis seguido
hubiese seguido	hubiesen seguido

Imperative
—	sigamos
sigue; no sigas	seguid; no sigáis
siga	sigan

Participles

Present	Past
siguiendo	seguido

Related Words
siguiente	following	*según*	according to
en seguida	at once		

158 sentarse to sit down

	yo	nosotros/-as
	tú	vosotros/-as
	él/ella/Ud.	ellos/ellas/Uds.

Indicative

Present Tense

me siento	nos sentamos
te sientas	os sentáis
se sienta	se sientan

Present Perfect

me he sentado	nos hemos sentado
te has sentado	os habéis sentado
se ha sentado	se han sentado

Imperfect

me sentaba	nos sentábamos
te sentabas	os sentabais
se sentaba	se sentaban

Pluperfect

me había sentado	nos habíamos sentado
te habías sentado	os habíais sentado
se había sentado	se habían sentado

Preterite

me senté	nos sentamos
te sentaste	os sentasteis
se sentó	se sentaron

Preterite Perfect

me hube sentado	nos hubimos sentado
te hubiste sentado	os hubisteis sentado
se hubo sentado	se hubieron sentado

Future

me sentaré	nos sentaremos
te sentarás	os sentaréis
se sentará	se sentarán

Future Perfect

me habré sentado	nos habremos sentado
te habrás sentado	os habréis sentado
se habrá sentado	se habrán sentado

Conditional

Present

me sentaría	nos sentaríamos
te sentarías	os sentaríais
se sentaría	se sentarían

Present Perfect

me habría sentado	nos habríamos sentado
te habrías sentado	os habríais sentado
se habría sentado	se habrían sentado

Subjunctive

Present

me siente	nos sentemos
te sientes	os sentéis
se siente	se sienten

Present Perfect

me haya sentado	nos hayamos sentado
te hayas sentado	os hayáis sentado
se haya sentado	se hayan sentado

Imperfect

me sentara	nos sentáramos
te sentaras	os sentarais
se sentara	se sentaran
OR	
me sentase	nos sentásemos
te sentases	os sentaseis
se sentase	se sentasen

Pluperfect

me hubiera sentado	nos hubiéramos sentado
te hubieras sentado	os hubierais sentado
se hubiera sentado	se hubieran sentado
OR	
me hubiese sentado	nos hubiésemos sentado
te hubieses sentado	os hubieseis sentado
se hubiese sentado	se hubiesen sentado

Imperative

—	sentémonos
siéntate; no te sientes	sentaos; no os sentéis
siéntese	siéntense

Participles

Present	**Past**
sentándose	sentado

Related Words

un *asiento*	seat	*sentarle a uno mal*	to not sit well with someone

159 sentirse to feel (well, ill)

yo   nosotros/-as
tú   vosotros/-as
él/ella/Ud.   ellos/ellas/Uds.

Indicative

Present Tense

		Present Perfect	
me siento	nos sentimos	me he sentido	nos hemos sentido
te sientes	os sentís	te has sentido	os habéis sentido
se siente	se sienten	se ha sentido	se han sentido

Imperfect

		Pluperfect	
me sentía	nos sentíamos	me había sentido	nos habíamos sentido
te sentías	os sentíais	te habías sentido	os habíais sentido
se sentía	se sentían	se había sentido	se habían sentido

Preterite

		Preterite Perfect	
me sentí	nos sentimos	me hube sentido	nos hubimos sentido
te sentiste	os sentisteis	te hubiste sentido	os hubisteis sentido
se sintió	se sintieron	se hubo sentido	se hubieron sentido

Future

		Future Perfect	
me sentiré	nos sentiremos	me habré sentido	nos habremos sentido
te sentirás	os sentiréis	te habrás sentido	os habréis sentido
se sentirá	se sentirán	se habrá sentido	se habrán sentido

Conditional

Present

		Present Perfect	
me sentiría	nos sentiríamos	me habría sentido	nos habríamos sentido
te sentirías	os sentiríais	te habrías sentido	os habríais sentido
se sentiría	se sentirían	se habría sentido	se habrían sentido

Subjunctive

Present

		Present Perfect	
me sienta	nos sintamos	me haya sentido	nos hayamos sentido
te sientas	os sintáis	te hayas sentido	os hayáis sentido
se sienta	se sientan	se haya sentido	se hayan sentido

Imperfect

		Pluperfect	
me sintiera	nos sintiéramos	me hubiera sentido	nos hubiéramos sentido
te sintieras	os sintierais	te hubieras sentido	os hubierais sentido
se sintiera	se sintieran	se hubiera sentido	se hubieran sentido
OR		OR	
me sintiese	nos sintiésemos	me hubiese sentido	nos hubiésemos sentido
te sintieses	os sintieseis	te hubieses sentido	os hubieseis sentido
se sintiese	se sintiesen	se hubiese sentido	se hubiesen sentido

Imperative

—	sintámonos
siéntete; no te sientas	sentíos; no os sintáis
siéntase	siéntanse

Participles

Present	**Past**
sintiéndose	sentido

Related Words

un sentimiento	feeling	*Lo siento.*	I'm sorry.
los cinco sentidos	the five senses		

160 ser to be

	yo	nosotros/-as
	tú	vosotros/-as
	él/ella/Ud.	ellos/ellas/Uds.

Indicative

Present Tense
soy	somos
eres	sois
es	son

Present Perfect
he sido	hemos sido
has sido	habéis sido
ha sido	han sido

Imperfect
era	éramos
eras	erais
era	eran

Pluperfect
había sido	habíamos sido
habías sido	habíais sido
había sido	habían sido

Preterite
fui	fuimos
fuiste	fuisteis
fue	fueron

Preterite Perfect
hube sido	hubimos sido
hubiste sido	hubisteis sido
hubo sido	hubieron sido

Future
seré	seremos
serás	seréis
será	serán

Future Perfect
habré sido	habremos sido
habrás sido	habréis sido
habrá sido	habrán sido

Conditional

Present
sería	seríamos
serías	seríais
sería	serían

Present Perfect
habría sido	habríamos sido
habrías sido	habríais sido
habría sido	habrían sido

Subjunctive

Present
sea	seamos
seas	seáis
sea	sean

Present Perfect
haya sido	hayamos sido
hayas sido	hayáis sido
haya sido	hayan sido

Imperfect
fuera	fuéramos
fueras	fuerais
fuera	fueran
OR	
fuese	fuésemos
fueses	fueseis
fuese	fuesen

Pluperfect
hubiera sido	hubiéramos sido
hubieras sido	hubierais sido
hubiera sido	hubieran sido
OR	
hubiese sido	hubiésemos sido
hubieses sido	hubieseis sido
hubiese sido	hubiesen sido

Imperative
—	seamos
sé; no seas	sed; no seáis
sea	sean

Participles
Present	Past
siendo	sido

Related Words
¿Quién es?	Who is it?
Es médico.	He's a doctor.
Ser o no ser.	To be or not to be.

161 servir to serve

yo   nosotros/-as
tú   vosotros/-as
él/ella/Ud.   ellos/ellas/Uds.

Indicative

Present Tense

		Present Perfect	
sirvo	servimos	he servido	hemos servido
sirves	servís	has servido	habéis servido
sirve	sirven	ha servido	han servido

Imperfect

		Pluperfect	
servía	servíamos	había servido	habíamos servido
servías	servíais	habías servido	habíais servido
servía	servían	había servido	habían servido

Preterite

		Preterite Perfect	
serví	servimos	hube servido	hubimos servido
serviste	servisteis	hubiste servido	hubisteis servido
sirvió	sirvieron	hubo servido	hubieron servido

Future

		Future Perfect	
serviré	serviremos	habré servido	habremos servido
servirás	serviréis	habrás servido	habréis servido
servirá	servirán	habrá servido	habrán servido

Conditional

Present

		Present Perfect	
serviría	serviríamos	habría servido	habríamos servido
servirías	serviríais	habrías servido	habríais servido
serviría	servirían	habría servido	habrían servido

Subjunctive

Present

		Present Perfect	
sirva	sirvamos	haya servido	hayamos servido
sirvas	sirváis	hayas servido	hayáis servido
sirva	sirvan	haya servido	hayan servido

Imperfect

		Pluperfect	
sirviera	sirviéramos	hubiera servido	hubiéramos servido
sirvieras	sirvierais	hubieras servido	hubierais servido
sirviera	sirvieran	hubiera servido	hubieran servido
OR		OR	
sirviese	sirviésemos	hubiese servido	hubiésemos servido
sirvieses	sirvieseis	hubieses servido	hubieseis servido
sirviese	sirviesen	hubiese servido	hubiesen servido

Imperative

—	sirvamos
sirve; no sirvas	servid; no sirváis
sirva	sirvan

Participles

Present	Past
sirviendo	servido

Related Words

una servilleta	napkin	*el servicio*	service
¿En qué puedo servirle?	How can I help you?		

162 soler* to be in the habit of, to be accustomed to

	yo	nosotros/-as
	tú	vosotros/-as
	él/ella/Ud.	ellos/ellas/Uds.

Indicative

Present Tense
suelo	solemos
sueles	soléis
suele	suelen

Present Perfect
he solido	hemos solido
has solido	habéis solido
ha solido	han solido

Imperfect
solía	solíamos
solías	solíais
solía	solían

Subjunctive

Present
suela	solamos
suelas	soláis
suela	suelan

Participles

Present	Past
soliendo	solido

Related Words

Suele pasar por aquí.	He usually comes this way.	*Solíamos ir todos los años.*	We used to go every year.
Suelo acostarme a las diez.	I usually go to bed at ten.		

---

* *Soler* is always used with an infinitive.

194

163 sonreír to smile

	yo	nosotros/-as
	tú	vosotros/-as
	él/ella/Ud.	ellos/ellas/Uds.

Indicative

Present Tense
sonrío	sonreímos
sonríes	sonreís
sonríe	sonríen

Present Perfect
he sonreído	hemos sonreído
has sonreído	habéis sonreído
ha sonreído	han sonreído

Imperfect
sonreía	sonreíamos
sonreías	sonreíais
sonreía	sonreían

Pluperfect
había sonreído	habíamos sonreído
habías sonreído	habíais sonreído
había sonreído	habían sonreído

Preterite
sonreí	sonreímos
sonreíste	sonreísteis
sonrió	sonrieron

Preterite Perfect
hube sonreído	hubimos sonreído
hubiste sonreído	hubisteis sonreído
hubo sonreído	hubieron sonreído

Future
sonreiré	sonreiremos
sonreirás	sonreiréis
sonreirá	sonreirán

Future Perfect
habré sonreído	habremos sonreído
habrás sonreído	habréis sonreído
habrá sonreído	habrán sonreído

Conditional

Present
sonreiría	sonreiríamos
sonreirías	sonreiríais
sonreiría	sonreirían

Present Perfect
habría sonreído	habríamos sonreído
habrías sonreído	habríais sonreído
habría sonreído	habrían sonreído

Subjunctive

Present
sonría	sonriamos
sonrías	sonriáis
sonría	sonrían

Present Perfect
haya sonreído	hayamos sonreído
hayas sonreído	hayáis sonreído
haya sonreído	hayan sonreído

Imperfect
sonriera	sonriéramos
sonrieras	sonrierais
sonriera	sonrieran
OR	
sonriese	sonriésemos
sonrieses	sonrieseis
sonriese	sonriesen

Pluperfect
hubiera sonreído	hubiéramos sonreído
hubieras sonreído	hubierais sonreído
hubiera sonreído	hubieran sonreído
OR	
hubiese sonreído	hubiésemos sonreído
hubieses sonreído	hubieseis sonreído
hubiese sonreído	hubiesen sonreído

Imperative
—	sonriamos
sonríe; no sonrías	sonreíd; no sonriáis
sonría	sonrían

Participles
Present	Past
sonriendo	sonreído

Related Words
la sonrisa	smile

164 substituir to substitute

yo   nosotros/-as
tú   vosotros/-as
él/ella/Ud.   ellos/ellas/Uds.

Indicative

Present Tense
substituyo	substituimos
substituyes	substituís
substituye	substituyen

Present Perfect
he substituido	hemos substituido
has substituido	habéis substituido
ha substituido	han substituido

Imperfect
substituía	substituíamos
substituías	substituíais
substituía	substituían

Pluperfect
había substituido	habíamos substituido
habías substituido	habíais substituido
había substituido	habían substituido

Preterite
substituí	substituimos
substituiste	substituisteis
substituyó	substituyeron

Preterite Perfect
hube substituido	hubimos substituido
hubiste substituido	hubisteis substituido
hubo substituido	hubieron substituido

Future
substituiré	substituiremos
substituirás	substituiréis
substituirá	substituirán

Future Perfect
habré substituido	habremos substituido
habrás substituido	habréis substituido
habrá substituido	habrán substituido

Conditional

Present
substituiría	substituiríamos
substituirías	substituiríais
substituiría	substituirían

Present Perfect
habría substituido	habríamos substituido
habrías substituido	habríais substituido
habría substituido	habrían substituido

Subjunctive

Present
substituya	substituyamos
substituyas	substituyáis
substituya	substituyan

Present Perfect
haya substituido	hayamos substituido
hayas substituido	hayáis substituido
haya substituido	hayan substituido

Imperfect
substituyera	substituyéramos
substituyeras	substituyerais
substituyera	substituyeran
OR	
substituyese	substituyésemos
substituyeses	substituyeseis
substituyese	substituyesen

Pluperfect
hubiera substituido	hubiéramos substituido
hubieras substituido	hubierais substituido
hubiera substituido	hubieran substituido
OR	
hubiese substituido	hubiésemos substituido
hubieses substituido	hubieseis substituido
hubiese substituido	hubiesen substituido

Imperative
—	substituyamos
substituye; no	substituid; no
substituyas	substituyáis
substituya	substituyan

Participles
Present	Past
substituyendo	substituido

Related Words
sustituir	to substitute	*la sustitución*	substitution
el sustituto	substitute		

165 surgir to come forth, to appear unexpectedly

	yo	nosotros/-as
	tú	vosotros/-as
	él/ella/Ud.	ellos/ellas/Uds.

Indicative

Present Tense		Present Perfect	
surjo	surgimos	he surgido	hemos surgido
surges	surgís	has surgido	habéis surgido
surge	surgen	ha surgido	han surgido

Imperfect		Pluperfect	
surgía	surgíamos	había surgido	habíamos surgido
surgías	surgíais	habías surgido	habíais surgido
surgía	surgían	había surgido	habían surgido

Preterite		Preterite Perfect	
surgí	surgimos	hube surgido	hubimos surgido
surgiste	surgisteis	hubiste surgido	hubisteis surgido
surgió	surgieron	hubo surgido	hubieron surgido

Future		Future Perfect	
surgiré	surgiremos	habré surgido	habremos surgido
surgirás	surgiréis	habrás surgido	habréis surgido
surgirá	surgirán	habrá surgido	habrán surgido

Conditional

Present		Present Perfect	
surgiría	surgiríamos	habría surgido	habríamos surgido
surgirías	surgiríais	habrías surgido	habríais surgido
surgiría	surgirían	habría surgido	habrían surgido

Subjunctive

Present		Present Perfect	
surja	surjamos	haya surgido	hayamos surgido
surjas	surjáis	hayas surgido	hayáis surgido
surja	surjan	haya surgido	hayan surgido

Imperfect		Pluperfect	
surgiera	surgiéramos	hubiera surgido	hubiéramos surgido
surgieras	surgierais	hubieras surgido	hubierais surgido
surgiera	surgieran	hubiera surgido	hubieran surgido
OR		OR	
surgiese	surgiésemos	hubiese surgido	hubiésemos surgido
surgieses	surgieseis	hubieses surgido	hubieseis surgido
surgiese	surgiesen	hubiese surgido	hubiesen surgido

Imperative

—	surjamos
surge; no surjas	surgid; no surjáis
surja	surjan

Participles

Present	Past
surgiendo	surgido

Related Words

surgente	springing, spurting, arising

166 tener to have

yo   nosotros/-as
tú   vosotros/-as
él/ella/Ud.   ellos/ellas/Uds.

Indicative

Present Tense
tengo	tenemos
tienes	tenéis
tiene	tienen

Present Perfect
he tenido	hemos tenido
has tenido	habéis tenido
ha tenido	han tenido

Imperfect
tenía	teníamos
tenías	teníais
tenía	tenían

Pluperfect
había tenido	habíamos tenido
habías tenido	habíais tenido
había tenido	habían tenido

Preterite
tuve	tuvimos
tuviste	tuvisteis
tuvo	tuvieron

Preterite Perfect
hube tenido	hubimos tenido
hubiste tenido	hubisteis tenido
hubo tenido	hubieron tenido

Future
tendré	tendremos
tendrás	tendréis
tendrá	tendrán

Future Perfect
habré tenido	habremos tenido
habrás tenido	habréis tenido
habrá tenido	habrán tenido

Conditional

Present
tendría	tendríamos
tendrías	tendríais
tendría	tendrían

Present Perfect
habría tenido	habríamos tenido
habrías tenido	habríais tenido
habría tenido	habrían tenido

Subjunctive

Present
tenga	tengamos
tengas	tengáis
tenga	tengan

Present Perfect
haya tenido	hayamos tenido
hayas tenido	hayáis tenido
haya tenido	hayan tenido

Imperfect
tuviera	tuviéramos
tuvieras	tuvierais
tuviera	tuvieran
OR	
tuviese	tuviésemos
tuvieses	tuvieseis
tuviese	tuviesen

Pluperfect
hubiera tenido	hubiéramos tenido
hubieras tenido	hubierais tenido
hubiera tenido	hubieran tenido
OR	
hubiese tenido	hubiésemos tenido
hubieses tenido	hubieseis tenido
hubiese tenido	hubiesen tenido

Imperative
—	tengamos
ten; no tengas	tened; no tengáis
tenga	tengan

Participles
Present	Past
teniendo	tenido

Related Words
tener hambre/ sed/calor/frío	to be hungry/ thirsty/hot/cold	*Tengo ganas de . . . (comer).*	I feel like . . . (eating).

167 terminar to finish, to end

	yo	nosotros/-as
	tú	vosotros/-as
	él/ella/Ud.	ellos/ellas/Uds.

Indicative

Present Tense
termino	terminamos
terminas	termináis
termina	terminan

Present Perfect
he terminado	hemos terminado
has terminado	habéis terminado
ha terminado	han terminado

Imperfect
terminaba	terminábamos
terminabas	terminabais
terminaba	terminaban

Pluperfect
había terminado	habíamos terminado
habías terminado	habíais terminado
había terminado	habían terminado

Preterite
terminé	terminamos
terminaste	terminasteis
terminó	terminaron

Preterite Perfect
hube terminado	hubimos terminado
hubiste terminado	hubisteis terminado
hubo terminado	hubieron terminado

Future
terminaré	terminaremos
terminarás	terminaréis
terminará	terminarán

Future Perfect
habré terminado	habremos terminado
habrás terminado	habréis terminado
habrá terminado	habrán terminado

Conditional

Present
terminaría	terminaríamos
terminarías	terminaríais
terminaría	terminarían

Present Perfect
habría terminado	habríamos terminado
habrías terminado	habríais terminado
habría terminado	habrían terminado

Subjunctive

Present
termine	terminemos
termines	terminéis
termine	terminen

Present Perfect
haya terminado	hayamos terminado
hayas terminado	hayáis terminado
haya terminado	hayan terminado

Imperfect
terminara	termináramos
terminaras	terminarais
terminara	terminaran
OR	
terminase	terminásemos
terminases	terminaseis
terminase	terminasen

Pluperfect
hubiera terminado	hubiéramos terminado
hubieras terminado	hubierais terminado
hubiera terminado	hubieran terminado
OR	
hubiese terminado	hubiésemos terminado
hubieses terminado	hubieseis terminado
hubiese terminado	hubiesen terminado

Imperative
—	terminemos
termina; no termines	terminad; no terminéis
termine	terminen

Participles
Present	Past
terminando	terminado

Related Words
el término	end, conclusion, term	*la terminación*	ending, termination
terminarse	to come to an end		

168 tocar to play (music or musical instruments), to touch

	yo	nosotros/-as
	tú	vosotros/-as
	él/ella/Ud.	ellos/ellas/Uds.

Indicative

Present Tense
toco	tocamos
tocas	tocáis
toca	tocan

Present Perfect
he tocado	hemos tocado
has tocado	habéis tocado
ha tocado	han tocado

Imperfect
tocaba	tocábamos
tocabas	tocabais
tocaba	tocaban

Pluperfect
había tocado	habíamos tocado
habías tocado	habíais tocado
había tocado	habían tocado

Preterite
toqué	tocamos
tocaste	tocasteis
tocó	tocaron

Preterite Perfect
hube tocado	hubimos tocado
hubiste tocado	hubisteis tocado
hubo tocado	hubieron tocado

Future
tocaré	tocaremos
tocarás	tocaréis
tocará	tocarán

Future Perfect
habré tocado	habremos tocado
habrás tocado	habréis tocado
habrá tocado	habrán tocado

Conditional

Present
tocaría	tocaríamos
tocarías	tocaríais
tocaría	tocarían

Present Perfect
habría tocado	habríamos tocado
habrías tocado	habríais tocado
habría tocado	habrían tocado

Subjunctive

Present
toque	toquemos
toques	toquéis
toque	toquen

Present Perfect
haya tocado	hayamos tocado
hayas tocado	hayáis tocado
haya tocado	hayan tocado

Imperfect
tocara	tocáramos
tocaras	tocarais
tocara	tocaran
OR	
tocase	tocásemos
tocases	tocaseis
tocase	tocasen

Pluperfect
hubiera tocado	hubiéramos tocado
hubieras tocado	hubierais tocado
hubiera tocado	hubieran tocado
OR	
hubiese tocado	hubiésemos tocado
hubieses tocado	hubieseis tocado
hubiese tocado	hubiesen tocado

Imperative
—	toquemos
toca; no toques	tocad; no toquéis
toque	toquen

Participles

Present	Past
tocando	tocado

Related Words

tocante	touching	*un/a tocador/a*	player, performer

169 tomar to take

yo   nosotros/-as
tú   vosotros/-as
él/ella/Ud.   ellos/ellas/Uds.

Indicative

Present Tense		**Present Perfect**	
tomo	tomamos	he tomado	hemos tomado
tomas	tomáis	has tomado	habéis tomado
toma	toman	ha tomado	han tomado

Imperfect		**Pluperfect**	
tomaba	tomábamos	había tomado	habíamos tomado
tomabas	tomabais	habías tomado	habíais tomado
tomaba	tomaban	había tomado	habían tomado

Preterite		**Preterite Perfect**	
tomé	tomamos	hube tomado	hubimos tomado
tomaste	tomasteis	hubiste tomado	hubisteis tomado
tomó	tomaron	hubo tomado	hubieron tomado

Future		**Future Perfect**	
tomaré	tomaremos	habré tomado	habremos tomado
tomarás	tomaréis	habrás tomado	habréis tomado
tomará	tomarán	habrá tomado	habrán tomado

Conditional

Present		**Present Perfect**	
tomaría	tomaríamos	habría tomado	habríamos tomado
tomarías	tomaríais	habrías tomado	habríais tomado
tomaría	tomarían	habría tomado	habrían tomado

Subjunctive

Present		**Present Perfect**	
tome	tomemos	haya tomado	hayamos tomado
tomes	toméis	hayas tomado	hayáis tomado
tome	tomen	haya tomado	hayan tomado

Imperfect		**Pluperfect**	
tomara	tomáramos	hubiera tomado	hubiéramos tomado
tomaras	tomarais	hubieras tomado	hubierais tomado
tomara	tomaran	hubiera tomado	hubieran tomado
OR		OR	
tomase	tomásemos	hubiese tomado	hubiésemos tomado
tomases	tomaseis	hubieses tomado	hubieseis tomado
tomase	tomasen	hubiese tomado	hubiesen tomado

Imperative

—	tomemos
toma; no tomes	tomad; no toméis
tome	tomen

Participles

Present	**Past**
tomando	tomado

Related Words

Tomamos unas cervezas.	We had a few beers.	*tomar el sol*	to sunbathe

170 **trabajar** to work

yo	nosotros/-as
tú	vosotros/-as
él/ella/Ud.	ellos/ellas/Uds.

Indicative

Present Tense

trabajo	trabajamos
trabajas	trabajáis
trabaja	trabajan

Present Perfect

he trabajado	hemos trabajado
has trabajado	habéis trabajado
ha trabajado	han trabajado

Imperfect

trabajaba	trabajábamos
trabajabas	trabajabais
trabajaba	trabajaban

Pluperfect

había trabajado	habíamos trabajado
habías trabajado	habíais trabajado
había trabajado	habían trabajado

Preterite

trabajé	trabajamos
trabajaste	trabajasteis
trabajó	trabajaron

Preterite Perfect

hube trabajado	hubimos trabajado
hubiste trabajado	hubisteis trabajado
hubo trabajado	hubieron trabajado

Future

trabajaré	trabajaremos
trabajarás	trabajaréis
trabajará	trabajarán

Future Perfect

habré trabajado	habremos trabajado
habrás trabajado	habréis trabajado
habrá trabajado	habrán trabajado

Conditional

Present

trabajaría	trabajaríamos
trabajarías	trabajaríais
trabajaría	trabajarían

Present Perfect

habría trabajado	habríamos trabajado
habrías trabajado	habríais trabajado
habría trabajado	habrían trabajado

Subjunctive

Present

trabaje	trabajemos
trabajes	trabajéis
trabaje	trabajen

Present Perfect

haya trabajado	hayamos trabajado
hayas trabajado	hayáis trabajado
haya trabajado	hayan trabajado

Imperfect

trabajara	trabajáramos
trabajaras	trabajarais
trabajara	trabajaran
OR	
trabajase	trabajásemos
trabajases	trabajaseis
trabajase	trabajasen

Pluperfect

hubiera trabajado	hubiéramos trabajado
hubieras trabajado	hubierais trabajado
hubiera trabajado	hubieran trabajado
OR	
hubiese trabajado	hubiésemos trabajado
hubieses trabajado	hubieseis trabajado
hubiese trabajado	hubiesen trabajado

Imperative

—	trabajemos
trabaja; no trabajes	trabajad; no trabajéis
trabaje	trabajen

Participles

Present	Past
trabajando	trabajado

Related Words

el trabajo	work, job	trabajador/a	hardworking; worker

171 traducir to translate

	yo	nosotros/-as
	tú	vosotros/-as
	él/ella/Ud.	ellos/ellas/Uds.

Indicative

Present Tense
traduzco	traducimos
traduces	traducís
traduce	traducen

Present Perfect
he traducido	hemos traducido
has traducido	habéis traducido
ha traducido	han traducido

Imperfect
traducía	traducíamos
traducías	traducíais
traducía	traducían

Pluperfect
había traducido	habíamos traducido
habías traducido	habíais traducido
había traducido	habían traducido

Preterite
traduje	tradujimos
tradujiste	tradujisteis
tradujo	tradujeron

Preterite Perfect
hube traducido	hubimos traducido
hubiste traducido	hubisteis traducido
hubo traducido	hubieron traducido

Future
traduciré	traduciremos
traducirás	traduciréis
traducirá	traducirán

Future Perfect
habré traducido	habremos traducido
habrás traducido	habréis traducido
habrá traducido	habrán traducido

Conditional

Present
traduciría	traduciríamos
traducirías	traduciríais
traduciría	traducirían

Present Perfect
habría traducido	habríamos traducido
habrías traducido	habríais traducido
habría traducido	habrían traducido

Subjunctive

Present
traduzca	traduzcamos
traduzcas	traduzcáis
traduzca	traduzcan

Present Perfect
haya traducido	hayamos traducido
hayas traducido	hayáis traducido
haya traducido	hayan traducido

Imperfect
tradujera	tradujéramos
tradujeras	tradujerais
tradujera	tradujeran
OR	
tradujese	tradujésemos
tradujeses	tradujeseis
tradujese	tradujesen

Pluperfect
hubiera traducido	hubiéramos traducido
hubieras traducido	hubierais traducido
hubiera traducido	hubieran traducido
OR	
hubiese traducido	hubiésemos traducido
hubieses traducido	hubieseis traducido
hubiese traducido	hubiesen traducido

Imperative
—	traduzcamos
traduce; no	traducid; no
traduzcas	traduzcáis
traduzca	traduzcan

Participles

Present	Past
traduciendo	traducido

Related Words
la traducción	translation	*un/a traductor/a*	translator

172 traer to bring

	yo	nosotros/-as
	tú	vosotros/-as
	él/ella/Ud.	ellos/ellas/Uds.

Indicative

Present Tense
traigo	traemos
traes	traéis
trae	traen

Present Perfect
he traído	hemos traído
has traído	habéis traído
ha traído	han traído

Imperfect
traía	traíamos
traías	traíais
traía	traían

Pluperfect
había traído	habíamos traído
habías traído	habíais traído
había traído	habían traído

Preterite
traje	trajimos
trajiste	trajisteis
trajo	trajeron

Preterite Perfect
hube traído	hubimos traído
hubiste traído	hubisteis traído
hubo traído	hubieron traído

Future
traeré	traeremos
traerás	traeréis
traerá	traerán

Future Perfect
habré traído	habremos traído
habrás traído	habréis traído
habrá traído	habrán traído

Conditional

Present
traería	traeríamos
traerías	traeríais
traería	traerían

Present Perfect
habría traído	habríamos traído
habrías traído	habríais traído
habría traído	habrían traído

Subjunctive

Present
traiga	traigamos
traigas	traigáis
traiga	traigan

Present Perfect
haya traído	hayamos traído
hayas traído	hayáis traído
haya traído	hayan traído

Imperfect
trajera	trajéramos
trajeras	trajerais
trajera	trajeran
OR	
trajese	trajésemos
trajeses	trajeseis
trajese	trajesen

Pluperfect
hubiera traído	hubiéramos traído
hubieras traído	hubierais traído
hubiera traído	hubieran traído
OR	
hubiese traído	hubiésemos traído
hubieses traído	hubieseis traído
hubiese traído	hubiesen traído

Imperative
—	traigamos
trae; no traigas	traed; no traigáis
traiga	traigan

Participles
Present	Past
trayendo	traído

Related Words

traerse de cabeza (España)	to drive crazy	*traerse algo entre manos*	to be up to something

173 **utilizar** to utilize, to use

yo	nosotros/-as
tú	vosotros/-as
él/ella/Ud.	ellos/ellas/Uds.

Indicative

Present Tense
utilizo	utilizamos
utilizas	utilizáis
utiliza	utilizan

Present Perfect
he utilizado	hemos utilizado
has utilizado	habéis utilizado
ha utilizado	han utilizado

Imperfect
utilizaba	utilizábamos
utilizabas	utilizabais
utilizaba	utilizaban

Pluperfect
había utilizado	habíamos utilizado
habías utilizado	habíais utilizado
había utilizado	habían utilizado

Preterite
utilicé	utilizamos
utilizaste	utilizasteis
utilizó	utilizaron

Preterite Perfect
hube utilizado	hubimos utilizado
hubiste utilizado	hubisteis utilizado
hubo utilizado	hubieron utilizado

Future
utilizaré	utilizaremos
utilizarás	utilizaréis
utilizará	utilizarán

Future Perfect
habré utilizado	habremos utilizado
habrás utilizado	habréis utilizado
habrá utilizado	habrán utilizado

Conditional

Present
utilizaría	utilizaríamos
utilizarías	utilizaríais
utilizaría	utilizarían

Present Perfect
habría utilizado	habríamos utilizado
habrías utilizado	habríais utilizado
habría utilizado	habrían utilizado

Subjunctive

Present
utilice	utilicemos
utilices	utilicéis
utilice	utilicen

Present Perfect
haya utilizado	hayamos utilizado
hayas utilizado	hayáis utilizado
haya utilizado	hayan utilizado

Imperfect
utilizara	utilizáramos
utilizaras	utilizarais
utilizara	utilizaran
OR	
utilizase	utilizásemos
utilizases	utilizaseis
utilizase	utilizasen

Pluperfect
hubiera utilizado	hubiéramos utilizado
hubieras utilizado	hubierais utilizado
hubiera utilizado	hubieran utilizado
OR	
hubiese utilizado	hubiésemos utilizado
hubieses utilizado	hubieseis utilizado
hubiese utilizado	hubiesen utilizado

Imperative
—	utilicemos
utiliza; no utilices	utilizad; no utilicéis
utilice	utilicen

Participles

Present
utilizando

Past
utilizado

Related Words

un utensilio	tool, utensil	*Ellos me utilizan.*	They're using me.

205

174 vender to sell

	yo	nosotros/-as
	tú	vosotros/-as
	él/ella/Ud.	ellos/ellas/Uds.

Indicative

Present Tense

vendo	vendemos
vendes	vendéis
vende	venden

Present Perfect

he vendido	hemos vendido
has vendido	habéis vendido
ha vendido	han vendido

Imperfect

vendía	vendíamos
vendías	vendíais
vendía	vendían

Pluperfect

había vendido	habíamos vendido
habías vendido	habíais vendido
había vendido	habían vendido

Preterite

vendí	vendimos
vendiste	vendisteis
vendió	vendieron

Preterite Perfect

hube vendido	hubimos vendido
hubiste vendido	hubisteis vendido
hubo vendido	hubieron vendido

Future

venderé	venderemos
venderás	venderéis
venderá	venderán

Future Perfect

habré vendido	habremos vendido
habrás vendido	habréis vendido
habrá vendido	habrán vendido

Conditional

Present

vendería	venderíamos
venderías	venderíais
vendería	venderían

Present Perfect

habría vendido	habríamos vendido
habrías vendido	habríais vendido
habría vendido	habrían vendido

Subjunctive

Present

venda	vendamos
vendas	vendáis
venda	vendan

Present Perfect

haya vendido	hayamos vendido
hayas vendido	hayáis vendido
haya vendido	hayan vendido

Imperfect

vendiera	vendiéramos
vendieras	vendierais
vendiera	vendieran
OR	
vendiese	vendiésemos
vendieses	vendieseis
vendiese	vendiesen

Pluperfect

hubiera vendido	hubiéramos vendido
hubieras vendido	hubierais vendido
hubiera vendido	hubieran vendido
OR	
hubiese vendido	hubiésemos vendido
hubieses vendido	hubieseis vendido
hubiese vendido	hubiesen vendido

Imperative

—	vendamos
vende; no vendas	vended; no vendáis
venda	vendan

Participles

Present	**Past**
vendiendo	vendido

Related Words

un/a vendedor/a	seller	se vende	for sale
la venta	sale		

175 venir to come

yo	nosotros/-as
tú	vosotros/-as
él/ella/Ud.	ellos/ellas/Uds.

Indicative

Present Tense
vengo	venimos
vienes	venís
viene	vienen

Present Perfect
he venido	hemos venido
has venido	habéis venido
ha venido	han venido

Imperfect
venía	veníamos
venías	veníais
venía	venían

Pluperfect
había venido	habíamos venido
habías venido	habíais venido
había venido	habían venido

Preterite
vine	vinimos
viniste	vinisteis
vino	vinieron

Preterite Perfect
hube venido	hubimos venido
hubiste venido	hubisteis venido
hubo venido	hubieron venido

Future
vendré	vendremos
vendrás	vendréis
vendrá	vendrán

Future Perfect
habré venido	habremos venido
habrás venido	habréis venido
habrá venido	habrán venido

Conditional

Present
vendría	vendríamos
vendrías	vendríais
vendría	vendrían

Present Perfect
habría venido	habríamos venido
habrías venido	habríais venido
habría venido	habrían venido

Subjunctive

Present
venga	vengamos
vengas	vengáis
venga	vengan

Present Perfect
haya venido	hayamos venido
hayas venido	hayáis venido
haya venido	hayan venido

Imperfect
viniera	viniéramos
vinieras	vinierais
viniera	vinieran
OR	
viniese	viniésemos
vinieses	vinieseis
viniese	viniesen

Pluperfect
hubiera venido	hubiéramos venido
hubieras venido	hubierais venido
hubiera venido	hubieran venido
OR	
hubiese venido	hubiésemos venido
hubieses venido	hubieseis venido
hubiese venido	hubiesen venido

Imperative
—	vengamos
ven; no vengas	venid; no vengáis
venga	vengan

Participles
| Present | Past |
| viniendo | venido |

Related Words
| ¡Ven acá! | Come over here! | la semana que viene | next week |
| el porvenir | future | | |

176 ver to see

yo	nosotros/-as
tú	vosotros/-as
él/ella/Ud.	ellos/ellas/Uds.

Indicative

Present Tense

veo	vemos
ves	veis
ve	ven

Present Perfect

he visto	hemos visto
has visto	habéis visto
ha visto	han visto

Imperfect

veía	veíamos
veías	veíais
veía	veían

Pluperfect

había visto	habíamos visto
habías visto	habíais visto
había visto	habían visto

Preterite

vi	vimos
viste	visteis
vio	vieron

Preterite Perfect

hube visto	hubimos visto
hubiste visto	hubisteis visto
hubo visto	hubieron visto

Future

veré	veremos
verás	veréis
verá	verán

Future Perfect

habré visto	habremos visto
habrás visto	habréis visto
habrá visto	habrán visto

Conditional

Present

vería	veríamos
verías	veríais
vería	verían

Present Perfect

habría visto	habríamos visto
habrías visto	habríais visto
habría visto	habrían visto

Subjunctive

Present

vea	veamos
veas	veáis
vea	vean

Present Perfect

haya visto	hayamos visto
hayas visto	hayáis visto
haya visto	hayan visto

Imperfect

viera	viéramos
vieras	vierais
viera	vieran
OR	
viese	viésemos
vieses	vieseis
viese	viesen

Pluperfect

hubiera visto	hubiéramos visto
hubieras visto	hubierais visto
hubiera visto	hubieran visto
OR	
hubiese visto	hubiésemos visto
hubieses visto	hubieseis visto
hubiese visto	hubiesen visto

Imperative

—	veamos
ve; no veas	ved; no veáis
vea	vean

Participles

Present	Past
viendo	visto

Related Words

la vista	view	*la entrevista*	interview
Vamos a ver ...	Let's see ...		

177 vestirse to get dressed

yo	nosotros/-as
tú	vosotros/-as
él/ella/Ud.	ellos/ellas/Uds.

Indicative

Present Tense
me visto	nos vestimos
te vistes	os vestís
se viste	se visten

Present Perfect
me he vestido	nos hemos vestido
te has vestido	os habéis vestido
se ha vestido	se han vestido

Imperfect
me vestía	nos vestíamos
te vestías	os vestíais
se vestía	se vestían

Pluperfect
me había vestido	nos habíamos vestido
te habías vestido	os habíais vestido
se había vestido	se habían vestido

Preterite
me vestí	nos vestimos
te vestiste	os vestisteis
se vistió	se vistieron

Preterite Perfect
me hube vestido	nos hubimos vestido
te hubiste vestido	os hubisteis vestido
se hubo vestido	se hubieron vestido

Future
me vestiré	nos vestiremos
te vestirás	os vestiréis
se vestirá	se vestirán

Future Perfect
me habré vestido	nos habremos vestido
te habrás vestido	os habréis vestido
se habrá vestido	se habrán vestido

Conditional

Present
me vestiría	nos vestiríamos
te vestirías	os vestiríais
se vestiría	se vestirían

Present Perfect
me habría vestido	nos habríamos vestido
te habrías vestido	os habríais vestido
se habría vestido	se habrían vestido

Subjunctive

Present
me vista	nos vistamos
te vistas	os vistáis
se vista	se vistan

Present Perfect
me haya vestido	nos hayamos vestido
te hayas vestido	os hayáis vestido
se haya vestido	se hayan vestido

Imperfect
me vistiera	nos vistiéramos
te vistieras	os vistierais
se vistiera	se vistieran
OR	
me vistiese	nos vistiésemos
te vistieses	os vistieseis
se vistiese	se vistiesen

Pluperfect
me hubiera vestido	nos hubiéramos vestido
te hubieras vestido	os hubierais vestido
se hubiera vestido	se hubieran vestido
OR	
me hubiese vestido	nos hubiésemos vestido
te hubieses vestido	os hubieseis vestido
se hubiese vestido	se hubiesen vestido

Imperative
—	vistámonos
vístete; no te vistas	vestíos; no os vistáis
vístase	vístanse

Participles
Present	Past
vistiéndose	vestido

Related Words
vestirse bien	to get dressed up	*el vestido*	dress

178 viajar to travel

		yo	nosotros/-as
		tú	vosotros/-as
		él/ella/Ud.	ellos/ellas/Uds.

Indicative

Present Tense
viajo	viajamos
viajas	viajáis
viaja	viajan

Present Perfect
he viajado	hemos viajado
has viajado	habéis viajado
ha viajado	han viajado

Imperfect
viajaba	viajábamos
viajabas	viajabais
viajaba	viajaban

Pluperfect
había viajado	habíamos viajado
habías viajado	habíais viajado
había viajado	habían viajado

Preterite
viajé	viajamos
viajaste	viajasteis
viajó	viajaron

Preterite Perfect
hube viajado	hubimos viajado
hubiste viajado	hubisteis viajado
hubo viajado	hubieron viajado

Future
viajaré	viajaremos
viajarás	viajaréis
viajará	viajarán

Future Perfect
habré viajado	habremos viajado
habrás viajado	habréis viajado
habrá viajado	habrán viajado

Conditional

Present
viajaría	viajaríamos
viajarías	viajaríais
viajaría	viajarían

Present Perfect
habría viajado	habríamos viajado
habrías viajado	habríais viajado
habría viajado	habrían viajado

Subjunctive

Present
viaje	viajemos
viajes	viajéis
viaje	viajen

Present Perfect
haya viajado	hayamos viajado
hayas viajado	hayáis viajado
haya viajado	hayan viajado

Imperfect
viajara	viajáramos
viajaras	viajarais
viajara	viajaran
OR	
viajase	viajásemos
viajases	viajaseis
viajase	viajasen

Pluperfect
hubiera viajado	hubiéramos viajado
hubieras viajado	hubierais viajado
hubiera viajado	hubieran viajado
OR	
hubiese viajado	hubiésemos viajado
hubieses viajado	hubieseis viajado
hubiese viajado	hubiesen viajado

Imperative
—	viajemos
viaja; no viajes	viajad; no viajéis
viaje	viajen

Participles

Present	Past
viajando	viajado

Related Words

el viaje	trip	*un/a viajero/a*	traveler
agencia de viajes	travel agency		

179 visitar to visit

	yo	nosotros/-as
	tú	vosotros/-as
	él/ella/Ud.	ellos/ellas/Uds.

Indicative

Present Tense
visito	visitamos
visitas	visitáis
visita	visitan

Present Perfect
he visitado	hemos visitado
has visitado	habéis visitado
ha visitado	han visitado

Imperfect
visitaba	visitábamos
visitabas	visitabais
visitaba	visitaban

Pluperfect
había visitado	habíamos visitado
habías visitado	habíais visitado
había visitado	habían visitado

Preterite
visité	visitamos
visitaste	visitasteis
visitó	visitaron

Preterite Perfect
hube visitado	hubimos visitado
hubiste visitado	hubisteis visitado
hubo visitado	hubieron visitado

Future
visitaré	visitaremos
visitarás	visitaréis
visitará	visitarán

Future Perfect
habré visitado	habremos visitado
habrás visitado	habréis visitado
habrá visitado	habrán visitado

Conditional

Present
visitaría	visitaríamos
visitarías	visitaríais
visitaría	visitarían

Present Perfect
habría visitado	habríamos visitado
habrías visitado	habríais visitado
habría visitado	habrían visitado

Subjunctive

Present
visite	visitemos
visites	visitéis
visite	visiten

Present Perfect
haya visitado	hayamos visitado
hayas visitado	hayáis visitado
haya visitado	hayan visitado

Imperfect
visitara	visitáramos
visitaras	visitarais
visitara	visitaran
OR	
visitase	visitásemos
visitases	visitaseis
visitase	visitasen

Pluperfect
hubiera visitado	hubiéramos visitado
hubieras visitado	hubierais visitado
hubiera visitado	hubieran visitado
OR	
hubiese visitado	hubiésemos visitado
hubieses visitado	hubieseis visitado
hubiese visitado	hubiesen visitado

Imperative
—	visitemos
visita; no visites	visitad; no visitéis
visite	visiten

Participles
Present	Past
visitando	visitado

Related Words
una visita	visit	*visitarse*	to visit each other
hacer una visita	to pay a visit		

211

180 vivir to live

yo   nosotros/-as
tú   vosotros/-as
él/ella/Ud.   ellos/ellas/Uds.

Indicative

Present Tense
vivo	vivimos
vives	vivís
vive	viven

Imperfect
vivía	vivíamos
vivías	vivíais
vivía	vivían

Preterite
viví	vivimos
viviste	vivisteis
vivió	vivieron

Future
viviré	viviremos
vivirás	viviréis
vivirá	vivirán

Present Perfect
he vivido	hemos vivido
has vivido	habéis vivido
ha vivido	han vivido

Pluperfect
había vivido	habíamos vivido
habías vivido	habíais vivido
había vivido	habían vivido

Preterite Perfect
hube vivido	hubimos vivido
hubiste vivido	hubisteis vivido
hubo vivido	hubieron vivido

Future Perfect
habré vivido	habremos vivido
habrás vivido	habréis vivido
habrá vivido	habrán vivido

Conditional

Present
viviría	viviríamos
vivirías	viviríais
viviría	vivirían

Present Perfect
habría vivido	habríamos vivido
habrías vivido	habríais vivido
habría vivido	habrían vivido

Subjunctive

Present
viva	vivamos
vivas	viváis
viva	vivan

Imperfect
viviera	viviéramos
vivieras	vivierais
viviera	vivieran
OR	
viviese	viviésemos
vivieses	vivieseis
viviese	viviesen

Present Perfect
haya vivido	hayamos vivido
hayas vivido	hayáis vivido
haya vivido	hayan vivido

Pluperfect
hubiera vivido	hubiéramos vivido
hubieras vivido	hubierais vivido
hubiera vivido	hubieran vivido
OR	
hubiese vivido	hubiésemos vivido
hubieses vivido	hubieseis vivido
hubiese vivido	hubiesen vivido

Imperative
—	vivamos
vive; no vivas	vivid; no viváis
viva	vivan

Participles

Present	Past
viviendo	vivido

Related Words

la vida	life

181 volver to return

yo   nosotros/-as
tú   vosotros/-as
él/ella/Ud.   ellos/ellas/Uds.

Indicative

Present Tense
vuelvo	volvemos
vuelves	volvéis
vuelve	vuelven

Present Perfect
he vuelto	hemos vuelto
has vuelto	habéis vuelto
ha vuelto	han vuelto

Imperfect
volvía	volvíamos
volvías	volvíais
volvía	volvían

Pluperfect
había vuelto	habíamos vuelto
habías vuelto	habíais vuelto
había vuelto	habían vuelto

Preterite
volví	volvimos
volviste	volvisteis
volvió	volvieron

Preterite Perfect
hube vuelto	hubimos vuelto
hubiste vuelto	hubisteis vuelto
hubo vuelto	hubieron vuelto

Future
volveré	volveremos
volverás	volveréis
volverá	volverán

Future Perfect
habré vuelto	habremos vuelto
habrás vuelto	habréis vuelto
habrá vuelto	habrán vuelto

Conditional

Present
volvería	volveríamos
volverías	volveríais
volvería	volverían

Present Perfect
habría vuelto	habríamos vuelto
habrías vuelto	habríais vuelto
habría vuelto	habrían vuelto

Subjunctive

Present
vuelva	volvamos
vuelvas	volváis
vuelva	vuelvan

Present Perfect
haya vuelto	hayamos vuelto
hayas vuelto	hayáis vuelto
haya vuelto	hayan vuelto

Imperfect
volviera	volviéramos
volvieras	volvierais
volviera	volvieran
OR	
volviese	volviésemos
volvieses	volvieseis
volviese	volviesen

Pluperfect
hubiera vuelto	hubiéramos vuelto
hubieras vuelto	hubierais vuelto
hubiera vuelto	hubieran vuelto
OR	
hubiese vuelto	hubiésemos vuelto
hubieses vuelto	hubieseis vuelto
hubiese vuelto	hubiesen vuelto

Imperative
—	volvamos
vuelve; no vuelvas	volved; no volváis
vuelva	vuelvan

Participles

Present
volviendo

Past
vuelto

Related Words

una vuelta	turn, revolution	*dar una vuelta*	to take a walk

Conversation
Manual

INTRODUCTION

Welcome to the conversation manual of *Living Language®
Skill Builder: Spanish Verbs*. The program consists of forty
units with three sections each. Section A introduces the verb
forms. After a brief explanation, you will conjugate a model
verb. Section B reinforces and expands upon what you've
learned about a particular verb by presenting real-life conversations between native speakers. Section C provides a
way to test yourself, so you can see if you've mastered the
unit. Study with *Skill Builder: Spanish Verbs* as often as you
wish to review and reinforce your language skills. Now,
let's begin.

PART I: SPEAKING ABOUT PRESENT ACTIONS

1. THE PRESENT INDICATIVE OF REGULAR -*AR* VERBS

A.

Let's start with the present tense. The *present indicative* is
the verb tense that allows you to indicate actions in the
present. It is equivalent to such English forms as "I speak,"
"I am eating," and "I do work." An *infinitive* is the form of
the verb you'll find in the dictionary. It is equivalent to English forms such as "to speak," "to read," and "to finish."
All Spanish infinitives end in -*ar*, -*er*, or -*ir*.

In this unit you will be dealing with the first conjugation,
or -*ar* verbs, such as *hablar*—to speak. Drop the -*ar* from
the infinitive and add these endings: -*o*, -*as*, -*a*, -*amos*, -*áis*,
-*an* to the verb stem. Let's start with the singular. Spanish
uses the following subject pronouns: *yo*—I, *tú*—you, *él*—he,

ella—she, and *usted*—you. Note that *tú* is the familiar form of address. You use it with friends, family members, or with anyone you call by the first name. *Usted*, on the other hand, is the polite form of address, and you use it with anyone you do not call by the first name. Listen first and then repeat each form and sentence after the Spanish speaker, in the pauses provided; or, as they say in Spanish: *Escuche primero y luego repita cada forma y frase después del modelo.*

I speak	yo hablo
I speak Spanish.	Yo hablo español.
you speak	tú hablas
You speak English.	Tú hablas inglés.
he speaks	él habla
He speaks Spanish.	El habla español.
she speaks	ella habla
She speaks French.	Ella habla francés.
you speak	usted habla
You speak French.	Usted habla francés.

Note that *usted* takes the same verb form as *él* and *ella*.

Now, let's practice conjugating with plural subject pronouns. *Nosotros*—we, is masculine, and *nosotras*—we, is feminine; *vosotros* and *vosotras* are the familiar forms of address, that is, "you," in the masculine and feminine plural. The corresponding polite form is *ustedes*, for both masculine and feminine. In Latin America, *ustedes* is both polite and familiar. Finally, there's *ellos* and *ellas*—they, masculine and feminine.

we speak	nosotros hablamos
We speak German.	Nosotros hablamos alemán.
we speak	nosotras hablamos
We speak Spanish.	Nosotras hablamos español.
you speak	vosotros habláis

You speak Spanish.	**Vosotros habláis español.**
you speak	**vosotras habláis**
You speak French.	**Vosotras habláis francés.**
they speak	**ellos hablan**
They speak English.	**Ellos hablan inglés.**
they speak	**ellas hablan**
They speak Spanish.	**Ellas hablan español.**
you speak	**ustedes hablan**
You speak Spanish.	**Ustedes hablan español.**

Note that subject pronouns are optional in Spanish. So, from now on, you will practice conjugating verbs without the pronouns.

All the sentences you have practiced so far were statements. Now let's turn to questions. You can form questions in two ways. First, by simply raising your voice at the end of the sentence as you do in English.

| You speak Spanish? | **¿Usted habla español?** |
| Juan speaks French? | **¿Juan habla francés?** |

You can also form questions by inverting the subject and the verb.

| Do you speak English? | **¿Habla usted inglés?** |
| Does Juan speak German? | **¿Habla Juan alemán?** |

Last, but not least, the negative is formed by simply putting *no* before the verb.

| I do not speak French well. | **No hablo francés bien.** |
| Juanita does not speak English. | **Juanita no habla inglés.** |

B.

Now, get ready to use your new skills with some common *-ar* verbs used in a typical situation. Let's learn the appropriate verbs first.

to study	**estudiar**
to listen to	**escuchar**

Juanita and Pablo are school friends. Listen to their conversation, or as they say in Spanish: *Escuche la conversación.*

JUANITA:	*¡Hola, Pablo! ¿Estudias tú inglés?*
PABLO:	*Sí, y yo hablo siempre inglés.*
JUANITA:	*¿Y tu hermana?*
PABLO:	*Ella estudia alemán.*
JUANITA:	*Yo también estudio alemán. Y usted, señor Camacho, ¿habla muchas lenguas?*
CAMACHO:	*Sí, mi señora y yo hablamos español, francés, inglés y alemán.*
JUANITA:	*Tengo clase. ¡Adiós!*
PABLO Y CAMACHO:	*¡Adiós!*

Now, let's follow the dialogue step by step.

Hi, Pablo! Are you studying English?	**¡Hola, Pablo! ¿Estudias tú inglés?**
Yes, and I always speak English.	**Sí, y yo hablo siempre inglés.**
And your sister?	**¿Y tu hermana?**
She's studying German.	**Ella estudia alemán.**
I'm also studying German.	**Yo también estudio alemán.**
And you, Mr. Camacho, do you speak many languages?	**Y usted, señor Camacho, ¿habla muchas lenguas?**

220

| Yes, my wife and I speak Spanish, French, English, and German. | **Sí, mi señora y yo hablamos español, francés, inglés y alemán.** |
| I have a class. Good-bye! Good-bye! | **Tengo clase. ¡Adiós! ¡Adiós!** |

C.

Now, answer the questions, using *sí* or *no* as indicated. For example, if the question is: *¿Estudias español?*—Are you studying Spanish? you would answer: *Sí, estudio español*— Yes, I'm studying Spanish.

¿Hablas español? (sí)	☞ *Sí, hablo español.*
¿Estudias alemán? (no)	☞ *No, no estudio alemán.*
¿Juanita habla inglés? (sí)	☞ *Sí, habla inglés.*
¿Ellos hablan español muy bien? (no)	☞ *No, no hablan español muy bien.*
¿Vosotros estudiáis muchas lenguas? (sí)	☞ *Sí, estudiamos muchas lenguas.*
¿Habla usted inglés? (sí)	☞ *Sí, hablo inglés.*

2. THE PRESENT INDICATIVE OF REGULAR -*ER* VERBS

A.

Second-conjugation verbs end in -*er*, which, once again, you must drop before adding the present indicative endings. They are: -*o*, -*es*, -*e*, -*emos*, -*éis*, -*en*. A useful verb to practice is *comer*—to eat.

I eat	**como**
I always eat at home.	**Como siempre en casa.**
you eat	**comes**
Juan, do you often eat at a restaurant?	**Juan, ¿comes frecuentemente en un restaurante?**
she eats	**come**
My sister never eats eggs.	**Mi hermana no come los huevos nunca.**
you eat	**come**
Mr. Camacho, what are you eating?	**Señor Camacho, ¿qué come usted?**
we eat	**comemos**
We never eat soup.	**No comemos la sopa nunca.**
you eat	**coméis**
Juanita, Pablo, you always eat early in the evening, right?	**Juanita, Pablo, coméis siempre temprano en la noche, ¿no?**
they eat	**comen**
My friends and Spaniards in general eat late.	**Mis amigos y los españoles en general comen tarde.**
you eat	**comen**
Mr. and Mrs. Camacho, what time do you eat?	**Señores Camacho, ¿a qué hora comen ustedes?**

B.

Now, it's time to use *-er* verbs to talk about eating. Let's learn the appropriate verbs first.

to ought to, to have to	**deber**
to drink	**beber**

María and Juan are friends. They meet for dinner at a restaurant. *Escuche la conversación.*

> JUAN: *María, debes probar la sopa de este restaurante.*
>
> WAITER: *Es verdad. Usted debe probar nuestra sopa.*
>
> MARÍA: *Bueno. Pero mi familia y yo comemos los huevos el domingo siempre.*
>
> JUAN: *Bueno.*
>
> WAITER: *¿Y para beber?*
>
> MARÍA: *Yo bebo siempre el agua mineral en la cena.*
>
> JUAN: *Yo también.*

Listen and repeat. *Escuche y repita.*

María, you have to try the soup they have in this restaurant.	**María, debes probar la sopa de este restaurante.**
It's true. You must try our soup.	**Es verdad. Usted debe probar nuestra sopa.**
OK. But my family and I always eat eggs on Sundays.	**Bueno. Pero mi familia y yo comemos los huevos el domingo siempre.**
OK.	**Bueno.**
And to drink?	**¿Y para beber?**
I always drink mineral water at dinner.	**Yo bebo siempre el agua mineral en la cena.**
Me, too.	**Yo también.**

C.

You will be asked *¿Quién?*, or Who?, is eating or drinking something: for example, *¿Quién come el rosbif?* You will also be told who it is: let's say, it is *mi hermano*. Your answer, then, will be: *Mi hermano come el rosbif.*

¿Quién bebe el agua mineral? (yo)

☞ *Yo bebo el agua mineral.*

¿Quién come los huevos? (mi hermana)

☞ *Mi hermana come los huevos.*

¿Quién bebe el agua mineral? (mis amigos)

☞ *Mis amigos beben el agua mineral.*

¿Quién come la sopa? (tú)

☞ *Tú comes la sopa.*

¿Quién come en un restaurante? (usted)

☞ *Usted come en un restaurante.*

3. THE PRESENT INDICATIVE OF REGULAR -IR VERBS

A.

Third-conjugation verbs end in *-ir*. You must drop the *-ir* before adding the present indicative endings: *-o, -es, -e, -imos, -ís, -en*. A good verb to practice is *vivir*—to live.

I live	**vivo**
I live in the United States.	**Vivo en los Estados Unidos.**
you live	**vives**
Where do you live?	**¿Dónde vives tú?**
he lives	**vive**
My brother lives in Chile.	**Mi hermano vive en Chile.**
you live	**vive**
Where are you living now?	**¿Dónde vive usted ahora?**
we live	**vivimos**
We live in Spain.	**Vivimos en España.**
you live	**vivís**
Do the two of you live in Chile?	**¿Vivís, vosotros dos, en Chile?**
they live	**viven**
His parents live in Venezuela.	**Sus padres viven en Venezuela.**
you live	**viven**
Do you live in Mexico?	**¿Viven ustedes en México?**

B.

Now, let's talk about countries and nationalities. Let's learn the appropriate verbs first.

to write	**escribir**
to attend	**asistir (a)**

Escuche la conversación.

MARÍA: *Señor Ortega, ¿dónde vive usted?*
ORTEGA: *Vivo en los Estados Unidos. Y ustedes, ¿dónde viven?*
PABLO: *Vivimos en Argentina.*
MARÍA: *Asistimos a la universidad de Buenos Aires.*
ORTEGA: *¿Qué hace, señorita?*
MARÍA: *Escribo mi tesis.*
PABLO: *Mi hermana escribe frecuentemente cuando viaja.*
ORTEGA: *Yo, al contrario, no escribo nunca.*

Escuche y repita cada frase después del modelo.

Mr. Ortega, where do you live?	**Señor Ortega, ¿dónde vive usted?**
I live in the United States. And you, where do you live?	**Vivo en los Estados Unidos. Y ustedes, ¿dónde viven?**
We live in Argentina.	**Vivimos en Argentina.**
We attend the University of Buenos Aires.	**Asistimos a la universidad de Buenos Aires.**
What are you doing, young lady?	**¿Qué hace, señorita?**
I'm writing my dissertation.	**Escribo mi tesis.**
My sister writes often when she travels.	**Mi hermana escribe frecuentemente cuando viaja.**
I, on the other hand, never write.	**Yo, al contrario, no escribo nunca.**

C.

Answer each question as indicated. For example, if the question is *¿Dónde vive María?* and the cue is *en México*, then your answer will be *María vive en México.*

226

¿Dónde vives tú? (en los Estados Unidos)   ☞ Yo vivo en los Estados Unidos.

¿Quién escribe frecuentemente? (mi hermano)   ☞ Mi hermano escribe frecuentemente.

¿Dónde viven los parientes de Juan? (en México)   ☞ Los parientes de Juan viven en México.

¿Quién vive en España? (tú)   ☞ Tú vives en España.

¿Dónde vivís vosotros? (en Venezuela)   ☞ Nosotros vivimos en Venezuela.

4. THE PRESENT INDICATIVE OF *SER* AND *ESTAR*

A.

Now that we've dealt with regular verbs in the present indicative successfully, let's turn to irregular verbs. Let's start with *ser*—to be. *Escuche primero y luego repita.*

I am	**soy**
I'm a doctor.	**Yo soy médico.**
you are	**eres**
Miguel, why are you such a sad person?	**Miguel, ¿por qué eres una persona tan triste?**
she is	**es**
Miguel is very tall.	**Miguel es muy alto.**
you are	**es**
Are you Argentinian?	**¿Es usted argentino?**
we are	**somos**
We are Spanish.	**Somos españoles.**
you are	**sois**
Are you short?	**¿Sois bajos?**
they are	**son**
Juanita and Miguel are very nice.	**Juanita y Miguel son muy simpáticos.**
you are	**son**
Are you Mexican?	**¿Son ustedes mexicanos?**

Estar, which also means "to be," is an irregular verb as well.

I am	**estoy**
I'm very worried.	**Estoy muy preocupado.**
you are	**estás**
How are you, Carmen?	**¿Cómo estás, Carmen?**
he is	**está**
José is in his car.	**José está en su coche.**
you are	**está**

How are you, Mr. González?	¿Cómo está, señor González?
we are	estamos
We are not worried.	No estamos preocupados.
you are	estáis
How are you?	¿Cómo estáis?
they are	están
My parents are in their house at this moment.	Mis padres están en su casa en este momento.
you are	están
How are you?	¿Cómo están ustedes?

B.

Ser is used to refer to some inherent quality, such as nationality, profession, physical features, character traits, and the like. *Estar*, on the other hand, allows you to express a state or condition, such as being tired or awake, health, location, and more. In the following conversation, the difference between *ser* and *estar* will become clear.

NICO: *Juanita, ¿cómo estás?*

JUANITA: *Más o menos. Estoy cansada hoy. ¿Y tú?*

NICO: *Muy bien, gracias. ¿De qué nacionalidad eres?*

JUANITA: *Soy chilena.*

NICO: *Juanita, ¿eres profesora?*

JUANITA: *Sí.*

NICO: *¿Puedes describirme tu familia?*

JUANITA: *Mi hermana es muy alta.*

NICO: *¿Cómo está?*

JUANITA: *Está enferma hoy.*

NICO: *¿Y tu hermano?*

JUANITA: *Mi hermano es muy simpático.*

NICO: *¿Cómo sois, en general?*

JUANITA: *Somos siempre alegres.*

Escuche primero y luego repita.

Juanita, how are you?	**Juanita, ¿cómo estás?**
So-so. I'm tired today. And you?	**Más o menos. Estoy cansada hoy. ¿Y tú?**
I'm fine, thanks. Where are you from?	**Muy bien, gracias. ¿De qué nacionalidad eres?**
I'm Chilean.	**Soy chilena.**
Juanita, are you a professor?	**Juanita, ¿eres profesora?**
Yes.	**Sí.**
Can you describe your family to me?	**¿Puedes describirme tu familia?**
My sister is very tall.	**Mi hermana es muy alta.**
How is she?	**¿Cómo está?**
She's sick today.	**Está enferma hoy.**
And your brother?	**¿Y tu hermano?**
My brother is very nice.	**Mi hermano es muy simpático.**
How are you, generally?	**¿Cómo sois, en general?**
We're always happy.	**Somos siempre alegres.**

C.

Let's test your mastery of these verbs. Combine the following cues with the verb *ser.* For example, if you are given *nosotros* and *chilenos,* then your answer would be: *Nosotros somos chilenos.*

yo/médico	☞ *Yo soy médico.*
usted/español	☞ *Usted es español.*
nosotros/argentinos	☞ *Nosotros somos argentinos.*

Now, you will be given more cues, which are to be connected with the verb *estar.*

yo/bien hoy	☞ *Yo estoy bien hoy.*
tú/cansada ahora	☞ *Tú estás cansada ahora.*
usted/enfermo hoy	☞ *Usted está enfermo hoy.*

230

As a final exercise, try your hand at deciding which verb, *ser* or *estar,* is required by the context.

mis amigos/enfermos hoy	☞ *Mis amigos están enfermos hoy.*
mis parientes/simpáticos	☞ *Mis parientes son simpáticos.*
yo/mexicano	☞ *Yo soy mexicano.*
yo/cansado	☞ *Yo estoy cansado.*

5. THE PRESENT INDICATIVE OF *TENER*

A.

Another very useful irregular verb to learn is *tener*—to have. *Escuche primero y luego repita.*

I have	**tengo**
I don't have a car.	**No tengo coche.**
you have	**tienes**
Nico, do you have a driver's license?	**Nico, ¿tienes una licencia de conducir?**
she has	**tiene**
María doesn't have a driver's license.	**María no tiene licencia de conducir.**
you have	**tiene**
Mrs. Ortega, do you have a driver's license?	**Señora Ortega, ¿tiene usted una licencia de conducir?**
we have	**tenemos**
We have a small car.	**Tenemos un coche pequeño.**
you have	**tenéis**
Nico, José, do you have a credit card?	**Nico, José, ¿tenéis una tarjeta de crédito?**
they have	**tienen**
They don't have a credit card.	**No tienen tarjeta de crédito.**
you have	**tienen**
Mr. and Mrs. Ortega, do you have a car?	**Señores Ortega, ¿tienen ustedes un coche?**

Although its basic English translation is "to have," Spanish uses *tener* to express "to be" in phrases such as "to be thirsty"—*tener sed,* "to be hungry"—*tener hambre,* "to be cold"— *tener frío,* "to be warm"—*tener calor,* and "to be x years old"—*tener x años.* Listen and repeat the following examples.

I am thirsty.	**Tengo sed.**
Are you hungry, María?	**¿Tienes hambre, María?**
Are you hot, Mr. Ortega?	**¿Tiene usted calor, señor Ortega?**
Juanita is always cold.	**Juanita siempre tiene frío.**
Pablo is twenty years old.	**Pablo tiene veinte años.**

Tener belongs to a group of verbs that undergo a vowel change in their stem. When conjugated, these verbs change the *e* in their stem to *ie* in all but the *nosotros/nosotras* and *vosotros/vosotras* forms. *Escuche primero y luego repita.*

to think	**pensar**
I think	**pienso**
you think	**piensa**
to begin	**comenzar**
you begin	**comienzas**
they begin	**comienzan**
to prefer	**preferir**
she prefers	**prefiere**
we prefer	**preferimos**
to want, to love	**querer**
I want to	**quiero**
she loves	**quiere**

As you probably noticed, *tener* differs from this pattern in its *yo* form. Note the difference between "I have"—*tengo* and "I think"—*pienso: tengo – pienso.*

B.

Escuche la conversación.

> SRA. GONZÁLEZ: *Señor Ortega, ¿cuántos años tiene usted?*
> SR. ORTEGA: *Tengo cuarenta años.*

SRA. GONZÁLEZ: ¿A qué hora quiere trabajar, en general?

SR. ORTEGA: Quiero trabajar temprano.

SRA. GONZÁLEZ: ¿Cuándo comienza a trabajar?

SR. ORTEGA: Comienzo a las siete.

SRA. GONZÁLEZ: ¿Qué piensa hacer para el almuerzo?

SR. ORTEGA: Hoy prefiero ir a un restaurante bueno.

SRA. GONZÁLEZ: ¿Por qué?

SR. ORTEGA: Tengo hambre.

SRA. GONZÁLEZ: Tiene una tarjeta de crédito, ¿verdad?

SR. ORTEGA: ¡Sí, claro!

Escuche y repita.

Mr. Ortega, how old are you?	Señor Ortega, ¿cuántos años tiene usted?
I'm forty years old.	Tengo cuarenta años.
What time do you like to work, in general?	¿A qué hora quiere trabajar, en general?
I love to work early.	Quiero trabajar temprano.
When do you begin working?	¿Cuándo comienza a trabajar?
I start at seven o'clock.	Comienzo a las siete.
What are you thinking of doing for lunch?	¿Qué piensa hacer para el almuerzo?
Today I prefer going to a good restaurant.	Hoy prefiero ir a un restaurante bueno.
Why?	¿Por qué?
I'm hungry.	Tengo hambre.
You have a credit card, right?	Tiene una tarjeta de crédito, ¿verdad?
Yes, of course!	¡Sí, claro!

234

C.

Now, it's your turn to ask questions. For example, if your cue is "Ask Juan if he is hungry," then your question will be: *Juan, ¿tienes hambre?*

Ask Juanita if she is cold.	☞ *Juanita, ¿tienes frío?*
Ask Mr. Ortega if he has a credit card.	☞ *Señor Ortega, ¿tiene usted una tarjeta de crédito?*
Ask how old Juanita is.	☞ *¿Cuántos años tiene Juanita?*
Ask María if she wants to study.	☞ *María, ¿quieres estudiar?*
Ask María what she thinks.	☞ *María, ¿qué piensas?*

6. THE PRESENT INDICATIVE OF *VENIR*

A.

Are you ready to try using *venir*—to come, in the present indicative? *Escuche primero y luego repita.*

I come	**vengo**
I'm coming later.	**Vengo más tarde.**
you come	**vienes**
What time are you coming?	**¿A qué hora vienes?**
he comes	**viene**
Juan always comes early.	**Juan viene siempre temprano.**
you come	**viene**
When are you coming, Mrs. Camacho?	**¿Cuándo viene usted, señora Camacho?**
we come	**venimos**
We're coming at two in the afternoon.	**Venimos a las dos de la tarde.**
you come	**venís**
María, Pablo, what time are you coming?	**María, Pablo, ¿a qué hora venís?**
they come	**vienen**
They're coming at noon.	**Vienen al mediodía.**
you come	**vienen**
Mr. and Mrs. González, what time are you coming?	**Señores González, ¿a qué hora vienen ustedes?**

B.

Escuche la conversación.

> María: *¡Hola, Juanita!*
> Juanita: *¡Hola, María!*
> María: *Juanita, ¿a qué hora vienes a la fiesta?*
> Juanita: *Yo vengo a la una.*
> María: *¿Y tu amiga?*

236

JUANITA:	*Mi amiga viene a las dos y media.*
MARÍA:	*Juan, ¿a qué hora venís, tú y tu hermana?*
JUAN:	*Venimos al mediodía.*
MARÍA:	*Señor Camacho, ¿viene usted a las siete y media?*
CAMACHO:	*No, vengo a las seis.*
MARÍA:	*¡Hasta la fiesta!*

Escuche primero y luego repita.

Hello, Juanita!	**¡Hola, Juanita!**
Hello, María!	**¡Hola, María!**
Juanita, what time are you coming to the party?	**Juanita, ¿a qué hora vienes a la fiesta?**
I'm coming at one.	**Yo vengo a la una.**
And your friend?	**¿Y tu amiga?**
My friend is coming at two-thirty.	**Mi amiga viene a las dos y media.**
Juan, what time are you and your sister coming?	**Juan, ¿a qué hora venís, tú y tu hermana?**
We're coming at noon.	**Venimos al mediodía.**
Mr. Camacho, are you coming at seven-thirty?	**Señor Camacho, ¿viene usted a las siete y media?**
No, I'm coming at six.	**No, vengo a las seis.**
See you at the party!	**¡Hasta la fiesta!**

C.

If you are told that *Juan viene a las dos,* and given the cue *yo,* then your answer will be: *Yo también vengo a las dos.* Let's try.

Yo vengo al mediodía./mi hermana	☞ *Mi hermana también viene al mediodía.*
Tú vienes a las cuatro./yo	☞ *Yo también vengo a las cuatro.*

Mi hermano viene a las siete y media./nosotros	☞ Nosotros también venimos a las siete y media.
Yo vengo a la una./mis amigos	☞ Mis amigos también vienen a la una.
Mi hermana viene a las dos./vosotros	☞ Vosotros también venís a las dos.
Yo vengo más tarde./tú	☞ Tú también vienes más tarde.

7. THE PRESENT INDICATIVE OF *IR* (AND THE FUTURE WITH *IR* + *A* + INFINITIVE)

A.

Well, you've learned how to say when you're coming. It seems only logical to learn how to say when you are going as well. The Spanish verb is *ir*—to go.

I go	**voy**
I go to the market.	**Voy al mercado.**
you go	**vas**
Do you go to the beach often?	**¿Vas a la playa frecuentemente?**
he goes	**va**
My brother goes to the movies every Sunday.	**Mi hermano va al cine cada domingo.**
you go	**va**
Mr. Ortega, do you go to the market every day?	**Señor Ortega, ¿va usted al mercado todos los días?**
we go	**vamos**
We never go to the movies.	**No vamos nunca al cine.**
you go	**vais**
María, Juan, where do you go to the movies?	**María, Juan, ¿dónde vais al cine?**
they go	**van**
How often do they go to the market?	**¿Cuántas veces van al mercado?**
you go	**van**
Mr. and Mrs. Camacho, do you ever go to the beach?	**Señores Camacho, ¿ustedes van alguna vez a la playa?**

The verb *ir* followed by *a* and an infinitive allows you to express a future action, much like the English expression "going to do something." Practice the following examples.

Tomorrow, I'm going to look for work.	**Mañana voy a buscar trabajo.**
Anita is going to leave for Mexico tomorrow.	**Anita va a salir para México mañana.**
They're going to visit Spain this summer.	**Ellos van a visitar España este verano.**

B.

Escuche la conversación.

MARÍA: *Juan, ¿adónde vas hoy?*
JUAN: *Voy al mercado central. ¿Y tú?*
MARÍA: *Mi amiga y yo vamos al museo de arte. ¿Qué vas a hacer mañana?*
JUAN: *Mañana yo voy a visitar a mi amiga Gloria.*
MARÍA: *Voy también, ¿está bien?*
JUAN: *Está bien.*

Escuche y repita.

Juan, where are you going today?	**Juan, ¿adónde vas hoy?**
I'm going to the main market. And you?	**Voy al mercado central. ¿Y tú?**
My friend and I are going to the art museum.	**Mi amiga y yo vamos al museo de arte.**
What are you going to do tomorrow?	**¿Qué vas a hacer mañana?**
Tomorrow I'm going to visit my friend Gloria.	**Mañana yo voy a visitar a mi amiga Gloria.**
I'll come too, if that's okay.	**Voy también, ¿está bien?**
Sure.	**Está bien.**

240

C.

Make a full sentence using the correct form of the verb *ir*. If you are given *yo* and *al mercado central hoy*, then your answer will be: *Yo voy al mercado central hoy*.

mis amigos/a la playa	☞ *Mis amigos van a la playa.*
vosotros/al cine hoy	☞ *Vosotros vais al cine hoy.*
nosotros/al mercado central	☞ *Nosotros vamos al mercado central.*
yo/al museo de arte hoy	☞ *Yo voy al museo de arte hoy.*
tú/a visitar a tu amigo mañana	☞ *Tú vas a visitar a tu amigo mañana.*
usted/al cine hoy	☞ *Usted va al cine hoy.*

8. THE PRESENT INDICATIVE OF *DAR, HACER, SALIR,* AND *VER*

A.

Let's start with the present indicative of *dar*—to give.

I give	**doy**
I never give my phone number to anybody.	**No doy nunca mi número de teléfono a nadie.**
you give	**das**
Juan, will you give me your phone number?	**Juan, ¿me das tu número de teléfono?**
she gives	**da**
Juanita never gives her address to anyone.	**Juanita no da nunca su dirección a nadie.**
you give	**da**
Mr. Camacho, will you give me your phone number, please?	**Señor Camacho, ¿me da su número de teléfono, por favor?**
we give	**damos**
We never give our names to strangers.	**No damos nunca nuestros nombres a los extraños.**
you give	**dais**
Will you give me your names, please?	**¿Me dais vuestros nombres, por favor?**
they give	**dan**
What's playing at the movies?	**¿Qué dan en el cine?**
you give	**dan**
Mr. and Mrs. González, will you give me your address, please?	**Señores González, ¿me dan su dirección, por favor?**

Now let's practice *hacer*—to do, to make, in the present indicative.

I make	**hago**
I never make rice and beans.	**No hago arroz y frijoles nunca.**

242

you make	haces
Juan, do you ever make rice and beans?	Juan, ¿haces arroz y frijoles alguna vez?
he does	hace
My brother never does anything well.	Mi hermano nunca hace nada bien.
you do	hace
Mr. Ramírez, what are you doing?	Señor Ramírez, ¿qué hace?
we do	hacemos
What are we doing today?	¿Qué hacemos hoy?
you do	hacéis
Gloria, Juan, what are you doing today?	Gloria, Juan, ¿qué hacéis hoy?
they do	hacen
They do nothing well.	No hacen nada bien.
you do	hacen
Excuse me, what are you doing?	Con permiso, ¿qué hacen ustedes?

Let's turn to *salir*—to go out, to leave.

I go out each afternoon.	Salgo cada tarde.
Carmen, when are you leaving for Mexico?	Carmen, ¿cuándo sales para México?
Tomás always goes out with friends.	Tomás sale siempre con amigos.
Miss Ortega, when are you leaving for Uruguay?	Señorita Ortega, ¿cuándo sale usted para Uruguay?
When are we leaving for Spain?	¿Cuándo salimos para España?
Carmen, Juanita, are you going out with friends?	Carmen, Juanita, ¿salís con amigos?
They're leaving this afternoon.	Salen esta tarde.

Mr. and Mrs. Martínez, are you going out this afternoon?	**Señores Martínez, ¿salen ustedes esta tarde?**

Finally, let's practice the present indicative of *ver*—to see.

I see	**veo**
I never see my sister.	**No veo a mi hermana nunca.**
you see	**ves**
José, do you ever see María?	**José, ¿ves a María alguna vez?**
he sees	**ve**
Does Juan see his parents often?	**¿Ve Juan a sus padres frecuentemente?**
you see	**ve**
Mr. Camacho, do you see me?	**Señor Camacho, ¿me ve usted?**
we see	**vemos**
We never see our relatives.	**No vemos a nuestros parientes nunca.**
you see	**veis**
Do you ever see your relatives?	**¿Veis a vuestros parientes alguna vez?**
they see	**ven**
They see their friends often.	**Ven a sus amigos a menudo.**
you see	**ven**
Mr. and Mrs. Martínez, when do you see your friends?	**Señor y señora Martínez, ¿cuándo ven ustedes a sus amigos?**

The verb *leer*—to read, is conjugated in a similar way.

I read every night.	**Leo cada noche.**
We never read.	**No leemos nunca.**
María, do you ever read the newspaper?	**María, ¿lees el periódico alguna vez?**

B.

Escuche la conversación.

> JUAN: ¿Sabes, Carmen, que María da su número de
> teléfono indiscretamente a los extraños?
> CARMEN: ¡No es verdad! ¡María no hace eso!
> JUAN: ¡Te digo que lo hace! Y te digo que María sale
> para México el domingo sin decirlo.
> CARMEN: ¡No es verdad! Ella viene conmigo.
> JUAN: ¡No! ¿Y sabes tú que María lee cosas prohibi-
> das?
> CARMEN: ¡No! ¡Basta!

Escuche y repita.

Do you know, Carmen, that María gives her phone number foolishly to strangers?	¿Sabes, Carmen, que María da su número de teléfono indiscretamente a los extraños?
No, that's not true! María doesn't do that.	¡No es verdad! ¡María no hace eso!
I'm telling you, she does! And I'm telling you that she is leaving town for Mexico on Sunday without telling you.	¡Te digo que lo hace! Y te digo que María sale para México el domingo sin décirtelo.
No, that's not true! She's coming with me.	¡No es verdad! Ella viene conmigo.
No! But do you know that María is reading things she shouldn't read?	¡No! ¿Y sabes tú que María lee cosas prohibidas?
No! I've heard enough!	¡No! ¡Basta!

C.

If you are told that *María hace siempre arroz y frijoles*—
María always makes rice and beans, then you would re-

spond with *Pero yo no hago arroz y frijoles nunca*—But I never make rice and beans.

Los amigos de María salen siempre para México.	☞ *Pero yo no salgo nunca para México.*
Mis amigos ven a Pablo siempre los domingos.	☞ *Pero yo no veo a Pablo los domingos nunca.*
Pablo lee siempre cosas prohibidas.	☞ *Pero yo no leo cosas prohibidas nunca.*

9. THE PRESENT INDICATIVE OF *DECIR* AND *PODER*

A.

Let's start with *decir*—to say, to tell. *Escuche y repita.*

I tell	**digo**
I always tell the truth.	**Digo la verdad siempre.**
you tell	**dices**
Jorge, do you always tell the truth?	**Jorge, ¿dices la verdad siempre?**
she tells	**dice**
María always tells the truth.	**María dice la verdad siempre.**
you say	**dice**
Mr. Guzmán, what are you saying?	**Señor Guzmán, ¿qué dice usted?**
we say	**decimos**
We always say what we think.	**Decimos siempre lo que pensamos.**
you tell	**decís**
Carmen, Juan, do you always tell the truth?	**Carmen, Juan, ¿decís la verdad siempre?**
they tell	**dicen**
They never tell the truth.	**No dicen la verdad nunca.**
you say	**dicen**
Mr. and Mrs. Ortega, what are you saying?	**Señores Ortega, ¿qué dicen ustedes?**

Decir is another example of a stem-changing verb. With *decir,* it is the *e* of the stem that changes to *i.* Other common verbs that undergo this change are *pedir*—to ask (for), to order, *seguir*—to follow, and *servir*—to serve. *Escuche y repita.*

247

I always ask the price first.	**Pido siempre el precio primero.**
We always ask the price first.	**Siempre pedimos el precio primero.**
Juan, why do you follow me every day?	**Juan, ¿por qué me sigues todos los días?**
Why are they following us?	**¿Por qué nos siguen?**
Jorge always serves dinner at home.	**Jorge sirve la cena siempre en casa.**
Jorge, Carmen, do you serve dinner at home?	**Jorge, Carmen, ¿servís la cena en casa?**

Now, let's practice conjugating *poder*—to be able to.

I can	**puedo**
I can go tomorrow.	**Puedo ir mañana.**
you can	**puedes**
When can you go?	**¿Cuándo puedes ir?**
she can	**puede**
My sister can't go.	**Mi hermana no puede ir.**
you can	**puede**
Mrs. Camacho, when can you come?	**Señora Camacho, ¿cuándo puede venir?**
we can	**podemos**
We can come before nine.	**Podemos venir antes de las nueve.**
you can	**podéis**
Jorge, Gloria, can you come, too?	**Jorge, Gloria, ¿podéis venir también?**
they can	**pueden**
They can't go tonight.	**No pueden ir esta noche.**
you can	**pueden**
Mr. and Mrs. Camacho, can you come, too?	**Señores Camacho, ¿pueden venir también?**

Poder is yet another example of a stem-changing verb. Here the *o* changes to *ue*. Other common verbs that undergo this change are *almorzar*—to have lunch, *dormir*—to sleep, *recordar*—to remember, and *volver*—to return. *Escuche y repita*.

I have lunch at two on the dot everyday.	Yo almuerzo a las dos en punto cada día.
Mr. and Mrs. Camacho, what time do you have lunch?	Señores Camacho, ¿a qué hora almuerzan ustedes?
Juan, are you still sleeping?	Juan, ¿duermes todavía?
Mr. Guzmán, how many hours do you usually sleep?	Señor Guzmán, ¿cuántas horas duerme usted generalmente?
Juan, Juanita, are you still sleeping?	Juan, Juanita, ¿dormís todavía?
Miguel never remembers anything.	Miguel nunca recuerda nada.
We return to Spain every summer.	Volvemos a España cada verano.
My friends also return to Spain every summer.	Mis amigos vuelven también a España cada verano.

B.

Escuche la conversación.

MARÍA: *Pablo, ¿puedes venir al cine esta noche?*

PABLO: *Sí, puedo salir esta noche. Yo te sigo a cualquier parte.*

MARÍA: *Recuerdo.*

PABLO: *María, ¿almuerzas conmigo mañana?*

MARÍA: *Sí, pero, ¿recuerdas tú que yo duermo siempre hasta tarde?*

PABLO: *Sí, recuerdo.*

MARÍA: *¡Claro!*

Escuche y repita.

Pablo, can you come to the movies tonight?	**Pablo, ¿puedes venir al cine esta noche?**
Yes, I can go out tonight. I'll follow you anywhere.	**Sí, puedo salir esta noche. Yo te sigo a cualquier parte.**
I remember.	**Recuerdo.**
María, will you have lunch with me tomorrow?	**María, ¿almuerzas conmigo mañana?**
Yes, but do you remember that I always sleep late?	**Sí, pero ¿recuerdas tú que yo duermo siempre hasta tarde?**
Yes, I remember.	**Sí, recuerdo.**
Of course!	**¡Claro!**

C.

Answer the questions, using *sí* or *no* as indicated.

¿Juan puede salir esta noche? (sí)	☞ *Sí, Juan puede salir esta noche.*
¿María y Blanca nos siguen al cine esta noche? (sí)	☞ *Sí, María y Blanca nos siguen al cine esta noche.*
¿María almuerza con Pablo hoy? (no)	☞ *No, María no almuerza con Pablo hoy.*
¿Todos duermen siempre hasta tarde? (sí)	☞ *Sí, todos duermen siempre hasta tarde.*
¿Juan vuelve al cine Alhambra? (no)	☞ *No, Juan no vuelve al cine Alhambra.*

10. THE PRESENT INDICATIVE OF *SABER* AND *CONOCER*

A.

In this unit you will learn how to distinguish between *saber* and *conocer*. Both verbs are translated as "to know" in English. Let's start with *saber*.

I know	**sé**
I don't know how to play tennis.	**No sé jugar al tenis.**
you know	**sabes**
Juan, do you know how to play soccer?	**Juan, ¿sabes jugar al fútbol?**
she knows	**sabe**
Does Juanita know how to speak German?	**¿Juanita sabe hablar alemán?**
you know	**sabe**
Do you know where Mrs. Pérez is?	**¿Sabe usted dónde está la señora Pérez?**
we know	**sabemos**
We know how to dance.	**Sabemos bailar.**
you know	**sabéis**
Jorge, Carmen, do you know my phone number?	**Jorge, Carmen, ¿sabéis mi número de teléfono?**
they know	**saben**
Everyone knows the truth.	**Todos saben la verdad.**
you know	**saben**
Do you know the address?	**¿Saben ustedes la dirección?**

As you can see, *saber* is used to express that you or other people know a certain fact or know how to do something. *Conocer,* on the other hand, means knowing someone or being familiar with something.

251

I know	conozco
I don't know Mrs. Hernández.	No conozco a la señora Hernández.
you know	conoces
Jorge, don't you know me?	Jorge, ¿no me conoces?
he knows	conoce
Juan knows Madrid very well.	Juan conoce Madrid muy bien.
you know	conoce
Mr. Pérez, do you know Mrs. Gutiérrez?	Señor Pérez, ¿conoce usted a la señora Gutiérrez?
we know	conocemos
We don't know Madrid.	Nosotros no conocemos Madrid.
you know	conocéis
Miguel, María, do you know Carlos?	Miguel, María, ¿conocéis a Carlos?
they know	conocen
They don't know you.	No te conocen.
you know	conocen
Mr. and Mrs. Pérez, do you know the north of Spain?	Señores Pérez, ¿conocen ustedes el norte de España?

Incidentally, the conjugation of other verbs ending in -*cer* or -*cir* preceded by a vowel is similar to *conocer* in the present tense. The most common ones are *aparecer*—to appear, *conducir*—to drive, to lead, *crecer*—to grow, *ofrecer*—to offer, and *parecer*—to seem. *Escuche y repita.*

The sun always appears in the summer.	El sol aparece siempre en verano.
I drive a Japanese car.	Conduzco un coche japonés.
I'm still growing.	Crezco todavía.
I offer you my friendship.	Te ofrezco mi amistad.
Carlos seems happy.	Carlos parece alegre.

B.

Escuche la conversación.

> CARLOS: María, ¿sabes tú que Juanita sabe jugar al tenis?
>
> MARÍA: Sí. Ella juega siempre con Jorge. ¿Conoces a Jorge?
>
> CARLOS: Sí, es un buen hombre. Parece siempre alegre.
>
> MARÍA: Es verdad.
>
> CARLOS: ¿Salimos esta noche?
>
> MARÍA: ¿Adónde?
>
> CARLOS: Conozco un buen restaurante que ofrece buen servicio.
>
> MARÍA: Bueno. ¡Vamos!

Escuche y repita.

María, did you know that Juanita knows how to play tennis?	María, ¿sabes tú que Juanita sabe jugar al tenis?
Yes. She always plays with Jorge. Do you know Jorge?	Sí. Ella juega siempre con Jorge. ¿Conoces a Jorge?
Yes, he's a nice man. He always seems happy.	Sí, es un buen hombre. Parece siempre alegre.
It's true.	Es verdad.
Shall we go out this evening?	¿Salimos esta noche?
Where?	¿Adónde?
I know a nice restaurant that offers good service.	Conozco un buen restaurante que ofrece buen servicio.
Good, let's go!	Bueno. ¡Vamos!

C.

First, answer the questions using *sí* or *no* as indicated.

¿Sabes hablar español? (sí)   ☞ *Sí, sé hablar español.*

¿Sabes jugar al tenis? (no)   ☞ *No, no sé jugar al tenis.*

¿Conoces un buen restaurante? (sí)   ☞ *Sí, conozco un buen restaurante.*

¿Tu hermana conoce Madrid? (sí)   ☞ *Sí, mi hermana conoce Madrid.*

Now, let's see if you can distinguish between *saber* and *conocer*. Ask your friend Juanita the following things.

Ask her if she knows Madrid well.   ☞ *¿Conoces Madrid bien?*

Ask her if she knows how to dance.   ☞ *¿Sabes bailar?*

Ask her if she knows your phone number.   ☞ *¿Sabes mi número de teléfono?*

Ask her if she knows Pablo.   ☞ *¿Conoces a Pablo?*

11. THE PRESENT INDICATIVE OF *GUSTAR,*
IMPORTAR, QUEDAR, DOLER, AND IMPERSONAL
CONSTRUCTIONS WITH *SE*

A.

The verbs *gustar*—to like, to be pleasing to, *importar*—to matter, *quedar*—to remain, to be left, and *doler*—to hurt, to feel pain, are so-called impersonal verbs. You will be conjugating these verbs in the third person singular and plural only. Let's start with *gustar,* which literally means "to be pleasing to."

I like José.	**Me gusta José.**
Carmen, do you like eggs?	**Carmen, ¿te gustan los huevos?**
María likes vegetables.	**A María le gustan las verduras.**
We don't like chicken.	**No nos gusta el pollo.**
They like to go out.	**Les gusta salir.**

Now let's practice using *importar, quedar,* and *doler.* Note that *doler* is a stem-changing verb: its stem changes from *o* to *ue. Escuche y repita.*

It doesn't matter.	**No importa.**
What does it matter?	**¿Qué importa?**
I have no money left.	**No me queda más dinero.**
My head hurts.	**Me duele la cabeza.**
My teeth hurt.	**Me duelen los dientes.**

Se plus a verb in the third person singular or plural refers to people in general or stresses the action rather than the actor.* *Escuche primero y luego repita.*

---

* Please see section F in the tense formation guide for further explanation of impersonal *se* and passive *se* constructions.

One eats well here, right?	**Se come bien aquí, ¿no?**
They serve tacos here.	**Se sirven tacos aquí.**
They speak Spanish here.	**Se habla español aquí.**
They speak many languages here.	**Se hablan muchas lenguas aquí.**

Escuche y repita.

It is cold.	**Hace frío.**
It is hot.	**Hace calor.**
It's windy.	**Hace viento.**
It's sunny.	**Hace sol.**
It's raining.	**Llueve.**
It's snowing.	**Nieva.**

B.

Escuche la conversación.

GLORIA: *Jorge, intento tener una fiesta. ¿Qué te gusta beber?*

JORGE: *Me gusta beber vino, pero prefiero el agua mineral en las fiestas.*

GLORIA: *Y a tus amigos, ¿qué les gusta?*

JORGE: *Les gusta el vino, pero prefieren la cerveza en las fiestas.*

GLORIA: *¿Te gusta el pollo?*

JORGE: *No.*

GLORIA: *No importa. Pero te gustan los bocadillos, ¿no?*

JORGE: *Sí. Me gustan mucho.*

GLORIA: *¡Bueno!*

Escuche primero y luego repita.

| Jorge, I am planning to have a party. What do you like to drink? | **Jorge, intento tener una fiesta. ¿Qué te gusta beber?** |

I like wine, but I prefer mineral water at parties.	**Me gusta beber vino, pero prefiero el agua mineral en las fiestas.**
And your friends, what do they like?	**Y a tus amigos, ¿qué les gusta?**
They like wine, but they prefer beer at parties.	**Les gusta el vino, pero prefieren la cerveza en las fiestas.**
Do you like chicken?	**¿Te gusta el pollo?**
No.	**No.**
It doesn't matter. But you like sandwiches, don't you?	**No importa. Pero te gustan los bocadillos, ¿no?**
Yes. I like them a lot.	**Sí. Me gustan mucho.**
Good.	**¡Bueno!**

C.

Time to check up on your skills.

Say that you like wine.	☞ *Me gusta el vino.*
Say that you like sandwiches.	☞ *Me gustan los bocadillos.*
Say that your head hurts.	☞ *Me duele la cabeza.*
Say that it doesn't matter.	☞ *No importa.*

12. THE PRESENT INDICATIVE OF *COGER*, *DISTINGUIR*, *PONER*, AND *OIR*

A.

Before moving on to other things, let's learn four more irregular verbs. You will start with *coger*—to catch. *Coger*, along with many other verbs, has an irregular spelling feature to preserve pronunciation. Before *o*, the *g* changes to *j*. *Escuche primero y luego repita.*

I catch	**cojo**
I always catch the train on time.	**Yo siempre cojo el tren a tiempo.**
they catch	**cogen**
They also catch the train on time.	**Ellos también cogen el tren a tiempo.**

Another useful irregular verb to practice in the present indicative is *distinguir*—to distinguish. Like *coger*, it is irregular only in its spelling. Before *o*, the *gu* turns to *g*. Here are a few examples.

I distinguish	**distingo**
I distinguish clearly between English and Spanish.	**Distingo claramente entre el inglés y el español.**
you distinguish	**distingues**
Carmen, do you distinguish clearly between those languages?	**Carmen, ¿distingues tú claramente entre esas lenguas?**

Now, try your hand at conjugating *poner*—to put, to place.

I put	**pongo**
I always put salt in my soup.	**Pongo siempre sal en mi sopa.**

you put	pones
María, do you also put salt in my soup?	María, ¿pones tú también el sal en mi sopa?
she puts	pone
Luis always puts salt on his meat.	Luis pone siempre sal en su carne.
you put	pone
Mrs. Gutiérrez, what do you put on your meat?	Señora Gutiérrez, ¿qué pone usted en su carne?
we put	ponemos
We never put anything on our meat.	Nunca ponemos nada en nuestra carne.
you put	ponéis
Pablo, Juanita, what do you usually put in your coffee?	Pablo, Juanita, ¿qué ponéis generalmente en vuestro café?
they put	ponen
They always put sugar in their coffee.	Siempre ponen azúcar en su café.
you put	ponen
Mr. and Mrs. Ortega, do you put sugar in your coffee?	Señores Ortega, ¿ponen ustedes azúcar en su café?

Finally, let's practice conjugating *oír*—to hear, in the present indicative.

I hear	oigo
I hear you.	Te oigo.
you hear	oyes
María, do you hear the sound?	María, ¿oyes el sonido?
he hears	oye
She doesn't hear anything.	No oye nada.
you hear	oye
Mr. Ortega, do you hear well?	Señor Ortega, ¿oye usted bien?
we hear	oímos

We don't hear anything either.	**Nosotros tampoco oímos nada.**
you hear	**oís**
María, Pablo, do you hear me?	**María, Pablo, ¿me oís?**
they hear	**oyen**
They don't hear you, either.	**No te oyen tampoco.**
you hear	**oyen**
Mr. and Mrs. Camacho, what do you hear?	**Señores Camacho, ¿qué oyen ustedes?**

B.

Escuche la conversación.

CARLOS: *Camarero, ¿me oye usted?*

CAMARERO: *Sí, lo oigo.*

CARLOS: *Un biftec, por favor.*

MARÍA: *Para mí también, por favor. Carlos, ¿pones tú pimienta en tu biftec?*

CARLOS: *No, no pongo nada en mi biftec.*

MARÍA: *¿Distingues tú entre vino español y vino americano?*

CARLOS: *Sí, y ahora voy a beber un vino americano.*

MARÍA: *¡Bien! ¡Camarero! Dos vasos de vino americano, por favor.*

Escuche primero y luego repita.

Waiter, do you hear me?	**Camarero, ¿me oye usted?**
Yes, I hear you.	**Sí, lo oigo.**
A steak, please.	**Un biftec, por favor.**
For me, too, please.	**Para mí también, por favor.**
Carlos, do you put pepper on your steak?	**Carlos, ¿pones tú pimienta en tu biftec?**
No, I don't put anything on my steak.	**No, no pongo nada en mi biftec.**

Do you distinguish between Spanish and American wine?	¿Distingues tú entre vino español y vino americano?
Yes, and now I'm going to drink an American wine.	Sí, y ahora voy a beber un vino americano.
Good! Waiter! Two glasses of American wine, please.	¡Bien! ¡Camarero! Dos vasos de vino americano, por favor.

C.

If you are told that *Juan pone pimienta en su biftec*—Juan puts pepper on his steak, and given the cue *yo,* then your answer will be: *Yo también pongo pimienta en mi biftec*—I, too, put pepper on my steak.

Yo no pongo nunca queso en mi sopa. (tú)	☞ *Tú tampoco nunca pones queso en tu sopa.*
El camarero no me oye. (vosotros)	☞ *Vosotros tampoco me oís.*
Nosotros ponemos siempre azúcar en nuestro café. (yo)	☞ *Yo también siempre pongo azúcar en mi café.*
Carmen y María ponen leche en su café. (Juan)	☞ *Juan también pone leche en su café.*

13. THE PRESENT INDICATIVE OF REFLEXIVE VERBS

A.

Reflexive verbs allow you to express an action that is reflected back to the subject, as in for example, "I wash myself," "he enjoys himself," and so on. A reflexive verb is conjugated quite regularly, but adds the following reflexive pronouns before the verb: *me*—myself, *te*—yourself, *se*—himself, herself, itself, and *se* again for the polite form of "yourself," *nos*—ourselves, *os*—yourselves, *se*—themselves, and *se* again for the polite form of "yourselves." Let's practice conjugating *lavarse*—to wash oneself, in the present indicative.

I wash myself	**yo me lavo**
you wash yourself	**tú te lavas**
he washes himself	**él se lava**
you wash yourself	**usted se lava**
we wash ourselves	**nosotros nos lavamos**
you wash yourselves	**vosotros os laváis**
they wash themselves	**ellos se lavan**
you wash yourselves	**ustedes se lavan**

Reflexive verbs also can express reciprocal actions, as in *nos queremos*—we love each other. Compare:

They talk to themselves.	**Se hablan (a ellos mismos).**
They talk to each other.	**Se hablan (unos a otros).**

Some Spanish verbs are reflexive, while their English translations are not. For example, *ponerse*—to put on, and *vestirse*—to get dressed.

I put on a hat when it's cold.	**Me pongo un sombrero cuando hace frío.**

She always puts on a sweater at night.	Ella se pone siempre un suéter por la noche.
We always get dressed before breakfast.	Nos vestimos siempre antes del desayuno.
Pablo, Jorge, do you get dressed before breakfast?	Pablo, Jorge, ¿os vestís antes del desayuno?

Note that many verbs can turn into reflexive verbs if you add -se to the infinitive. So, in this way *lavar*—to wash, becomes *lavarse*—to wash oneself, and *ir*—to go, becomes *irse*—to go away.

I always wash the dishes.	Lavo siempre los platos.
I wash myself twice a day.	Me lavo dos veces al día.
They're going to Spain on Monday.	El lunes van a España.
They always go away in the summer.	Se van siempre en el verano.

B.

Escuche la conversación.

SRA. DELRÍO: *Juan, ¿cúantas veces te lavas al día?*

JUAN: *Me lavo dos veces al día. Y yo siempre lavo los platos.*

SRA. DELRÍO: *¿Por qué te vistes siempre extrañamente?*

JUAN: *Me gusta.*

SRA. DELRÍO: *Tu hermana, en cambio, se pone siempre un suéter elegante.*

JUAN: *Sí, es verdad. Pero no me gustan a mí los suéteres elegantes.*

SRA. DELRÍO: *¿Adónde vas ahora?*

JUAN: *¡Mis amigos y yo nos vamos!*

SRA. DELRÍO: *¡Ai! ¡Los jóvenes!*

Escuche y luego repita.

Juan, how many times do you wash yourself per day?

I wash myself twice a day. And I always wash the dishes.

Why do you always dress so strangely?

I like it.

Your sister, instead, always puts on an elegant sweater.

Yes, it's true. But I don't like elegant sweaters.

Where are you going now?

My friends and I are going away!

Ahh! Young people!

Juan, ¿cúantas veces te lavas al día?

Me lavo dos veces al día. Y yo siempre lavo los platos.

¿Por qué te vistes siempre extrañamente?

Me gusta.

Tu hermana, en cambio, se pone siempre un suéter elegante.

Sí, es verdad. Pero no me gustan a mí los suéteres elegantes.

¿Adónde vas ahora?

¡Mis amigos y yo nos vamos!

¡Ai! ¡Los jóvenes!

C.

Follow the instructions.

Say that you always wash yourself twice a day.

Say that your sister always puts on a sweater.

Say that you and your brother always wash the dishes.

Ask Juanita and Carmen what they're putting on.

Ask María and Pablo if they get dressed before breakfast.

☞ *Me lavo siempre dos veces al día.*

☞ *Mi hermana se pone siempre un suéter.*

☞ *Mi hermano y yo siempre lavamos los platos.*

☞ *Juanita, Carmen, ¿qué os ponéis?*

☞ *María, Pablo, ¿os vestís antes del desayuno?*

14. THE PRESENT INDICATIVE OF *CAERSE, TRAER, CONSTRUIR,* AND *REÍRSE*

A.

Let's start with *caerse*—to fall (down). We will conjugate it together with the verb *ayudar*—to help. *Escuche y repita.*

I fall	**me caigo**
If I fall, will you help me?	**Si me caigo, ¿me ayudas?**
you fall	**te caes**
If you fall, Jorge, I'll help you.	**Si tú te caes, Jorge, yo te ayudo.**
he falls	**se cae**
If he falls, we'll help him.	**Si él se cae, nosotros lo ayudamos.**
you fall	**se cae**
If you fall, Mr. Ortega, I'll help you.	**Si usted se cae, señor Ortega, yo lo ayudo.**
we fall	**nos caemos**
If we fall, who'll help us?	**Si nos caemos, ¿quién nos ayuda?**
you fall	**os caéis**
If you fall, María and Pablo, who'll help you?	**Si os caéis, Pablo y María, ¿quién os ayuda?**
they fall	**se caen**
If they fall, we'll help them.	**Si ellos se caen, nosotros los ayudamos.**
you fall	**se caen**
If you fall, Mr. and Mrs. Ortega, who'll help you?	**Si ustedes se caen, señores Ortega, ¿quién los ayuda?**

Now, let's conjugate *traer*—to bring, in the present indicative.

I bring	**traigo**
you bring	**traes**

she brings	trae
you bring	trae
we bring	traemos
you bring	traéis
they bring	traen
you bring	traen

Now, let's turn our attention to the present indicative of *construir*—to build. An important thing to note about this verb, and others like it, is that you must add a *y* to the stem before *e* and *o* in the present indicative.

I build	construyo
you build	construyes
he builds	construye
you build	construye
we build	construimos
you build	construís
they build	construyen
you build	construyen

Finally, let's practice conjugating *reírse*—to laugh.

I laugh	me río
you laugh	te ríes
she laughs	se ríe
you laugh	se ríe
we laugh	nos reímos
you laugh	os reís
they laugh	se ríen
you laugh	se ríen

B.

Meet Juanita and Pablo, who are sister and brother. Listen to them chat over dinner one evening.

266

JUANITA: *Sí, es verdad. Yo me río siempre de los chistes de Miguel.*

PABLO: *Juanita, ¿sabes tú que nuestro tío construye una casa nueva?*

JUANITA: *Sí, lo sé, en México. A propósito, Pablo, tenemos que ir a la fiesta de Miguel esta noche.*

PABLO: *Sí, lo sé. ¿Qué traes tú?*

JUANITA: *Yo traigo el vino.*

PABLO: *Y yo traigo los bocadillos.*

Escuche primero y luego repita.

Yes, it's true. I always laugh at Miguel's jokes.	**Sí, es verdad. Yo me río siempre de los chistes de Miguel.**
Juanita, did you know that our uncle is building a new house?	**Juanita, ¿sabes tú que nuestro tío construye una casa nueva?**
Yes, I know, in Mexico. By the way, Pablo, we have to go to Miguel's party tonight.	**Sí, lo sé, en México. A propósito, Pablo, tenemos que ir a la fiesta de Miguel esta noche.**
Yes, I know. What are you bringing?	**Sí, lo sé. ¿Qué traes tú?**
I'm bringing the wine.	**Yo traigo el vino.**
And I'm bringing the sandwiches.	**Y yo traigo los bocadillos.**

C.

Please form complete sentences using a verb in its appropriate form. For example, if you are given *Juanita* and *siempre de los chistes de Miguel,* then your answer would be: *Juanita se ríe siempre de los chistes de Miguel*—Juanita always laughs at Miguel's jokes.

El tío de Juanita/una casa
nueva

Juanita y Pablo/que ir a la
fiesta de Miguel

Juanita/el vino

Pablo/los bocadillos

☞ El tío de Juanita construye
una casa nueva.

☞ Juanita y Pablo tienen que
ir a la fiesta de Miguel.

☞ Juanita trae el vino.

☞ Pablo trae los bocadillos.

15. THE PRESENT PROGRESSIVE

A.

The present progressive expresses an ongoing action and renders such English forms as "I am eating," and "she is studying." The present progressive in Spanish is made up of the present indicative of *estar* and the present participle of the main verb. You already know how to conjugate *estar* in the present. As for the present participle, drop the infinitive ending and add *-ando* to an *-ar* verb stem, and *-iendo* to both *-er* and *-ir* verb stems. Let's practice conjugating *trabajar*—to work, *comer*—to eat, and *escribir*—to write, in the present progressive.

I am working	**estoy trabajando**
I am working at this moment.	**Estoy trabajando en este momento.**
you are writing	**estás escribiendo**
Are you writing a letter?	**¿Estás escribiendo una carta?**
she is eating	**está comiendo**
Juanita is eating at this moment.	**Juanita está comiendo en este momento.**
you are working	**está trabajando**
Mr. Camacho, are you working in Spain?	**Señor Camacho, ¿está trabajando usted en España?**
we are eating	**estamos comiendo**
We are eating sandwiches.	**Estamos comiendo los bocadillos.**
you are writing	**estáis escribiendo**
Pablo, María, you're writing, aren't you?	**Pablo, María, estáis escribiendo, ¿verdad?**
they are working	**están trabajando**
They're working at this moment.	**Están trabajando en este momento.**
you are eating	**están comiendo**

| Mr. and Mrs. Ortiz, you're eating with my parents, aren't you? | **Señores Ortiz, ustedes están comiendo con mis padres, ¿verdad?** |

B.

Before practicing the present progressive in context, you'll need to learn two more verbs.

| to look for | **buscar** |
| to discuss | **discutir** |

Escuche la conversación.

MIGUEL: *Pablo, ¿qué estás buscando?*
PABLO: *Estoy buscando el queso, Miguel.*
MIGUEL: *Y tú, María, ¿estás buscando el vino?*
MARÍA: *Sí, Carmen y yo estamos buscando el vino.*
MIGUEL: *Pablo, ¿qué hacen Juan y Jorge?*
PABLO: *Están discutiendo la política.*
MIGUEL: *Y tú y tu hermana, ¿qué hacéis?*
PABLO: *Estamos bebiendo café. Es menos peligroso que la política.*

Escuche primero y luego repita.

Pablo, what are you looking for?	**Pablo, ¿qué estás buscando?**
I'm looking for the cheese, Miguel.	**Estoy buscando el queso, Miguel.**
And you, María, are you looking for the wine?	**Y tú, María, ¿estás buscando el vino?**
Yes, Carmen and I are looking for the wine.	**Sí, Carmen y yo estamos buscando el vino.**
Pablo, what are Juan and Jorge doing?	**Pablo, ¿qué hacen Juan y Jorge?**

They're discussing politics.	**Están discutiendo la política.**
And you and your sister, what are you doing?	**Y tú y tu hermana, ¿qué hacéis?**
We're drinking coffee. It's less dangerous than politics.	**Estamos bebiendo café. Es menos peligroso que la política.**

C.

You'll be given a cue such as *buscar el queso* and *yo*. You are supposed to complete the sentence using the present progressive: *Yo estoy buscando el queso*—I'm looking for the cheese.

comer todos los bocadillos/Juan	☞ *Juan está comiendo todos los bocadillos.*
discutir la política/mi hermana y yo	☞ *Mi hermana y yo estamos discutiendo la política.*
beber el café/los amigos de mi hermana	☞ *Los amigos de mi hermana están bebiendo el café.*
buscar el vino/Pablo	☞ *Pablo está buscando el vino.*

PART II: COMMANDING AND REQUESTING

16. THE IMPERATIVE OF REGULAR VERBS

A.

To make polite requests, add -*e* to -*ar* verb stems and -*a* to both -*er* and -*ir* stems for the singular *usted* form. Add -*en* to -*ar* verb stems and -*an* to both -*er* and -*ir* stems to get the plural *ustedes* form. Let's practice this conjugation pattern with *hablar*—to speak, *comer*—to eat, and *escribir*—to write. You will practice the singular form first, followed by its plural.

Mr. Ortiz, please, speak slowly.	**Señor Ortiz, por favor, hable lentamente.**
Mr. and Mrs. Ortiz, please speak slowly.	**Señores Ortiz, por favor, hablen lentamente.**
Mrs. Monterrey, please eat this.	**Señora Monterrey, coma esto, por favor.**
Mr. Ortega, Mrs. Monterrey, please eat this.	**Señor Ortega, señora Monterrey, coman esto, por favor.**
Mr. Ortega, write to your friends, please.	**Señor Ortega, escriba a sus amigos, por favor.**
Mr. Ortega, Mrs. Monterrey, write to your friends, please.	**Señor Ortega, señora Monterrey, escriban a sus amigos, por favor.**

Form the negative polite commands in the usual manner, by simply adding *no* to the affirmative.

Mr. Ortiz, don't speak.	**Señor Ortiz, no hable.**
Mr. and Mrs. Ortiz, don't speak.	**Señores Ortiz, no hablen.**

Forming the *tú* imperative is easy. For almost all verbs, simply use the *usted* form of the present indicative. *Escuche primero y luego repita.*

Juan, speak slowly.	**Juan, habla lentamente.**
María, eat this.	**María, come esto.**
Juanita, write to your parents.	**Juanita, escribe a tus padres.**

For the negative of the *tú* imperative, use *no* before the verb and add *-s* to its corresponding *usted* imperative form.

Pablo, don't speak to me.	**Pablo, no me hables.**
María, don't always eat ice cream.	**María, no comas el helado siempre.**
Juan, don't write to me in English.	**Juan, no me escribas en inglés.**

To form the plural *vosotros/vosotras* form of the imperative, remove the *-r* of the infinitive and add *-d*.

Pablo, María, speak to Miguel.	**Pablo, María, hablad a Miguel.**
Pablo, María, eat the meat.	**Pablo, María, comed la carne.**
Pablo, María, write to Miguel in English.	**Pablo, María, escribid a Miguel en inglés.**

The negative of the *vosotros/vosotras* imperative is formed by removing the infinitive suffix of the verb and adding *-éis* to *-ar* verb stems and *-áis* to both *-er* and *-ir* verb stems. Add *no* before the verb.

Pablo, María, don't speak to me.	**Pablo, María, no me habléis.**

| Pablo, María, don't always eat ice cream. | **Pablo, María, no comáis el helado siempre.** |
| Pablo, María, don't write to me in English. | **Pablo, María, no me escribáis en inglés.** |

Finally, the "Let's" or *nosotros/nosotras* form of the imperative is formed by adding *-emos* to *-ar* verb stems and *-amos* to both *-er* and *-ir* verb stems.

Let's always speak Spanish.	**Hablemos en español siempre.**
Let's not always eat ice cream.	**No comamos siempre el helado.**
Let's write to María.	**Escribamos a María.**

B.

Before starting, you will need to know a few more verbs.

to call	**llamar**
to take	**tomar**
to open	**abrir**

Listen to the use of the polite imperative.

> DOCTOR: *Señora Camacho, tómese su temperatura, por favor. Y ahora, abra la boca.*
>
> SR. CAMACHO: *¿Qué tiene, doctor?*
>
> DOCTOR: *Un resfriado. Póngase esto en la cabeza.*
>
> SRA. CAMACHO: *¡Gracias, doctor!*
>
> DOCTOR: *Señores Camacho, tomen su temperatura mañana.*
>
> SR. CAMACHO: *¿Y luego?*
>
> DOCTOR: *Llamen mañana si la señora Camacho tiene fiebre.*

Escuche y repita.

Mrs. Camacho, take your temperature, please.	**Señora Camacho, tómese su temperatura, por favor.**
And now, open your mouth.	**Y ahora, abra la boca.**
What does she have, doctor?	**¿Qué tiene, doctor?**
A cold. Put this on your head.	**Un resfriado. Póngase esto en la cabeza.**
Thank you, doctor!	**¡Gracias, doctor!**
Mr. and Mrs. Camacho, take her temperature tomorrow.	**Señores Camacho, tomen su temperatura mañana.**
And then?	**¿Y luego?**
Call tomorrow if Mrs. Camacho has a fever.	**Llamen mañana si la señora Camacho tiene fiebre.**

C.

The speaker might ask you to tell Mr. Camacho to open his mouth with: *Diga al señor Camacho/abrir la boca.* Your answer would be: *Señor Camacho, abra la boca*—Mr. Camacho, open your mouth!

Diga al señor Ortega/llamar a un doctor.	☞ *Señor Ortega, llame a un doctor.*
Diga a la señora Camacho/ tomar su temperatura.	☞ *Señora Camacho, tómese su temperatura.*
Diga al señor Camacho/poner esto en la cabeza.	☞ *Señor Camacho, póngase esto en la cabeza.*
Diga a los señores Ortega/ abrir la boca.	☞ *Señores Ortega, abran la boca.*

17. THE IMPERATIVE OF IRREGULAR VERBS

A.

All those verbs that change their stem in the present indicative undergo the same stem change in the imperative. To form the polite imperative, drop the -o from the present tense *yo* form (for example, *digo*) and add the normal imperative endings (for example, *diga*). Practice the following verbs: *comenzar*—to begin, *decir*—to say, to tell, *conducir*—to drive, and *dormir*—to sleep. *Comenzar* undergoes an additional spelling change; *z* becomes *c* before *e*. You will hear each singular form first followed by its corresponding plural.

Mr. Ortega, please begin.	**Señor Ortega, comience, por favor.**
Mr. Ortega, Mrs. Gutiérrez, please begin.	**Señor Ortega, señora Gutiérrez, comiencen, por favor.**
Mr. Camacho, please tell the truth.	**Señor Camacho, diga la verdad, por favor.**
Mr. Ortega, Mrs. Gutiérrez, please tell the truth.	**Señor Ortega, señora Gutiérrez, digan la verdad, por favor.**
Miss Sánchez, please drive carefully.	**Señorita Sánchez, conduzca con cuidado, por favor.**
Miss Sánchez, Mr. Ortiz, please drive carefully.	**Señorita Sánchez, señor Ortiz, conduzcan con cuidado, por favor.**
Mr. Camacho, don't sleep now.	**Señor Camacho, no duerma ahora.**
Mr. Camacho, Mrs. Ortega, don't sleep now.	**Señor Camacho, señora Ortega, no duerman ahora.**

Only a handful of verbs do not match this pattern. These are *dar*—to give, *estar*—to be, *ir*—to go, *saber*—to know, and *ser*—to be.

Mr. Camacho, please give your phone number to Mr. Ortiz.	Señor Camacho, dé su número de teléfono al señor Ortiz, por favor.
Mr. Camacho, Mrs. Ortega, please give Mr. Ortiz your phone numbers.	Señor Camacho, señora Ortega, den sus números de teléfono al señor Ortiz, por favor.
Mr. Alomar, don't be nervous.	Señor Alomar, no esté nervioso.
Mr. Alomar, Mrs. Camacho, don't be nervous.	Señor Alomar, señora Camacho, no estén nerviosos.
Miss Ortiz, go to the store.	Señorita Ortiz, vaya a la tienda.
Miss Ortiz, Mr. Camacho, go to the store.	Señorita Ortiz, señor Camacho, vayan a la tienda.
Miss Ortega, know that you are welcome.	Señorita Ortega, sepa que usted es bienvenida.
Mr. Ortega, Mrs.Camacho, know that you are welcome.	Señor Ortega, señora Camacho, sepan que ustedes son bienvenidos.
Mr. Camacho, be kind.	Señor Camacho, sea amable.
Mr. and Mrs. Camacho, be kind.	Señores Camacho, sean amables.

Only a few verbs in the familiar forms do not at all follow the patterns described in the previous unit. These verbs are *decir*—to say, to tell, *ir*—to go, *ser*—to be, *hacer*—to do, to make, *salir*—to go out, to leave, *poner*—to put, *tener*—to have, and *venir*—to come. They are irregular in the singular affirmative imperative only. Here are their forms, singular and plural. *Escuche y repita.*

tell	di
tell	decid
go	ve

go	**id**
be	**sé**
be	**sed**
do	**haz**
do	**haced**
leave	**sal**
leave	**salid**
put	**pon**
put	**poned**
have	**ten**
have	**tened**
come	**ven**
come	**venid**

B.

Listen to Juanita and Carlos tell María and Pablo, their younger siblings, what to do and what not to do.

> JUANITA: *María, di la verdad.*
> CARLOS: *Pablo, no digas mentiras.*
> JUANITA: *María, ve allí.*
> CARLOS: *Pablo, no hagas eso.*
> JUANITA: *Pablo, María, haced eso. Pablo, ten esto. Pablo, ven aquí.*
> CARLOS: *María, no vengas aquí.*

Escuche y repita.

María, tell the truth.	**María, di la verdad.**
Pablo, don't tell lies.	**Pablo, no digas mentiras.**
María, go there.	**María, ve allí.**
Pablo, don't do that.	**Pablo, no hagas eso.**
Pablo, María, do that.	**Pablo, María, haced eso.**
Pablo, hold this.	**Pablo, ten esto.**
Pablo, come here.	**Pablo, ven aquí.**
María, don't come here.	**María, no vengas aquí.**

C.

Now, you give orders to María and Pablo.

Diga a María/ir allí.	**☞** *María, ve allí.*
Diga a Pablo/ser paciente.	**☞** *Pablo, sé paciente.*
Diga a Pablo/no hacer eso.	**☞** *Pablo, no hagas eso.*
Diga a Pablo/tener esto.	**☞** *Pablo, ten esto.*
Diga a María/no venir aquí.	**☞** *María, no vengas aquí.*

18. THE IMPERATIVE OF REFLEXIVE VERBS

A.

The polite imperative of reflexive verbs is formed quite regularly, but adds the reflexive pronouns. The pronouns are attached to the end of the verb in affirmative commands, but placed before the verb in negative commands. A few phrases using *sentarse*—to sit down, *ponerse*—to put on, and *vestirse*—to dress oneself, will exemplify the rule.

Mr. Camacho, please sit down here.	**Señor Camacho, siéntese aquí, por favor.**
Mrs. Monterrey, please don't sit down here.	**Señora Monterrey, no se siente aquí, por favor.**
Miss Sánchez, Mr. Ortega, put on a sweater.	**Señorita Sánchez, señor Ortega, pónganse un suéter.**
Miss Sánchez, Mr. Ortega, don't put on a sweater.	**Señorita Sánchez, señor Ortega, no se pongan un suéter.**
Mr. Camacho, please get dressed.	**Señor Camacho, vístase, por favor.**
Mr. Camacho, don't get dressed yet.	**Señor Camacho, no se vista todavía.**

The familiar imperative of reflexive verbs is formed in a similar manner. *Escuche primero y luego repita.*

Juan, sit down here.	**Juan, siéntate aquí.**
María, don't sit down here.	**María, no te sientes aquí.**
Juan, María, sit down here.	**Juan, María, sentaos aquí.**
Juan, María, don't sit down here.	**Juan, María, no os sentéis aquí.**
Let's sit down.	**Sentémonos.**
Pablo, get dressed.	**Pablo, vístete.**
María, don't get dressed yet.	**María, no te vistas todavía.**
Pablo, María, get dressed.	**Pablo, María vestíos.**

Pablo, María, don't get dressed yet.	**Pablo, María, no os vistáis todavía.**
Let's get dressed.	**Vistámonos.**

B.

You will be using the verb *acostarse*—to lie down, which is a stem-changing verb like *dormir*. You will also be using *indicar*—to indicate, to show. *Escuche la conversación.*

Doctor:	*Señor Ortega, acuéstese aquí.*
Sr. Ortega:	*Sí, doctor.*
Doctor:	*Señor Ortega, vístase ahora.*
Sr. Ortega:	*Sí, doctor.*
Doctor:	*Señora Camacho, no se siente aquí.*
Sra. Camacho:	*No, doctor.*
Doctor:	*Señorita Sánchez, no se vista todavía.*
Srta. Sánchez:	*No, doctor.*
Doctor:	*Indíqueme dónde le duele.*
Srta. Sánchez:	*Aquí, doctor.*

Escuche primero y luego repita.

Mr. Ortega, lie down here.	**Señor Ortega, acuéstese aquí.**
Yes, doctor.	**Sí, doctor.**
Mr. Ortega, get dressed now.	**Señor Ortega, vístase ahora.**
Yes, doctor.	**Sí, doctor.**
Mrs. Camacho, don't sit down here.	**Señora Camacho, no se siente aquí.**
No, doctor.	**No, doctor.**
Miss Sánchez, don't get dressed yet.	**Señorita Sánchez, no se vista todavía.**
No, doctor.	**No, doctor.**
Show me where it hurts.	**Indíqueme dónde le duele.**
Here, doctor.	**Aquí, doctor.**

C.

Now, you take the part of the doctor.

Diga al señor Ortega/no acostarse aquí.	☜ *Señor Ortega, no se acueste aquí.*
Diga al señor Ortega/no vestirse ahora.	☜ *Señor Ortega, no se vista ahora.*
Diga a la señora Camacho/sentarse aquí.	☜ *Señora Camacho, siéntese aquí.*
Diga al señor Camacho/vestirse.	☜ *Señor Camacho, vístase.*

Unless you wish to repeat the first half of the course, you're ready to move on.

PART III: SPEAKING ABOUT PAST ACTIONS

19. THE PRETERITE OF REGULAR -AR VERBS

A.

The *preterite* is equivalent to the English simple past: "I spoke, I ate, I wrote." In this unit you will learn how to conjugate the preterite of regular -ar verbs. Drop the infinitive suffix and add the endings -é, -aste, -ó, -amos, -asteis, and -aron to the verb stem. Let's practice with *hablar*—to speak.

I spoke	**hablé**
I spoke to Carmen yesterday.	**Hablé a Carmen ayer.**
you spoke	**hablaste**
María, did you speak to her last week?	**María, ¿le hablaste la semana pasada?**
he spoke	**habló**
Juanita didn't speak to me yesterday.	**Juanita no me habló ayer.**
you spoke	**habló**
Mr. Ortega, did you speak to your wife this morning?	**Señor Ortega, ¿habló usted a su esposa esta mañana?**
we spoke	**hablamos**
We spoke to Julio last night.	**Hablamos a Julio anoche.**
you spoke	**hablasteis**
Carmen, Jorge, did you speak to Julio, too, last night?	**Carmen, Jorge, ¿hablasteis también a Julio anoche?**
they spoke	**hablaron**
One year ago, they spoke to Julio.	**Hace un año que hablaron a Julio.**
you spoke	**hablaron**
Mr. and Mrs. Ortega, did you speak to the doctor last night?	**Señores Ortega, ¿hablaron ustedes al doctor anoche?**

B.

Listen to Carmen and Jorge talk about shopping. The verb you will need to know is *comprar*—to buy.

CARMEN:	*¡Hola, Jorge!*
JORGE:	*¡Hola! ¿Compraste algo ayer?*
CARMEN:	*Sí.*
JORGE:	*Carmen, ¿qué compraste ayer?*
CARMEN:	*Yo compré una bolsa.*
JORGE:	*Y tu hermano, ¿qué compró?*
CARMEN:	*Compró un disco.*
JORGE:	*¿Y tu hermana?*
CARMEN:	*Ella y yo compramos tarjetas postales.*
JORGE:	*Hoy día la gente compra demasiado.*
CARMEN:	*De acuerdo.*

Escuche primero y luego repita.

Hello, Jorge.	**¡Hola, Jorge!**
Hello.	**¡Hola!**
Did you buy something yesterday?	**¿Compraste algo ayer?**
Yes, I did.	**Sí.**
Carmen, what did you buy yesterday?	**Carmen, ¿qué compraste ayer?**
I bought a purse.	**Yo compré una bolsa.**
And your brother, what did he buy?	**Y tu hermano, ¿qué compró?**
He bought a record.	**Compró un disco.**
And your sister?	**¿Y tu hermana?**
She and I bought postcards.	**Ella y yo compramos tarjetas postales.**
Nowadays people buy too much.	**Hoy día la gente compra demasiado.**
I agree.	**De acuerdo.**

C.

You will be given a statement about the present, as in, for example: *Mi hermana compra un disco hoy*. You will then be given a cue, say, *yo*. Your task is to say that the indicated person bought the exact same thing last week: *Yo compré un disco la semana pasada*—I bought a record last week.

Mi hermana compra una bolsa hoy./mi amiga

☞ *Mi amiga compró una bolsa la semana pasada.*

Mi amigo compra un disco hoy./tú

☞ *Tú compraste un disco la semana pasada.*

Mi primo compra tarjetas postales hoy./yo

☞ *Yo compré tarjetas postales la semana pasada.*

Mi hermano compra un coche hoy./nosotros

☞ *Nosotros compramos un coche la semana pasada.*

20. THE PRETERITE OF REGULAR -*ER* AND -*IR* VERBS

A.

To form the preterite of both second- and third-conjugation verbs, all you have to do is drop the infinitive suffix before adding the following endings: -*í*, -*iste*, -*ió*, -*imos*, -*isteis*, and -*ieron. Escuche primero y luego repita.*

I ate	comí
I ate the whole cake yesterday.	Comí toda la torta ayer.
you wrote	escribiste
María, did you write the postcard?	María, ¿escribiste la tarjeta postal?
he ate	comió
Juan ate all the chocolate this morning.	Juan comió todo el chocolate esta mañana.
you wrote	escribió
Mr. Ortiz, did you write to her yesterday?	Señor Ortiz, ¿le escribió usted ayer?
we ate	comimos
We ate a lot last night.	Comimos mucho anoche.
you wrote	escribisteis
María, Pablo, did you write to your friends yesterday?	María, Pablo, ¿escribisteis a vuestros amigos ayer?
they ate	comieron
They ate at seven o'clock.	Comieron a las siete.
you wrote	escribieron
Mr. and Mrs. Jackson, did you write to your relatives in the United States?	Señores Jackson, ¿escribieron a sus parientes en los Estados Unidos?

B.

You need to know two new verbs: *perder*—to lose, and *partir*—to leave. *Escuche la conversación.*

SRA. ORTEGA:	*Juan, ¿qué perdiste en el aeropuerto?*
SR. ORTEGA:	*Yo perdí mis maletas.*
PABLO:	*¿Por qué partió el avión tarde?*
SR. ORTEGA:	*No sé por qué partimos tarde.*
SRA. ORTEGA:	*Pablo, Carmen, partisteis tarde también el año pasado, ¿no?*
CARMEN:	*Sí, es verdad.*
PABLO:	*Y nuestros amigos perdieron sus billetes el año pasado.*

Escuche y luego repita.

Juan, what did you lose at the airport?	**Juan, ¿qué perdiste en el aeropuerto?**
I lost my luggage.	**Yo perdí mis maletas.**
Why did the plane leave late?	**¿Por qué partió el avión tarde?**
I don't know why we left late.	**No sé por qué partimos tarde.**
Pablo, Carmen, you left late last year as well, didn't you?	**Pablo, Carmen, partisteis tarde también el año pasado, ¿no?**
Yes, it's true.	**Sí, es verdad.**
And our friends lost their tickets last year.	**Y nuestros amigos perdieron sus billetes el año pasado.**

C.

Now, answer the following questions as indicated.

¿Quién perdió sus maletas?/yo	☞ *Yo perdí mis maletas.*
¿Quién perdió su bolsa?/tú	☞ *Tú perdiste tu bolsa.*
¿Qué partió tarde?/el avión	☞ *El avión partió tarde.*
¿Quién partió tarde también?/ nosotros	☞ *Nosotros partimos tarde también.*

21. THE PRETERITE OF *SER* AND *IR*

A.

Now that you've dealt with regular verbs in the preterite, the time has come, once again, to try your hand at irregular verbs. Let's start with *ser*—to be and *ir*—to go. They have identical preterite forms.

I went	**fui**
I went to the movies yesterday.	**Fui al cine ayer.**
you went	**fuiste**
María, did you go to the movies yesterday?	**María, ¿fuiste al cine ayer?**
she was	**fue**
María was polite yesterday.	**María fue amable ayer.**
you went	**fue**
Mr. Camacho, did you go downtown last week?	**Señor Camacho, ¿fue usted al centro la semana pasada?**
we were	**fuimos**
We were excellent yesterday.	**Fuimos excelentes ayer.**
you went	**fuisteis**
Jorge, Sandra, where did you go yesterday?	**Jorge, Sandra, ¿adónde fuisteis ayer?**
they went	**fueron**
They went to the movies.	**Fueron al cine.**
you went	**fueron**
Ladies, did you go downtown yesterday?	**Señoras, ¿fueron al centro ayer?**

B.

Escuche la conversación.

> JUAN: *¿Adónde fuiste?*
> MARÍA: *Yo fui a una fiesta.*

288

JUAN: ¿Dónde fue la fiesta?
MARÍA: Fue en la casa de mi amiga. Y tú, ¿adónde fuiste?
JUAN: Mi hermano y yo fuimos a una tienda de discos. Y tus amigos, ¿adónde fueron?
MARÍA: Fueron a casa.

Escuche primero y luego repita.

Where did you go?	¿Adónde fuiste?
I went to a party.	Yo fui a una fiesta.
Where did the party take place?	¿Dónde fue la fiesta?
It was at my friend's house.	Fue en la casa de mi amigo.
And you, where did you go?	Y tú, ¿adónde fuiste?
My brother and I went to a record store.	Mi hermano y yo fuimos a una tienda de discos.
And your friends, where did they go?	Y tus amigos, ¿adónde fueron?
They went home.	Fueron a casa.

C.

Now, answer the following questions as indicated.

¿Quién fue a una librería?/yo	☞ Yo fui a una librería.
¿Quién fue con su madre?/tú	☞ Tú fuiste con tu madre.
¿Quién fue al cine?/mi hermana	☞ Mi hermana fue al cine.
¿Quién fue al aeropuerto?/mis amigos	☞ Mis amigos fueron al aeropuerto.

22. THE PRETERITE OF *ESTAR* AND *TENER*

A.

First, focus on the preterite forms of *estar*—to be.

I was	estuve
I was very worried yesterday.	Estuve muy preocupado ayer.
you were	estuviste
Were you worried, too, Carmen?	¿Estuviste preocupada también, Carmen?
he was	estuvo
José wasn't tired.	José no estuvo cansado.
you were	estuvo
Were you pleased, Mr. González?	¿Estuvo contento, señor González?
we were	estuvimos
We were pleased, too.	Estuvimos contentos también.
you were	estuvisteis
Carmen, Clara, were you ready yesterday?	Carmen, Clara, ¿estuvisteis listas ayer?
they were	estuvieron
My parents were tired yesterday.	Mis padres estuvieron cansados ayer.
you were	estuvieron
Gentlemen, were you ready yesterday?	Señores, ¿estuvieron ustedes listos ayer?

The preterite forms of *tener*—to have, are similar to those of *estar*.

I had a party at my house last night.	Tuve una fiesta en mi casa anoche.
Pablo, did you have a party last night, too?	Pablo, ¿tuviste también una fiesta anoche?

He had an accident yesterday.	**Tuvo un accidente ayer.**
Mrs. Ramírez, did you have a cold yesterday?	**Señora Ramírez, ¿tuvo usted un resfriado ayer?**
We had a good day yesterday.	**Tuvimos un buen día ayer.**
Clara, Carmen, did you have a party last night?	**Clara, Carmen, ¿tuvisteis una fiesta anoche?**
They had an accident last week.	**Tuvieron un accidente la semana pasada.**
Mr. and Mrs. Camacho, did you have a cold yesterday?	**Señores Camacho, ¿tuvieron ustedes un resfriado ayer?**

There are a few other verbs conjugated in the same way. *Escuche y repita.*

he made	**hizo**
we could	**pudimos**
you put	**pusiste**
she wanted	**quiso**
I knew	**supe**
they came	**vinieron**

B.

Escuche la conversación.

MARÍA: *Yo estuve cansada ayer.*

JUAN: *¿Pero no estuviste ocupada ayer?*

MARÍA: *Sí, por desgracia. ¿Y tu amiga Clara?*

JUAN: *Estuvo enojada toda la semana pasada.*

MARÍA: *¿Por qué?*

JUAN: *No sé.*

MARÍA: *Estuviste enojado también, ¿no? ¿Por qué estuvisteis enojados?*

JUAN: *¡No sé!*

Escuche y repita.

I was tired yesterday.	Yo estuve cansada ayer.
But weren't you busy yesterday?	¿Pero no estuviste ocupada ayer?
Yes, unfortunately. And your friend Clara?	Sí, por desgracia. ¿Y tu amiga Clara?
She was angry all last week.	Estuvo enojada toda la semana pasada.
Why?	¿Por qué?
I don't know.	No sé.
You were angry, too, right?	Estuviste enojado también, ¿no?
Why were you angry?	¿Por qué estuvisteis enojados?
I don't know.	¡No sé!

C.

Do the following.

Say that you were tired yesterday.	☞ *Yo estuve cansado ayer.*
Ask María if she was busy yesterday.	☞ *María, ¿estuviste ocupada ayer?*
Say that your brother was angry all last week.	☞ *Mi hermano estuvo enojado toda la semana pasada.*
Say that you and your brother were tired all last week.	☞ *Mi hermano y yo estuvimos cansados toda la semana pasada.*

23. THE PRETERITE OF IRREGULAR VERBS—PART I

A.

There are a number of verbs that undergo spelling changes in the preterite. Verbs ending in -*car*, -*gar*, and -*zar* change in the *yo* form to retain the same sound as in the infinitive: *c* changes to *qu*, *g* changes to *gu*, and *z* changes to *c*. All other persons are formed regularly. Here are three model verbs.

to look for	**buscar**
I looked for you yesterday.	**Te busqué ayer.**
to arrive	**llegar**
I arrived last night.	**Llegué anoche.**
to begin	**comenzar**
I began to work yesterday.	**Comencé a trabajar ayer.**

Certain second- and third-conjugation verbs with a vowel before the infinitive ending change in the third person singular and plural forms: the *i* between the two vowels becomes a *y*. Here are three model verbs.

to believe	**creer**
He didn't believe you.	**No te creyó.**
to read	**leer**
They read all day yesterday.	**Leyeron todo el día ayer.**
to hear	**oír**
He didn't hear anything.	**No oyó nada.**

Stem changing -*ir* verbs change the vowel in the preterite in the third person singular and plural as well: *o* becomes *u*, and *e* becomes *i*. Let's take, for example, *dormir*—to sleep and *pedir*—to ask for.

I slept	**dormí**
I slept all day yesterday.	**Yo dormí todo el día ayer.**

| she slept | ella durmió |
| She slept all day as well. | Ella durmió todo el día también. |

I asked for	pedí
I asked for it yesterday.	Yo lo pedí ayer.
they asked for	pidieron
They asked for it, too.	Ellos lo pidieron también.

B.

Escuche la conversación.

SRA. ORTEGA: *¡Qué buenas vacaciones!*

SR. ORTEGA: *¡Claro! Yo llegué el sábado y tú el domingo. Yo comencé a nadar inmediatamente.*

SRA. ORTEGA: *Sí, pero dormiste todo el jueves. ¡Fueron unas vacaciones fantásticas!*

Escuche y repita.

What a great vacation!	¡Qué buenas vacaciones!
It sure was!	¡Claro!
I arrived on Saturday and you on Sunday.	Yo llegué el sábado y tú el domingo.
I began to swim immediately.	Yo comencé a nadar inmediatamente.
Yes, but you slept all day Thursday.	Sí, pero dormiste todo el jueves.
It was a fantastic vacation!	¡Fueron unas vacaciones fantásticas!

C.

For example, if you are given the cues *yo/llegar/lunes*, then you would say: *Yo llegué el lunes*—I arrived Monday.

mi hija/llegar/sábado	☞ *Mi hija llegó el sábado.*
mi hijo/leer/siempre	☞ *Mi hijo leyó siempre.*
yo/comenzar/a nadar inmedia- tamente	☞ *Yo comencé a nadar inmedia- tamente.*
tú/dormir/todo el día jueves	☞ *Dormiste todo el día jueves.*

24. THE PRETERITE OF IRREGULAR VERBS—PART II

A.

The verbs *decir*—to say, to tell, *traer*—to bring, *dar*—to give, and *ver*—to see, also have irregular preterite forms. Let's practice them.

I said	**dije**
you said	**dijiste**
he said	**dijo**
you said	**dijo**
we brought	**trajimos**
you brought	**trajisteis**
they brought	**trajeron**
you brought	**trajeron**
I gave	**di**
you gave	**diste**
he gave	**dio**
you gave	**dio**
we saw	**vimos**
you saw	**visteis**
they saw	**vieron**
you saw	**vieron**

B.

Remember the vacation that Mr. and Mrs. Ortega took in the previous unit?

SRA. ORTEGA: *Y el martes nuestros amigos trajeron pasteles al hotel.*

SR. ORTEGA: *Y el miércoles yo di el mapa de la ciudad a Juan.*

SRA. ORTEGA: *Y el jueves yo vi a un viejo amigo.*

SR. ORTEGA: *Y el viernes nuestra hija vio a una vieja amiga.*

SRA. ORTEGA: *¡Fueron realmente unas vacaciones fan-*
tásticas!

Escuche y repita.

And on Tuesday our friends brought pastries to the hotel.	**Y el martes nuestros amigos trajeron pasteles al hotel.**
And on Wednesday I gave the map of the city to Juan.	**Y el miércoles yo di el mapa de la ciudad a Juan.**
And on Thursday I saw an old friend.	**Y el jueves yo vi a un viejo amigo.**
And on Friday our daughter saw an old friend.	**Y el viernes nuestra hija vio a una vieja amiga.**
It really was a fantastic vacation!	**¡Fueron realmente unas vacaciones fantásticas!**

C.

How much of the Ortega vacation do you recall? Answer the questions, this time without any cues!

¿Qué hicieron sus amigos el martes?	☞ *El martes sus amigos trajeron pasteles al hotel.*
¿Qué dio el señor Ortega a Juan el miércoles?	☞ *El miércoles el señor Ortega dio el mapa de la ciudad a Juan.*
¿A quién vio su hija el viernes?	☞ *El viernes su hija vio a una vieja amiga.*

25. THE PRETERITE OF REFLEXIVE VERBS

A.

The preterite of reflexive verbs requires that you add reflexive pronouns. A few examples based on the verbs *lavarse*—to wash oneself, *dormirse*—to fall asleep, and *ponerse*—to put on, will be sufficient.

I washed myself this morning.	**Me lavé esta mañana.**
Carmen, when did you fall asleep last night?	**Carmen, ¿cuándo te dormiste anoche?**
She didn't put on a sweater yesterday.	**Ella no se puso un suéter ayer.**
We washed ourselves twice a day on vacation.	**Nos lavamos dos veces al día en las vacaciones.**
Carmen, María, what did you put on yesterday?	**Carmen, María, ¿qué os pusisteis ayer?**

B.

Now, let's listen as Juanita and Pablo talk about their weekend over lunch. You'll need to know two new verbs: *levantarse*—to get up, and *afeitarse*—to shave. *Escuche la conversación.*

> JUANITA: *El sábado todos nosotros nos dormimos tarde.*
> PABLO: *Y nosotros también.*
> JUANITA: *El domingo yo me levanté tarde.*
> PABLO: *Yo no me afeité todo el día domingo.*
> JUANITA: *Y yo no me lavé.*
> PABLO: *Mis padres se levantaron a las siete.*
> JUANITA: *Pero mis padres se levantaron tarde.*
> PABLO: *¿Por qué?*
> JUANITA: *Porque mis padres también se durmieron tarde el sábado.*

Escuche y repita.

On Saturday we all fell asleep late.	**El sábado todos nosotros nos dormimos tarde.**
So did we.	**Y nosotros también.**
On Sunday I got up late.	**El domingo yo me levanté tarde.**
I didn't shave all day Sunday.	**Yo no me afeité todo el día domingo.**
And I didn't wash myself.	**Y yo no me lavé.**
My parents got up at seven.	**Mis padres se levantaron a las siete.**
But my parents got up late.	**Pero mis padres se levantaron tarde.**
Why?	**¿Por qué?**
Because my parents fell asleep late on Saturday, too.	**Porque mis padres también se durmieron tarde el sábado.**

C.

Now, let's see how much of this dialogue you remember. Answer the questions, without any cues.

¿Quién se durmió tarde el sábado?	☞ *Juanita y Pablo se durmieron tarde el sábado.*
¿Quién se levantó tarde el domingo?	☞ *Juanita se levantó tarde el domingo.*
¿Quién no se afeitó?	☞ *Pablo no se afeitó.*
¿Quién no se lavó?	☞ *Juanita no se lavó.*

26. REGULAR PAST PARTICIPLES

A.

The *past participle* is used primarily to form compound tenses, such as the *present perfect*, which corresponds to such English forms as "I have spoken," "you have eaten," and so on. The past participles of regular verbs in Spanish are formed in the following way: add *-ado* to the stem of *-ar* verbs and *-ido* to the stem of both *-er* and *-ir* verbs. *Escuche y repita.*

to work	**trabajar**
worked	**trabajado**
to speak	**hablar**
spoken	**hablado**
to learn	**aprender**
learned	**aprendido**
to eat	**comer**
eaten	**comido**
to sleep	**dormir**
slept	**dormido**
to permit	**permitir**
permitted	**permitido**

The present perfect is formed with the present tense of *haber* as the auxiliary and the past participle of the main verb. First, let's work on the present indicative of *haber*, which, like *tener*, means "to have."

I have	**he**
you have	**has**
he has	**ha**
you have	**ha**
we have	**hemos**
you have	**habéis**
they have	**han**
you have	**han**

Now, here are a few examples of the present perfect for you to practice.

I have already spoken to her.	**Ya le he hablado.**
María, have you already eaten?	**María ¿ya has comido?**
Juan hasn't slept all day.	**Juan no ha dormido todo el día.**
Miss Sánchez, have you slept already?	**Señorita Sánchez, ¿ya ha dormido usted?**
We have already spoken to him.	**Ya le hemos hablado.**
Have you eaten already?	**¿Ya habéis comido?**
They haven't slept all day.	**Ellos no han dormido todo el día.**
Mr. and Mrs. Ortega, how many hours have you slept?	**Señores Ortega, ¿cuántas horas han dormido ustedes?**

B.

Escuche la conversación.

> JUANITA: *Pablo, ¿ya has comido?*
> PABLO: *Sí, he comido.*
> JUANITA: *¿Adónde vas?*
> PABLO: *Quiero comprar una chaqueta.*
> JUANITA: *¿No la has comprado todavía?*
> PABLO: *No. ¿Y tú?*
> JUANITA: *Yo tengo que trabajar.*
> PABLO: *¿No has trabajado todavía?*
> JUANITA: *No, ¡yo dormí tarde esta mañana!*

Escuche y repita.

Pablo, have you already eaten?	**Pablo, ¿ya has comido?**
Yes, I have eaten.	**Sí, he comido.**
Where are you going?	**¿Adónde vas?**

I want to buy a jacket.	**Quiero comprar una chaqueta.**
Haven't you bought it yet?	**¿No la has comprado todavía?**
No. And you?	**No. ¿Y tú?**
I have to work.	**Yo tengo que trabajar.**
Haven't you worked yet?	**¿No has trabajado todavía?**
No, I slept in late this morning!	**No, ¡yo dormí tarde esta mañana!**

C.

You will be asked if someone is doing something. You will answer by pointing out that the person has already done it.

¿Tú estás comiendo?	☞ Ya he comido.
¿María está durmiendo?	☞ Ya ha dormido.
¿Vosotros estáis estudiando?	☞ Ya hemos estudiado.
¿Ellos están llegando?	☞ Ya han llegado.
¿María está almorzando?	☞ Ya ha almorzado.

27. IRREGULAR PAST PARTICIPLES

A.

Several *-er* and *-ir* verbs with a vowel before their infinitive suffix use an accent mark on the *i* of their past participles. Here are some common ones for you to know.

to fall/fallen	**caer/caído**
to read/read	**leer/leído**
to believe/believed	**creer/creído**
to bring/brought	**traer/traído**
to laugh/laughed	**reír/reído**
to smile/smiled	**sonreír/sonreído**

Some common verbs have irregular past participles.

to open/opened	**abrir/abierto**
to say, to tell/said, told	**decir/dicho**
to describe/described	**describir/descrito**
to write/written	**escribir/escrito**
to do, to make/done, made	**hacer/hecho**
to die/died	**morir/muerto**
to put/put	**poner/puesto**
to break/broken	**romper/roto**
to see/seen	**ver/visto**
to return/returned	**volver/vuelto**

B.

Escuche la conversación.

> JUAN: *¿Qué has hecho esta mañana?* *
> MARÍA: *Yo he leído un libro.*
> JUAN: *¿Qué han hecho tus padres?*

---

* The use of the present perfect in Spanish usually parallels that in English. However, Spanish (especially in Spain) sometimes uses it in place of the simple past (the preterite).

MARÍA: *Mis padres no han hecho nada.*

JUAN: *Y luego, ¿qué más has hecho?*

MARÍA: *Mi hermano y yo hemos roto un vaso.*

JUAN: *¿Y luego?*

MARÍA: *Yo he escrito una carta también.*

JUAN: *¿Y luego?*

MARÍA: *¡Basta, Juan!*

Escuche y repita.

What did you do this morning?	**¿Qué has hecho esta mañana?**
I read a book.	**Yo he leído un libro.**
What did your parents do?	**¿Qué han hecho tus padres?**
My parents didn't do anything.	**Mis padres no han hecho nada.**
And then, what else did you do?	**Y luego, ¿qué más has hecho?**
My brother and I broke a vase.	**Mi hermano y yo hemos roto un vaso.**
And then?	**¿Y luego?**
I also wrote a letter.	**Yo he escrito una carta también.**
And then?	**¿Y luego?**
That's enough, Juan!	**¡Basta, Juan!**

C.

Now, you will be given two cues. Combine them into a full sentence using the appropriate verb in the present perfect.

yo/libro	☛ *Yo he leído un libro.*
mi hermana/nada	☛ *Mi hermana no ha hecho nada.*
mi hermano y yo/un vaso	☛ *Mi hermano y yo hemos roto un vaso.*
mis amigos/la verdad	☛ *Mis amigos han dicho la verdad.*

28. THE IMPERFECT OF -AR VERBS

A.

The imperfect tense allows you to talk about actions, conditions, and events that used to occur repeatedly or habitually in the past and to describe ongoing actions and conditions in the past. For example, with the preterite you can express an action such as *Yo comí toda la torta*—I ate all the cake. This is a completed action; the cake is gone. However, if you want to say that you used to eat a lot of cake, that is, if you are speaking about a habitual action in the past, then you would need to use the imperfect: *Yo comía la torta*.

Let's start with the *-ar* verbs. As usual, first drop the infinitive suffix and then add the following endings: *-aba, -abas, -aba, -ábamos, -abais, -aban*. Let's practice using the verbs *hablar*—to speak, *jugar*—to play, and *trabajar*—to work, in an alternate fashion.

I used to speak	**hablaba**
I used to speak Spanish very well when I was young.	**Hablaba español muy bien cuando era joven.**
you used to play	**jugabas**
Juan, didn't you use to play soccer?	**Juan, ¿no jugabas al fútbol?**
she used to speak	**hablaba**
María used to speak French when she was young.	**María hablaba francés cuando era joven.**
you used to work	**trabajaba**
Mrs. Ortega, didn't you use to work in Spain?	**Señora Ortega, ¿no trabajaba usted en España?**
we used to play	**jugábamos**
We used to play tennis when we were young.	**Jugábamos al tenis cuando éramos jóvenes.**
you used to work	**trabajabais**

Carmen, María, where did you use to work?	**Carmen, María, ¿dónde trabajabais?**
they used to play	**jugaban**
They used to play tennis when they were young.	**Jugaban al tenis cuando eran jóvenes.**
you used to speak	**hablaban**
Mr. and Mrs. Ortega, didn't you use to speak Spanish when you were young?	**Señores Ortega, ¿no hablaban español cuando eran jóvenes?**

B.

You will need to know a new verb, *mirar*—to watch. *Escuche la conversación.*

SRA. ORTEGA: *¿Cómo pasabas el tiempo, Carlos, durante el verano pasado?*

SR. ORTEGA: *Yo miraba la televisión mucho.*

SRA. ORTEGA: *¿Tu hermano miraba la televisión mucho también?*

SR. ORTEGA: *No, mi hermano jugaba al fútbol. ¿Cómo pasaba usted el tiempo cuando era joven?*

SRA. ORTEGA: *Mi hermana y yo comprábamos muchas revistas.*

SR. ORTEGA: *¿No comprabais muchos libros también?*

SRA. ORTEGA: *Sí, todos en mi familia compraban muchos libros.*

SR. ORTEGA: *¡Y muchos estantes de libros!*

Escuche y repita.

What did you do, Carlos, last summer?	**¿Cómo pasabas el tiempo, Carlos, durante el verano pasado?**
I watched TV a lot.	**Yo miraba la televisión mucho.**

Didn't your brother watch TV a lot, too?	**¿Tu hermano miraba la televisión mucho también?**
No, my brother played soccer.	**No, mi hermano jugaba al fútbol.**
How did you pass the time when you were young?	**¿Cómo pasaba usted el tiempo cuando era joven?**
My sister and I used to buy many magazines.	**Mi hermana y yo comprábamos muchas revistas.**
Didn't you also buy a lot of books?	**¿No comprabais muchos libros también?**
Yes, everyone in my family used to buy a lot of books.	**Sí, todos en mi familia compraban muchos libros.**
And a lot of bookshelves!	**¡Y muchos estantes de libros!**

C.

Use the cues to form a sentence using the imperfect.

mi hermano/jugar al fútbol	☞ *Mi hermano jugaba al fútbol.*
mi hermana y yo/comprar muchas revistas	☞ *Mi hermana y yo comprábamos muchas revistas.*
mis padres/trabajar el sábado	☞ *Mis padres trabajaban el sábado.*
yo/jugar al tenis	☞ *Yo jugaba al tenis.*

29. THE IMPERFECT OF -ER AND -IR VERBS

A.

To form the imperfect of both second- and third-conjugation verbs, drop the infinitive suffix and add these endings: *-ía, -ías, -ía, -íamos, -íais,* and *-ían.* Let's practice conjugating *comer*—to eat and *vivir*—to live.

I used to eat	**comía**
I used to eat a lot of meat.	**Yo comía mucha carne.**
you used to live	**vivías**
Juanita, didn't you use to live in Spain?	**Juanita, ¿no vivías en España?**
she used to live	**vivía**
María used to to live in England.	**María vivía en Inglaterra.**
you used to eat	**comía**
Mr. Camacho, didn't you use to eat a lot of meat?	**Señor Camacho, ¿no comía usted mucha carne?**
we used to live	**vivíamos**
We used to live near the ocean.	**Vivíamos cerca del mar.**
you used to eat	**comíais**
Juan, María, didn't you use to eat a lot of chocolate?	**Juan, María, ¿no comíais mucho chocolate?**
they used to live	**vivían**
They used to live in France.	**Vivían en Francia.**
you used to live	**vivían**
Mr. and Mrs. Camacho, didn't you use to live in Mexico?	**Señores Camacho, ¿no vivían ustedes en México?**

B.

Mrs. Ortega is telling her daughter a scary story. *Escuche la conversación.*

> SRA. ORTEGA: *El cielo estaba muy oscuro. Hacía frío.*
> ELENA: *¿Tenías miedo?*

SRA. ORTEGA: *Sí. Caminaba cerca de mi casa, pero todo me parecía extraño.*

ELENA: *¿Estabas sola?*

SRA. ORTEGA: *Sí, y quería mucho estar en casa. De repente, oí—.*

ELENA: *¡No más! ¡No quiero oír más!*

Escuche y repita.

The sky was very dark. It was cold.	**El cielo estaba muy oscuro. Hacía frío.**
Were you scared?	**¿Tenías miedo?**
Yes. I was walking near my house, but everything seemed strange to me.	**Sí. Caminaba cerca de mi casa, pero todo me parecía estraño.**
Were you alone?	**¿Estabas sola?**
Yes, and I wanted very much to be at home. Suddenly, I heard—	**Sí, y quería mucho estar en casa. De repente, oí—**
No more! I don't want to hear any more!	**¡No más! ¡No quiero oír más!**

C.

Now, answer the following questions.

¿Qué hacías tú?/dormir mucho	☞ *Yo dormía mucho.*
¿Qué hacía tu hermano?/comer muchos pasteles	☞ *Mi hermano comía muchos pasteles.*
¿Qué hacíais tú y tu hermana?/dormir mucho	☞ *Mi hermana y yo dormíamos mucho.*
¿Dónde vivían tus amigos?/vivir en México	☞ *Mis amigos vivían en México.*

Now let's see whether you can distinguish between the use of the preterite and the imperfect. For example, if you are asked to say that your friends used to eat a lot of meat,

309

then you will answer: *Mis amigos comían mucha carne.*
However, if you are asked to say that your friends ate a lot
of meat yesterday, then your answer should be: *Mis amigos
comieron mucha carne ayer.*

Say that you used to live in Mexico.	☞ *Yo vivía en México.*
Say that your sister lived in Argentina for two years.	☞ *Mi hermana vivió en Argentina por dos años.*
Say that you and your brother used to study French.	☞ *Mi hermano y yo aprendíamos francés.*
Say that your friends studied French for one year.	☞ *Mis amigos aprendieron francés por un año.*
Say that you used to drink a lot of coffee.	☞ *Yo bebía mucho café.*
Say that you drank only one glass of wine yesterday.	☞ *Ayer yo bebí solamente un vaso de vino.*

30. THE IMPERFECT OF *SER*

A.

Now that you know how to conjugate regular verbs in the imperfect, we can start tackling irregular verbs. And it won't be all that difficult, because there are only three irregular verbs in the imperfect: *ser*—to be, *ver*—to see, and *ir*—to go. Let's start with *ser*.

I was	**era**
you were	**eras**
it was	**era**
you were	**era**
we were	**éramos**
you were	**erais**
they were	**eran**
you were	**eran**

B.

Escuche la conversación.

> SRA. RUÍZ: *Juan, cuando tú eras niño, ¿qué hacías?*
> SR. RUÍZ: *Cuando era niño, yo miraba la televisión.*
> SRA. RUÍZ: *Y tú y tu hermano, cuando erais niños, ¿qué hacíais?*
> SR. RUÍZ: *Cuando éramos niños, jugábamos al fútbol.*
> SRA. RUÍZ: *Cuando tus amigos eran niños, ¿qué hacían?*
> SR. RUÍZ: *Cuando eran niños, ellos también miraban la televisión.*

Escuche y repita.

Juan, when you were a child, what did you use to do?	**Juan, cuando tú eras niño, ¿qué hacías?**

When I was a child, I used to watch TV.	**Cuando era niño, yo miraba la televisión.**
And you and your brother, when you were children, what did you use to do?	**Y tú y tu hermano, cuando erais niños, ¿qué hacíais?**
When we were children, we used to play soccer.	**Cuando éramos niños, jugábamos al fútbol.**
When your friends were children, what did they use to do?	**Cuando tus amigos eran niños, ¿qué hacían?**
When they were children, they used to watch television, too.	**Cuando eran niños, ellos también miraban la televisión.**

C.

Do the following.

Say that when they were children, they used to play soccer.	☞ *Cuando eran niños, jugaban al fútbol.*
Ask Mrs. and Mr. Camacho where they used to live when they were children.	☞ *Señores Camacho, ¿dónde vivían cuando eran niños?*
Say that as children, we were happy.	☞ *De niños, éramos muy alegres.*

31. THE IMPERFECT OF *VER*

A.

Let's now move on to the next verb and conjugate *ver*—to see, in the imperfect.

I used to see	**veía**
you used to see	**veías**
he used to see	**veía**
you used to see	**veía**
we used to see	**veíamos**
you used to see	**veíais**
they used to see	**veían**
you used to see	**veían**

B.

Escuche la conversación.

SRA. RUÍZ:	*¿No veías animales silvestres aquí?*
SR. RUÍZ:	*Sí, yo veía muchos animales silvestres aquí.*
SRA. RUÍZ:	*¿Y tu amigo Juan?*
SR. RUÍZ:	*Dice que veía muchas flores aquí.*
SRA. RUÍZ:	*Sí, recuerdo.*
SR. RUÍZ:	*Y mi hermana y yo veíamos muchas plantas aquí.*
SRA. RUÍZ:	*Es verdad. Y mis padres veían muchos pájaros.*
SR. RUÍZ:	*¡Vivimos en un mundo que está en peligro!*

Escuche y repita.

Didn't you use to see wild animals here?	**¿No veías animales silvestres aquí?**
Yes, I used to see many wild animals here.	**Sí, yo veía muchos animales silvestres aquí.**
And your friend Juan?	**¿Y tu amigo Juan?**

He says that he used to see many flowers here.	Dice que veía muchas flores aquí.
Yes, I remember.	Sí, recuerdo.
And my sister and I used to see many plants here.	Y mi hermana y yo veíamos muchas plantas aquí.
It's true.	Es verdad.
And my parents used to see many birds.	Y mis padres veían muchos pájaros.
We're living in an endangered world!	¡Vivimos en un mundo que está en peligro!

C.

Make full sentences using the cues given and the imperfect of *ver*.

mi hermana/muchas flores	☞ *Mi hermana veía muchas flores.*
mi hermana y yo/muchas plantas	☞ *Mi hermana y yo veíamos muchas plantas.*
mis padres/muchos pájaros	☞ *Mis padres veían muchos pájaros.*

32. THE IMPERFECT OF *IR*

A.

Now, let's turn to the imperfect of *ir*—to go.

I used to go	**iba**
you used to go	**ibas**
he used to go	**iba**
you used to go	**iba**
we used to go	**íbamos**
you used to go	**ibais**
they used to go	**iban**
you used to go	**iban**

B.

Escuche la conversación.

SRA. RUÍZ: *Yo iba frecuentemente a Argentina.*
SR. RUÍZ: *¿No ibas frecuentemente a Chile?*
SRA. RUÍZ: *No. Recuerdo que mi hermana iba frecuentemente a Grecia.*
SR. RUÍZ: *Y mi hermano y yo íbamos frecuentemente a Francia.*
SRA. RUÍZ: *¿No ibais frecuentemente a Italia también?*
SR. RUÍZ: *Mis padres iban frecuentemente a Italia.*

Escuche y repita.

I used to go to Argentina often.	**Yo iba frecuentemente a Argentina.**
Didn't you use to go to Chile often?	**¿No ibas frecuentemente a Chile?**
No. I remember that my sister used to go to Greece often.	**No. Recuerdo que mi hermana iba frecuentemente a Grecia.**

And my brother and I used to go to France often.	**Y mi hermano y yo íbamos frecuentemente a Francia.**
Didn't you use to go to Italy often as well?	**¿No ibais frecuentemente a Italia también?**
My parents used to go to Italy often.	**Mis padres iban frecuentemente a Italia.**

C.

As in units before, make full sentences with the cues you are given, the imperfect of *ir* and the adverb *frecuentemente*.

yo/a Argentina	☞ *Yo iba frecuentemente a Argentina.*
María/a Chile	☞ *María iba frecuentemente a Chile.*
mi hermano y yo/a Francia	☞ *Mi hermano y yo íbamos frecuentemente a Francia.*
Pablo y Juan/a Francia también	☞ *Pablo y Juan iban frecuentemente a Francia también.*

33. THE IMPERFECT OF REFLEXIVE VERBS

A.

The imperfect of reflexive verbs requires, of course, the addition of reflexive pronouns. A few examples with the verbs *lavarse*—to wash oneself, *ponerse*—to put on, and *dormirse*—to fall asleep, will help you remember their conjugation. *Escuche y repita.*

I used to wash myself	**me lavaba**
you used to put on	**te ponías**
he used to fall asleep	**se dormía**
you used to fall asleep	**se dormía**
we used to wash ourselves	**nos lavábamos**
you used to put on	**os poníais**
they used to fall asleep	**se dormían**
you used to fall asleep	**se dormían**

B.

Escuche la conversación.

> SRA. RUÍZ: *Yo me lavaba dos veces al día.*
> SR. RUÍZ: *¿Y no te levantabas tarde?*
> SRA. RUÍZ: *No. Y recuerdo que mi hermano se afeitaba una vez a la semana.*
> SR. RUÍZ: *Y yo recuerdo que mi hermana y yo nos dormíamos tarde.*
> SRA. RUÍZ: *Mis padres se dormían tarde también.*

Escuche y repita.

I used to wash myself twice a day.	**Yo me lavaba dos veces al día.**
And didn't you use to get up late?	**¿Y no te levantabas tarde?**

317

No. And I remember that my brother used to shave once a week.	**No. Y recuerdo que mi hermano se afeitaba una vez a la semana.**
And I remember that my sister and I used to fall asleep late.	**Y yo recuerdo que mi hermana y yo nos dormíamos tarde.**
My parents used to fall asleep late as well.	**Mis padres se dormían tarde también.**

C.

Please make complete sentences in the imperfect using the cues you are given.

yo/afeitarse/cada mañana ☞ *Yo me afeitaba cada mañana.*

María/levantarse/tarde ☞ *María se levantaba tarde.*

mi hermana y yo/dormirse tarde ☞ *Mi hermana y yo nos dormíamos tarde.*

vosotros/divertirse/mucho ☞ *Vosotros os divertíais mucho.*

34. THE PLUPERFECT

A.

The Spanish *pluperfect* is similar to the English *past perfect*. It allows you to express such actions as "I had eaten already," "they had gone already," and so on. It is formed with the imperfect of *haber* and the past participle. A few examples based on the verbs *trabajar*—to work, *comer*—to eat, and *vivir*—to live, will suffice. *Escuche y repita.*

I had worked	**había trabajado**
you had eaten	**habías comido**
she had lived	**había vivido**
you had lived	**había vivido**
we had worked	**habíamos trabajado**
you had eaten	**habíais comido**
they had lived	**habían vivido**
you had lived	**habían vivido**

B.

Escuche la conversación.

SRA. RUÍZ: *Yo había querido siempre conducir un Mercedes.*

SR. RUÍZ: *¿No habías querido siempre conducir un Ferrari también?*

SRA. RUÍZ: *Sí. Y recuerdo que mi hermana había querido siempre trabajar en los Estados Unidos.*

SR. RUÍZ: *Mi hermano y yo habíamos querido siempre ir a Rusia. Y mis padres habían querido siempre vivir en China.*

SRA. RUÍZ: *Pero nunca hicimos ninguna de aquellas cosas.*

SR. RUÍZ: *¡No, pero somos felices!*

Escuche y repita.

I had always wanted to drive a Mercedes.	**Yo había querido siempre conducir un Mercedes.**
Hadn't you always wanted to drive a Ferrari, too?	**¿No habías querido siempre conducir un Ferrari también?**
Yes. And I remember that my sister had always wanted to work in the United States.	**Sí. Y recuerdo que mi hermana había querido siempre trabajar en los Estados Unidos.**
My brother and I had always wanted to go to Russia.	**Mi hermano y yo habíamos querido siempre ir a Rusia.**
And my parents had always wanted to live in China.	**Y mis padres habían querido siempre vivir en China.**
But we never did any of those things.	**Pero nunca hicimos ninguna de aquellas cosas.**
No, but we are happy!	**¡No, pero somos felices!**

C.

Please use the cues you are given to form sentences with the pluperfect of the verb *querer*.

mi hermana/trabajar en España	☞ *Mi hermana había querido trabajar en España.*
mi hermano y yo/ir a Rusia	☞ *Mi hermano y yo habíamos querido ir a Rusia.*
Pablo y Juan/ir a México	☞ *Pablo y Juan habían querido ir a México.*
vosotros/vivir en China también	☞ *Vosotros habíais querido vivir en China también.*

PART IV: SPEAKING ABOUT FUTURE, CONDITIONAL, AND NONFACTUAL ACTIONS

35. THE FUTURE OF REGULAR VERBS

A.

As in English, the *future* tense in Spanish allows you to express future plans and to speculate about present and future situations. The future of regular verbs is formed simply by adding the endings *-é, -ás, -á, -emos, -éis,* and *-án* to the infinitive. A few examples with *viajar*—to travel, *comer*—to eat, and *vivir*—to live, will suffice.

I will travel	**viajaré**
you will eat	**comerás**
she will live	**vivirá**
you will live	**vivirá**
we will travel	**viajaremos**
you will eat	**comeréis**
they will live	**vivirán**
you will live	**vivirán**

Sometimes you might also need to express future actions such as "I will have eaten," "they will have done something," and so on. The tense that allows you to do this is called the *future perfect*. It is formed with the future of *haber* and the past participle of the main verb. *Escuche y repita.*

I will have worked	**habré trabajado**
you will have eaten	**habrás comido**
she will have lived	**habrá vivido**
you will have lived	**habrá vivido**
we will have worked	**habremos trabajado**
you will have eaten	**habréis comido**
they will have lived	**habrán vivido**
you will have lived	**habrán vivido**

B.

Listen to the González family plan their upcoming trip to the United States. *Escuche la conversación.*

HERMANO: *Yo compraré recuerdos.*
MADRE: *María, ¿qué comprarás tú?*
HERMANO: *Ella comprará discos.*
HERMANA: *Y mi hermano y yo comeremos en un restaurante americano típico. ¿Vienen vuestros amigos también?*
MADRE: *Sí, ellos viajarán por todas partes.*

Escuche y repita.

I will buy souvenirs	**Yo compraré recuerdos.**
María, what will you buy?	**María, ¿qué comprarás tú?**
She will buy records.	**Ella comprará discos.**
And my brother and I will eat in a typical American restaurant.	**Y mi hermano y yo comeremos en un restaurante americano típico.**
Are your friends coming as well?	**¿Vienen vuestros amigos también?**
Yes, they will travel everywhere.	**Sí, ellos viajarán por todas partes.**

C.

Answer the following questions using the given cues.

¿Qué comprará tu hermana?/ discos	☞ *Mi hermana comprará discos.*
¿Adónde viajarán tus padres?/ por todas partes	☞ *Mis padres viajarán por todas partes.*
¿Qué compraréis vosotros?/ revistas	☞ *Nosotros compraremos revistas.*
¿Dónde vivirás tú?/en España	☞ *Yo viviré en España.*

322

36. THE CONDITIONAL OF REGULAR VERBS

A.

As in English, the conditional in Spanish allows you to express hypothetical plans and to speculate about present and future situations. In general, it corresponds to such English expressions as "I would travel" and "they would like to do something." The conditional of regular verbs is formed by adding the endings *-ía, -ías, -ía, -íamos, -íais,* and *-ían* to the infinitive. Practice the following examples with the verbs *viajar*—to travel, *comer*—to eat, and *vivir*—to live. *Escuche y repita.*

I would travel	**viajaría**
you would eat	**comerías**
he would live	**viviría**
you would live	**viviría**
we would travel	**viajaríamos**
you would eat	**comeríais**
they would travel	**viajarían**
you would eat	**comerían**

The *conditional perfect* allows you to express circumstances such as "I would have eaten," "they would have done something," and so on. It is formed with the conditional of *haber* and the past participle of the main verb.

I would have worked	**habría trabajado**
you would have eaten	**habrías comido**
she would have lived	**habría vivido**
you would have lived	**habría vivido**
we would have worked	**habríamos trabajado**
you would have eaten	**habríais comido**
they would have lived	**habrían vivido**
you would have lived	**habrían vivido**

B.

Remember the González family? *Escuche la conversación.*

HERMANO: *Yo compraría recuerdos costosos, pero no puedo.*

MADRE: *María, ¿tú no comprarías recuerdos también?*

HERMANO: *Mi hermana compraría muchas cosas, pero no puede.*

HERMANA: *Y mi hermano y yo comeríamos en restaurantes costosos, pero no podemos.*

MADRE: *Nuestros amigos viajarían a otros países, pero no pueden.*

HERMANA: *¡Qué lástima!*

Escuche y repita.

I would buy expensive souvenirs, but I can't.	Yo compraría recuerdos costosos, pero no puedo.
María, wouldn't you buy gifts, too?	María, ¿tú no comprarías recuerdos también?
My sister would buy a lot of things, but she can't.	Mi hermana compraría muchas cosas, pero no puede.
And my brother and I would eat in expensive restaurants, but we can't.	Y mi hermano y yo comeríamos en restaurantes costosos, pero no podemos.
Our friends would travel to other countries, but they can't.	Nuestros amigos viajarían a otros países, pero no pueden.
Too bad!	¡Qué lástima!

C.

Answer the following questions.

¿Qué comprarías tú?/recuerdos costosos

☞ Yo compraría recuerdos costosos.

¿Qué compraría tu hermana?/muchas cosas

☞ Mi hermana compraría muchas cosas.

¿Adónde viajarían tus padres?/a otros países

☞ Mis padres viajarían a otros países.

¿Qué compraríais vosotros?/revistas

☞ Nosotros compraríamos revistas.

37. THE FUTURE AND CONDITIONAL OF IRREGULAR VERBS

A.

There are only a handful of irregular verbs in the future and conditional. Add the future and conditional endings to the irregular stems of the following verbs: *decir*—to say, to tell, *hacer*—to do, to make, *poder*—to be able to, *querer*—to want, to love, *saber*—to know, *salir*—to go out, to leave, *tener*—to have, *poner*—to put, and *venir*—to come. *Escuche y repita.*

I will say	**diré**
I would say	**diría**
I will do	**haré**
I would do	**haría**
I will be able to	**podré**
I would be able to	**podría**
I will want	**querré**
I would want	**querría**
I will know	**sabré**
I would know	**sabría**
I will leave	**saldré**
I would leave	**saldría**
I will have	**tendré**
I would have	**tendría**
I will put	**pondré**
I would put	**pondría**
I will come	**vendré**
I would come	**vendría**

B.

Escuche la conversación.

> PADRE: *Yo haré muchas cosas.*
> MADRE: *¿Qué querrías hacer?*

HERMANO: *No sé. Mi hermana sabrá que hacer.*

HERMANA: *Sí, pero mi hermano y yo no haríamos muchas cosas. Porque no tendremos dinero. ¿Y
vuestros amigos?*

MADRE: *Nuestros amigos probablemente no vendrán.*

HERMANA: *¡Qué lástima!*

Escuche y repita.

I will do many things.	**Yo haré muchas cosas.**
What would you like to do?	**¿Qué querrías hacer?**
I don't know.	**No sé.**
My sister will know what to do.	**Mi hermana sabrá que hacer.**
Yes, but my brother and I wouldn't do a lot of things.	**Sí, pero mi hermano y yo no haríamos muchas cosas.**
Because we won't have money.	**Porque no tendremos dinero.**
And your friends?	**¿Y vuestros amigos?**
Our friends probably won't come.	**Nuestros amigos probablemente no vendrán.**
What a shame!	**¡Qué lástima!**

C.

Answer the following questions.

¿Qué harás tú?/muchas cosas	☞ *Yo haré muchas cosas.*
¿Qué sabrá tu hermana?/que hacer	☞ *Mi hermana sabrá que hacer.*
¿Qué querrían hacer?/comprar muchas cosas	☞ *Querrían comprar muchas cosas.*
¿Cuándo vendríais vosotros?/la semana próxima	☞ *Nosotros vendríamos la semana próxima.*

38. THE PRESENT SUBJUNCTIVE OF REGULAR -AR VERBS

A.

Verbs have both tense (past, present, future) and mood. The latter refers to how we view actions and events. The indicative mood indicates facts; the subjunctive allows you to express wishes, desires, preferences, doubts, and anything else that is nonfactual. In English the subjunctive is rarely used, although it can be seen in sentences such as "I suggest that he go, too." Let's practice conjugating the present subjunctive of regular -ar verbs. Drop the infinitive suffix and add the following endings to the verb stem: -e, -es, -e, -emos, -éis, and -en. *Escuche y repita después del modelo.*

I speak	**hable**
They hope that I speak Spanish.	**Esperan que yo hable español.**
you speak	**hables**
I doubt that you speak French.	**Dudo que tú hables francés.**
she speaks	**hable**
I'm afraid that he doesn't speak English.	**Temo que él no hable inglés.**
you speak	**hable**
I don't think that you speak Spanish very well.	**No creo que usted hable español muy bien.**
we speak	**hablemos**
Do you prefer that we speak Spanish?	**¿Prefiere usted que nosotros hablemos español?**
you speak	**habléis**
I prefer that you speak English.	**Prefiero que vosotros habléis inglés.**
they speak	**hablen**
I doubt that they speak Spanish.	**Dudo que hablen español.**

| you speak | **hablen** |
| I prefer that you speak Span-ish. | **Prefiero que ustedes hablen español.** |

B.

The Smith family has drawn up a list of things they believe are necessary for their trip to Spain. To understand their conversation, you will need to know a new verb: *enseñar*—to teach.

SR. SMITH: *Es necesario que yo hable español mejor.*

SRA. SMITH: *Jennifer, es importante que tú estudies español.*

JOHN: *Sí, y es lógico que mi hermana compre un diccionario de español.*

JENNIFER: *Y es importante que nosotros nos es-cuchemos.*

JOHN: *Sí, y es necesario que vosotros nos enseñéis a hablar bien.*

Escuche y repita.

It's necessary that I speak Spanish better.	**Es necesario que yo hable español mejor.**
Jennifer, it's important that you study Spanish.	**Jennifer, es importante que tú estudies español.**
Yes, and it's logical that my sister buy a Spanish dictio-nary.	**Sí, y es lógico que mi her-mana compre un diccio-nario de español.**
And it's important that we all listen to each other.	**Y es importante que noso-tros nos escuchemos.**
Yes, and it's necessary that you teach us to speak well.	**Sí, y es necesario que vo-sotros nos enseñéis a hablar bien.**

C.

Say that it's necessary that you speak Spanish better.

☞ *Es necesario que yo hable español mejor.*

Say that it's logical that your brother buy a Spanish dictionary.

☞ *Es lógico que mi hermano compre un diccionario de español.*

Say that it's necessary that Carmen and Pablo teach us Spanish.

☞ *Es necesario que Carmen y Pablo nos enseñen español.*

39. THE PRESENT SUBJUNCTIVE OF REGULAR -*ER* AND -*IR* VERBS

A.

To form the present subjunctive of regular -*er* and -*ir* verbs, drop the infinitive suffix and add the following endings to the verb stem: -*a*, -*as*, -*a*, -*amos*, -*áis*, and -*an*. Let's practice conjugating with the model verbs *comer*—to eat, and *escribir*—to write. *Escuche y repita.*

I eat	**coma**
My parents doubt that I eat vegetables.	**Mis padres dudan que yo coma las verduras.**
you write	**escribas**
I hope that you write often to your relatives.	**Espero que tú escribas frecuentemente a tus parientes.**
she writes	**escriba**
I'm happy that she always writes to me.	**Me alegro que ella me escriba siempre.**
you eat	**coma**
It's necessary that you eat vegetables.	**Es necesario que usted coma las verduras.**
we eat	**comamos**
They don't think that we always eat vegetables.	**No creen que nosotros siempre comamos las verduras.**
you write	**escribáis**
I'm happy that you always write to me.	**Me alegro que vosotros me escribáis siempre.**
they eat	**coman**
I doubt that they eat vegetables.	**Dudo que coman las verduras.**
you write	**escriban**
I'm happy that you always write to me.	**Me alegro que ustedes me escriban siempre.**

B.

Escuche la conversación.

JOHN:	*¿Qué dudan tus amigas?*
JENNIFER:	*Dudan que yo aprenda español bien.*
JOHN:	*Y yo dudo esto también.*
JENNIFER:	*Espero, claro, que mi hermano no coma sólo paella en España.*
JOHN:	*Pero pienso que tú y tu amigo beberéis demasiado vino.*
SR. SMITH:	*Espero que no.*

Escuche y repita.

What do your friends doubt?	**¿Qué dudan tus amigas?**
They doubt that I am learning Spanish well.	**Dudan que yo aprenda español bien.**
And I doubt that as well.	**Y yo dudo esto también.**
I certainly do hope that my brother does not only eat paella in Spain.	**Espero, claro, que mi hermano no coma sólo paella en España.**
However, I think that you and your friend will drink too much wine.	**Pero pienso que tú y tu amigo beberéis demasiado vino.**
I hope not.	**Espero que no.**

C.

Answer the following questions.

¿Qué dudan tus padres?/yo aprender español bien	☞ *Mis padres dudan que yo aprenda español bien.*
¿Qué duda tu hermano?/Jennifer aprender español bien	☞ *Mi hermano duda que Jennifer aprenda español bien.*
¿Qué dudas tú?/Jennifer y Bill escribir español bien	☞ *Dudo que Jennifer y Bill escriban español bien.*

40. THE PRESENT SUBJUNCTIVE OF COMMON IRREGULAR VERBS

A.

It is not necessary to devote much time to learning irregular present subjunctive forms. All those verbs that undergo stem changes in the present indicative undergo the same changes in the present subjunctive. Moreover, the verbs that are irregular in the present indicative are also irregular in the present subjunctive. Just the endings change. Thus, for instance, the present indicative of *tener* is *tengo* in the first person singular indicative, but *tenga* in the first person singular of the present subjunctive. Here are a few more examples: *pongo* and *ponga*, *pienso* and *piense*, *duermo* and *duerma*, and so on.

You will, however, have to learn the present subjunctive forms of *dar*—to give, *estar*—to be, *haber*—to have, *ir*—to go, *saber*—to know, and *ser*—to be.

I give	**dé**
I am	**esté**
you give	**des**
you are	**estés**
she gives	**dé**
she is	**esté**
you give	**dé**
you are	**esté**
we give	**demos**
we are	**estemos**
you give	**deis**
you are	**estéis**
they give	**den**
they are	**estén**
you give	**den**
you are	**estén**

Haber and *ir* are conjugated in the same way.

I have	**haya**
you go	**vayas**
she has	**haya**
you go	**vaya**
we have	**hayamos**
you go	**vayáis**
they have	**hayan**
you go	**vayan**

Finally, let's practice conjugating *saber* and *ser* in the present subjunctive. *Escuche y repita.*

I know	**sepa**
you are	**seas**
she knows	**sepa**
you are	**sea**
we know	**sepamos**
you are	**seáis**
they know	**sepan**
you are	**sean**

B.

Now, you have one last chance to eavesdrop on what the Smith siblings are saying.

JENNIFER: *Es bueno que yo sepa hablar un poco de español. Creo que mi hermano está nervioso.*

JOHN: *Es bueno que seamos una familia alegre. Es natural que todos estén nerviosos antes de un viaje.*

JENNIFER: *No te preocupes. Todo irá bien. Yo tengo que partir.*

Escuche y repita.

It's good that I know how to speak a little Spanish.	**Es bueno que yo sepa hablar un poco de español.**
I think that my brother is nervous.	**Creo que mi hermano está nervioso.**
It's good that we are a happy family.	**Es bueno que seamos una familia alegre.**
It's natural that everyone is nervous before a trip.	**Es natural que todos estén nerviosos antes de un viaje.**
Don't worry.	**No te preocupes.**
Everything will be fine.	**Todo irá bien.**
I have to leave.	**Yo tengo que partir.**

C.

Do the following.

Say that it's good that you know how to speak Spanish.	☞ *Es bueno que yo sepa hablar español.*
Say that you believe that your brother is nervous.	☞ *Creo que mi hermano está nervioso.*
Say that it's good that we are a happy family.	☞ *Es bueno que seamos una familia alegre.*
Say that it's natural that your brother and sister are nervous.	☞ *Es natural que mi hermano y mi hermana estén nerviosos.*

Congratulations! You have mastered the treacherous essentials of Spanish verbs. And more—you know how to use them in everyday conversations. Practice your Spanish as often as possible. Watch Spanish movies, read Spanish magazines, and talk to Spanish-speaking friends as often as possible in order to reinforce what you have learned with *Living Language®* *Skill Builder: Spanish Verbs*.

Index of Verbs

The following is a list of all the verbs found in *Living Language™ Spanish 2: A Conversational Approach to Verbs*. The reference number following the letter "C" (e.g., C: 32) refers to the Verb Chart listing. The reference numbers following the letter "M" (e.g., M: **5**, **17**, 23) refer to the lesson numbers of the *Conversation Manual* in which the verb is used. The **bold** numbers refer to lessons in which the verb is dealt with substantially. The lightface numbers refer to the lessons in which the verb is only used in context (dialogues, exercises, etc.).

A

aborrecer to hate C: 1
abrazar to hug, to embrace C: 2
abrir to open C: 3; M: 16, **27**
acabar to finish, to end C: 4
acaecer to happen C: 5
acoger to welcome C: 6
acostarse to lie down, to go to bed C: 7; M: 18
afeitarse to shave oneself C: 8; M: 25, 33
afligir to afflict C: 9
agradecer to appreciate, to be grateful for C: 10
alcanzar to reach C: 11
almorzar to have lunch C: 12; M: **9**, 26
amanecer to dawn C: 13
anochecer to grow dark C: 14
aparecer to appear, to show up C: 15; M: **10**
aprender to learn C: 16; M: **26**, 29, 39
aprovecharse to take advantage of C: 17
asistir to attend, to assist C: 18; M: 3
atribuir to attribute C: 19
ayudar to help C: 20; M: **14**

B

bailar to dance C: 21; M: 10
beber to drink C: 22; M: 2, 11, 12, 15, 29, 39
buscar to look for C: 23; M: 7, 15, **23**

C

caer to fall C: 24; M: **27**
caerse to fall down C: 25; M: **14**

cambiar to change C: 26
cantar to sing C: 27
carecer to lack C: 28
casarse to get married, to marry C: 29
castigar to punish C: 30
cenar to have dinner C: 31
cerrar to close C: 32
cocinar to cook C: 33
coger to catch, to grab, to take C: 34; M: **12**
comenzar to start, to begin C: 35; M: **5**, **17**, 23
comer to eat C: 36; M: **2**, **11**, **15**, **16**, **20**, **26**, **29**, **34**, **35**, **36**, **39**
comprar to buy C: 37; M: 19, 26, 28, 35, 36, 37, 38
comprender to understand C: 38
conducir to drive C: 39; M: 10, **17**, 34
confesar to confess C: 40
conocer to know, to be acquainted with C: 41; M: **10**
conseguir to get, to obtain C: 42
constituir to constitute C: 43
construir to build C: 44; M: **14**
contar to count, to tell C: 45
contestar to answer, to reply C: 46
contribuir to contribute C: 47
costar to cost C: 48
crecer to grow (up) C: 49; M: **10**
creer to believe C: 50; M: **23**, **27**, **38**, **39**, **40**
cruzar to cross C: 51

D

dar to give C: 52; M: **8**, **17**, **24**, **40**
deber ought to, must, to owe C: 53; M: 2
decir to say, to tell C: 54; M: 8, **9**, 16, **17**, **24**, **27**, 31, **37**
dejar to let, to allow, to leave C: 55
desaparecer to disappear, to cause to disappear C: 56
desayunar to have breakfast C: 57
describir to describe C: 58; M: **4**, **27**
destituir to deprive, to dismiss C: 59
discutir to discuss C: 60; M: 15
distinguir to distinguish C: 61; M: **12**
distribuir to distribute C: 62
divertirse to have fun, to have a good time C: 63; M: 33
doler to hurt, to feel pain C: 64; M: **11**, 18
dormir to sleep C: 65; M: **9**, **17**, 18, **23**, **26**, 29
dormirse to fall asleep C: 66; M: **25**, **33**
dudar to doubt C: 67; M: 38, 39

E

encontrar to find, to meet C: 68
enseñar to teach C: 69; M: 38
entender to understand C: 70
entregar to deliver C: 71
envejecer to grow old C: 72
erigir to erect C: 73
escoger to choose C: 74
escribir to write C: 75; M: 3, **15, 16, 20, 27, 39**
escuchar to listen to C: 76; M: 1, 38
estar to be C: 77; M: **4**, 7, 10, **15, 17, 22**, 29, **40**
estudiar to study C: 78; M: 1, 5, 26, 38
exigir to demand C: 79
extinguir to extinguish C: 80

F

faltar to lack, to miss C: 81
favorecer to favor (someone, something) C: 82

G

gozar to enjoy C: 83
gustar to like, to be pleasing to C: 84; M: **11**, 13, 14

H

haber to have (as a helping verb) C: 85; M: **26**, 27, **34, 35, 36**, 40
hablar to speak C: 86; M: **1**, 10, **11, 13, 16, 19**, 26, **28, 38**
hacer to do, to make C: 87; M: 3, 5, 7, **8, 11, 13**, 15, **17**, 19, **22, 27**, 29, 30, 34, **37, 40**

I

importar to matter, to be important C: 88; M: 11
indicar to indicate, to show, to suggest C: 89; M: 18
influir to influence C: 90
intentar to try, to attempt C: 91; M: 11
investigar to investigate C: 92
ir to go C: 93; M: 5, **7**, 9, 10, 12, 13, 14, **17, 21**, 26, **30, 32**, 34, **40**
irse to go away C: 94; M: **13**

J

jugar to play (sports, games) C: 95; M: 10, **28**, 30
juzgar to judge C: 96

L

lavar to wash C: 97; M: 13
lavarse to wash oneself C: 98; M: **13, 25, 33**

341

leer to read C: 99; M: **8, 23, 27**
levantarse to get up, to rise C: 100; M: 25, 33
limpiar to clean C: 101
llamar to call C: 102; M: 16
llegar to arrive C: 103; M: **23**, 26
llevar to carry, to take C: 104
llorar to cry, to weep C: 105
llover to rain C: 106; M: **11**

M

marcharse to go away, to leave C: 107
matar to kill C: 108
mejorar to improve, to get better C: 109
mentir to lie C: 110
merecer to deserve C: 111
meter to put C: 112
meterse to meddle, to get into C: 113
mirar to watch C: 114; M: 28, 30
morir to die C: 115; M: **27**

N

nacer to be born C: 116
nadar to swim C: 117; M: 23
necesitar to need C: 118
nevar to snow C: 119; M: **11**

O

obedecer to obey C: 120
ofrecer to offer C: 121; M: **10**
oír to hear C: 122; M: **12, 23**, 29
oler to smell C: 123
olvidar to forget C: 124
organizar to organize C: 125

P

pagar to pay C: 126
parecer to seem C: 127; M: **10**, 29
partir to leave, to divide C: 128; M: 20, 40
pasar to happen, to spend (time), to pass (by) C: 129; M: 28
pedir to ask for, to order C: 130; M: **9, 23**
pegar to hit, to stick, to glue C: 131
pensar to think, to intend C: 132; M: **5**, 9, 39
perder to lose C: 133; M: 20
permanecer to remain C: 134
permitir to permit C: 135; M: **26**

342

perseguir to pursue, to chase, to persecute C: 136
poder to be able C: 137; M: 4, **9, 22,** 36, 37
poner to put, to place C: 138; M: **12, 17, 22, 27, 37,**
ponerse to put on (clothing), to become C: 139; M: **13,** 16, **18, 25, 33**
poseer to possess, to own C: 140
preferir to prefer C: 141; M: **5,** 11, 38
preguntar to ask C: 142
probar to test, to try, to prove C: 143; M: 2
proteger to protect C: 144

Q

quedar to remain, to be left, to stay C: 145; M: **11**
querer to want, to wish C: 146; M: **5,** 13, **22,** 29, 34, **37**

R

recoger to pick up, to gather C: 147
reconocer to recognize C: 148
recordar to remember, to remind C: 149; M: **9,** 31, 32, 33, 34
reírse to laugh C: 150; M: **14, 27**
restituir to restore, to give back C: 151
rezar to pray C: 152
romper to break C: 153; M: **27**
rugir to roar C: 154

S

saber to know C: 155; M: 8, **10, 14, 17, 22, 37,** 40
salir to go out, to leave, to exit C: 156; M: 7, **8,** 9, 10, 11, **17, 37**
seguir to follow, to continue C: 157; M: **9**
sentarse to sit down C: 158; M: **18**
sentirse to feel (ill, well) C: 159
ser to be C: 160; M: 2, **4,** 8, 10, 13, 14, 15, **17, 21,** 23, 24, 28, **30,** 34, 38, 39, 40
servir to serve C: 161; M: **9, 11**
soler to be accustomed to C: 162
sonreír to smile C: 163; M: **27**
substituir to substitute C: 164
surgir to come forth, to appear unexpectedly C: 165

T

tener to have C: 166; M: 1, **5,** 11, 14, 16, **17, 22,** 26, 29, **37,** 40
terminar to finish, to end C: 167
tocar to play (music or musical instruments), to touch C: 168
tomar to take C: 169; M: 16
trabajar to work C: 170; M: 5, **15, 26, 28, 34, 35, 36**